ISBN: 978-1-7369574-6-2

Primera impresión—Septiembre 2021

Final Frontiers
Foundation

FINAL FRONTIERS FOUNDATION

1200 Peachtree Street • Louisville, GA 30434

800-522-4324 • www.finalfrontiers.org

Las escrituras están tomadas de la Biblia Reina Valera.

Para pedir más libros, póngase en contacto con:
www.TheGreatOmission.com

Impreso y encuadernado en Estados Unidos

Enigmas de la Gran Comisión

Soluciones a los problemas que dificultan
nuestra conquista global

Por Jon Nelms
Fundador de Final Frontiers Foundation y
Touch A Life Child Rescue Centers

RECONOCIMIENTOS

En una época en la que escasean los escritos de pastores y misioneros fundamentalistas independientes sobre la mayoría de los temas, encontrar un libro que estimule e incluso desafíe su pensamiento es siempre refrescante. La falta de escritos sobre el tema de las misiones es muy notable. Sí, se pueden encontrar algunos folletos aquí y allá, pero la mayoría estaría de acuerdo en que, con la excepción de las biografías, los verdaderos libros de misiones en la biblioteca de una persona serían de un solo dígito.

Jon Nelms realizó un servicio a la iglesia, al cuerpo de Cristo, con su primer libro, *The Great Omission*, y ahora con este libro, *Great Commission Conundrums*. Yo escribo como alguien que ha experimentado 51 años de ministerio en la iglesia local y 40 de ellos como pastor principal. He tenido el privilegio de pastorear en un país extranjero y de hacer múltiples viajes misioneros a varios países del mundo, generalmente por un mes o más a la vez. Por más de 20 años y en la actualidad, estoy en contacto con misioneros mensualmente. Las misiones han sido y siguen siendo una parte importante de mi vida. Durante más de una década, he conocido a Jon Nelms, y sus logros en las misiones son legendarios cuando se considera lo que la visión y la carga de un hombre ha logrado en todo el mundo.

Desde mi punto de vista, este libro debería ser leído por todos los misioneros, pastores, juntas misioneras, comités misioneros, profesores de misiones en colegios bíblicos y todos los que aman las misiones bíblicas y los misioneros. Jon no escribe desde la teoría sino desde la experiencia práctica y de primera mano en los campos misioneros de todo el mundo. Este libro plantea preguntas que muchos han considerado pero que pocos han respondido suficientemente, si es que lo han hecho. Este libro disecciona los problemas tanto de los misioneros como de los pastores, y luego proporciona sugerencias y respuestas a estos enigmas. Sencillamente, este libro te hace pensar. ¡Qué bien!

Puede que no estés de acuerdo con todas las conclusiones de Jon; es un país libre, y tienes derecho a tener tu opinión. Jon no te pide que estés de acuerdo, pero no seas tan arrogante como para criticar a un hombre que se ha tomado el tiempo y el esfuerzo de imprimir un recurso que puede ayudar a todos los que están involucrados en las misiones. Te animo a que lo leas más de una vez, a que medites sobre aspectos que quizás no hayas contemplado o con los que inicialmente no estés de acuerdo. Piensa realmente en ello.

El hecho de que Jon haya sido un estudioso de las misiones la mayor parte de su vida salvada rezuma en sus escritos y conversaciones. Yo he estado con él en el campo misionero, y he visto su compasión por alcanzar a la gente con el evangelio, ayudar a los pastores nacionales y cuidar de los pobres y hambrientos. Vive entre la gente en una habitación muy modesta, en el mejor de los casos, y no en un complejo en un barrio de clase alta en un país extranjero, rodeado de otros misioneros estadounidenses. He visto cómo le calumnian y se aprovechan de él aquellos en los que invirtió tiempo, recursos, dinero, conocimientos y vivienda sin quejarse ni tomar represalias.

Lo que leerás en estas páginas ha sido aprendido y perfeccionado en la "arena de la fe". Serás bendecido y educado en el necesario y práctico tema de las misiones. Creo que la causa de Cristo será mejorada por este libro y los siervos de Dios serán mejorados al digerir los consejos dados y poner en práctica muchos de sus conceptos.

- Don Ohm, *Pastor Retirado*
Iglesia Bautista del Faro
San Antonio, Texas
Autor, Cool Waters to Thirsty Souls

SI EL TÍTULO de "Sr. Misiones" se le diera a alguien durante el siglo pasado, sería para Jon Nelms. Su último libro no solo expone la pasión de Jon por las misiones, sino que revela su tremenda visión sobre cómo hacer que funcione bíblicamente. Luego de predicar por 58 años y servir como misionero por 30 años, nunca he leído un libro más desafiante sobre lo que son los misioneros bíblicos. Estudié misiones en dos universidades y dos seminarios bautistas y nunca escuché una descripción tan precisa de las misiones bíblicas como ésta.

Si este libro es justamente expuesto en las universidades y seminarios bautistas, ayudará más a ganar nuestro mundo para Cristo que cualquier otro libro escrito anteriormente. Lo recomiendo a los pastores, a las clases de misiones, a los misioneros y a las personas que quieran entender lo que dice la Biblia sobre cómo cumplir la Gran Comisión.

- Dr. M. Dennis Ellis, *Pastor Fundador*
Living Grace Ministries, San Petersburgo, Rusia
Fundador y Director, Open Light Ministries
Profesor, Southern Baptist Seminary Extension

DEDICATORIA

A LOS QUE donan, a los que van y a los que sueñan con hacerlo. Que su eternidad sea un delicioso recuerdo de todo lo que hicieron mientras pudieron.

Y a los que hicieron posible que tuviera esta vida como misionero: mis padres, hermanos, mentores, partidarios, amigos y, sobre todo, mi familia más preciada.

UNA EXPLICACIÓN DEL AUTOR

LOS ENIGMAS SON LOS obstáculos en nuestra carrera para completar la Gran Comisión. Pueden hacer que corras más despacio o hacerte tropezar, de modo que la carrera nunca termina. Por lo tanto, la solución ideal es eliminar los obstáculos por completo.

Un *enigma* es un "problema o pregunta confusa y difícil" que suele ser un obstáculo para el progreso hasta que se afronta y se resuelve.

A lo largo de los siglos, muchas de estas cuestiones desconcertantes han frustrado el cumplimiento de la Gran Comisión.

En este libro, espero abordar cuatro categorías principales que, en mi opinión, han perjudicado nuestros esfuerzos por cumplir el mandato directo del Señor.

Estos *enigmas de la Gran Comisión* se refieren a la financiación, la política, la responsabilidad y la filosofía. Y aunque este libro aborda principalmente su relación con los misioneros y las iglesias (los pastores y líderes de las mismas), también está escrito para aplicarse a individuos y familias que se consideran cristianos de la Gran Comisión y que quieren hacer su parte para ver su cumplimiento en su vida.

- Jon Nelms

CONTENIDO

SECCIÓN CUARTA:
LOS GRANDES ENIGMAS DE LA COMISIÓN
CON RESPECTO A LA FILOSOFÍA

PRÓLOGO

HE VIAJADO con Jon Nelms varias veces alrededor del mundo, observando y aprendiendo las misiones en acción. Observé almas salvadas y bautizadas, iglesias iniciadas y predicadores/pastores animados y educados por su dedicación. En los primeros años de Final Frontier Foundation, trabajar con nacionales no era popular en América. Sin embargo, Dios no está haciendo un concurso de popularidad; ÉL escoge las cosas necias del mundo para confundir a los sabios; y las cosas débiles del mundo para confundir a las cosas que son poderosas.

Hice mi primer viaje misionero en 1984. A través de los años mi corazón se ha agitado al conocer a la gente y ver la dedicación de los pastores nacionales en todo el mundo. Vi lo poco que un pastor tenía en cosas materiales y la gran necesidad del evangelio. Por más de veinticinco años he viajado al extranjero predicando, trabajando, observando, animando y luego informando a la Iglesia Bautista Tabernáculo en Orlando, Florida, donde soy pastor.

En 1997, debido a la labor de mi ministerio en la India, se me pidió que asistiera a una reunión sobre un pastor nacional indio. Allí conocí a Jon Nelms por casualidad, pero poco sabíamos que nuestro encuentro estaba en la providencia de Dios. Nuestros caminos se cruzaron de nuevo en la India en 1999, y viajamos juntos a algunos lugares. Me maravilló cómo Dios tenía su mano en Jon en su estilo de predicación y liderazgo, en sus esfuerzos por satisfacer las necesidades de la gente y dar dirección a los pastores.

Al leer este libro, oro para que el Señor te dé "pepitas" que querrás compartir con otros. El Dr. Nelms ve las misiones y los desafíos desde su educación y grandes experiencias en todo el mundo.

Que tú también veas la necesidad de la Palabra de Dios, la predicación del evangelio, los niños hambrientos, los débiles y la base de este mundo, y que tengas el deseo de alcanzarlos. Que tu corazón se encienda no solo para "venir y ver" sino para "ir y contar".

Aquellos que han tenido la oportunidad de ver al Hno. Jonny en acción, ven su corazón y amor por las almas de los hombres. Oro para que tengas una visión de su deseo mientras lees y también para que tu visión de las misiones sea desde una perspectiva piadosa, global, de dar e ir.

- Dr. Steve A. Ware, Pastor
Iglesia Bautista Tabernáculo
Orlando, Florida

PREFACIO

En mi primer libro, *La Gran Omisión*, me esforcé por exponer las que, en mi opinión, eran las causas principales por las que el cuerpo de Cristo nunca había cumplido la Gran Comisión. Abordé cómo habíamos abandonado y, en última instancia, olvidado la definición de los términos *misionero* y *campo misionero* y habíamos sustituido el plan de Dios por nuestras concepciones. Hoy en día, la mayoría de la gente sigue pensando que un misionero es alguien que se parece a ellos y va a predicar a los que no se parecen a ellos. O piensan que un misionero es alguien que va a otro lugar a evangelizar que no sea donde ellos viven.

Así, si alguien de Estados Unidos continental va a Hawái a pastorear una iglesia, se le considera un "misionero"; sin embargo, si un ministro hawaiano pastorea una iglesia en Hawái, no se le considera un pastor (a menos que esté tratando de conseguir apoyo para ese fin. Entonces se llama a sí mismo *misionero* porque las iglesias apoyarán a los misioneros pero no a los pastores). La misma ilógica se da en otras áreas metropolitanas como Atlanta, Chicago, Miami, etc. Si quieres apoyo financiero, llámate "misionero".

Yo sostengo que ser misionero es un llamado de Dios con un requisito de trabajo específico. No es ser un pastor en una tierra extranjera sino ser un plantador de iglesias en cualquier tierra (o área) no expuesta o apenas expuesta al evangelio.

El misionero Pablo, nuestro principal ejemplo bíblico del cargo, nunca ministró en una tierra que no estuviera bajo el control de Roma; por lo tanto, nunca salió de su "país" (imperio). Aunque ciertamente tuvo que lidiar con diferentes culturas e incluso idiomas en cada lugar, siempre pudo contar con la cultura y el idioma del imperio como base para sus actividades y enseñanzas.

El misionero Pablo nunca fue pastor de una iglesia. Puede que llevara ese sombrero durante un corto periodo de tiempo, pero lo compartió con Bernabé, Silas, Timoteo, Tito, Filemón, Aristarco y otros, incluso con un Demas ocasional. Su trabajo consistía en evangelizar y plantar la iglesia, formar a los discípulos, nombrar a los pastores y pasar al siguiente objetivo (llevándose a algunos de sus compañeros y dejando a otros como pastores para que cuidaran de la congregación).

Pablo permaneció en Corinto varios años, pero solo estuvo en Tesalónica tres semanas antes de marcharse. Entendió lo que tenía que hacer y lo hizo, y luego siguió adelante. Cuanto más ayuda tenía, más rápido podía seguir adelante. Mi opinión sigue siendo que un misionero es un plantador de iglesias paulino, no un pasante sedentario o designado, según el ejemplo de Santiago.

Creo que debemos enviar a los misioneros que se ajustan al modelo bíblico del llamado y desalentar a los hombres que simplemente pretenden trasladarse al extranjero y pastorear una congregación ya establecida. Tales hombres no son misioneros; son pastores extranjeros que ministran en una tierra extranjera. El suyo es un servicio honorable a Dios; solo que no son misiones. Entonces, dejemos que esa iglesia local pague por su pastor como lo hacemos aquí en Estados Unidos. Eso, también, es un patrón bíblico.

Sin embargo, surge un argumento con respecto a este patrón: un extranjero que es "pastor" no puede recibir un salario porque tiene una visa de "misionero" y no una visa de "trabajo". Por lo tanto, debe recibir apoyo de Estados Unidos y no de una congregación local. En este libro abordaré este enigma.

Escribí *La Gran Omisión* después de haber acumulado veinticinco años de experiencia en misiones. Podría haberlo escrito antes, pero sentí que sería más difícil que mis posiciones fueran desechadas sin consideración, ya que tenía décadas de experiencia. En aquella época, e incluso en la actualidad, el "típico" misionero religioso (el que tiene que recaudar fondos en lugar de ser un empleado de una denominación con un sueldo) tenía una vida ministerial de menos de seis años. Piensa en este hecho: un asombroso 55% de todos los misioneros que superaron su primer mandato de cuatro años y regresaron a Estados Unidos para un "permiso" nunca volvieron a su campo de misión. Lamentablemente, un porcentaje aún mayor nunca llegó a su primer permiso, y lo abandonó en los primeros tres años de servicio.

En mi opinión, al haber servido durante veinticinco años en aquella época, era una especie de experto en el tema, si no un enigma, y estaba cualificado para decir muchas cosas que otros querían decir, pero que se veían impedidos por su conexión con una junta de misiones. Algunos críticos sugirieron que yo era "antimisionero", pero los misioneros no se sentían así. Apreciaban que yo hubiera expuesto los fallos de los métodos de las misiones actuales y que hubiera ofrecido una solución.

Desde entonces, muchos misioneros se han puesto en contacto conmigo y me han dicho: *"Antes de leer su libro, pensaba que era un misionero, ahora me doy cuenta de que no lo soy. Solo soy un pastor, y eso no es lo que Dios me llamó a ser"*. Desde entonces, la mayoría de ellos se han convertido en misioneros bíblicos, liberándose de la obligación de una sola congregación y llegando a plantar nuevas iglesias y discipular a nuevos conversos. El libro ha sido ampliamente utilizado en institutos bíblicos de todo el mundo y ha sido traducido al español y actualmente está disponible en varios otros idiomas.

Me anima el hecho de que otros en el pasado captaron la misma verdad que afectó a mi vida y ministerio y, al hacerlo, iniciaron movimientos misioneros anteriores que han cambiado el mundo. Hombres como los hermanos Wesley, Taylor y Wycliffe son ejemplos recientes.

Mi propósito principal en la vida desde 1986 ha sido educar a las iglesias americanas a las obras de los misioneros nacionales en otras tierras y motivarlas a ayudar a financiar a estos hombres por una fracción de lo que cuesta enviar a un misionero individual como yo.

Cuando comencé este ministerio, no estoy seguro de que el término "predicador nacional" se hubiera acuñado todavía. Me llamaron traidor por tratar de "robar" dinero estadounidense para dárselo a predicadores extranjeros. Apenas pude encontrar una sola iglesia en Estados Unidos que apoyara a un predicador nacional. Pero dentro de veinte años, apenas pude encontrar una iglesia en América que *no* estuviera apoyando a predicadores nacionales. Yo no era el único que Dios había despertado a este concepto de apoyar a los nacionales. Incluso Pablo lo hizo, y el apóstol Juan lo respaldó. Sin embargo, los siglos habían engañado de alguna manera a los europeos y a los estadounidenses para que pensaran que solo a ellos se les podía confiar llevar el evangelio a las naciones. ¿Fue un orgullo espiritual o un engaño satánico? Sea lo que sea, este enigma está ahora erradicado de nuestros pensamientos.

Recientemente estaba leyendo sobre Hudson Taylor, el gran misionero del siglo pasado. ¿Por qué fue tan importante? Porque sus esfuerzos nos obligaron a aceptar una realidad que habíamos pasado por alto. En su época y antes de él, los misioneros vivían y servían en ciudades costeras, y rara vez se aventuraban al interior. Los primeros misioneros británicos y estadounidenses, por ejemplo, enseñaron que los misioneros debían dirigirse a los expatriados que vivían en las ciudades portuarias de la costa y, al mismo tiempo, llegar también a los nacionales. Pablo estableció en cierto modo esta práctica, no geográficamente sino en la práctica, ya que cuando entraba en una ciudad, parecía dirigirse primero a los judíos y luego a los gentiles.

En las misiones modernas, William Carey siguió este ejemplo. Algunos dirían que lo estableció. Carey lo hizo ingeniosamente mediante el uso de los negocios, la imprenta y la educación de la gente más empobrecida. Utilizó los diezmos de los expatriados para financiarlo.

Taylor lo hizo radicalmente abandonando el estilo de vida y la vestimenta europeos y asumiendo la apariencia del coolie chino (clase baja). Se mudó del recinto misionero y se instaló en una pensión china, se vistió como ellos, comió como ellos, aprendió a hablar como ellos, viajó como ellos e incluso se hizo una coleta como ellos. Y por esto, fue despedido por su junta misionera. Sin embargo, hasta el día de hoy, nadie recuerda el nombre de un solo ejecutivo de la junta que lo despidió, pero todos conocen el nombre y la fama de Hudson

Taylor. Se pasó la vida formando a los nacionales para que abandonaran la costa y se adentraran en el interior de China, donde vivían las masas. Su nueva organización, que recibió el apropiado nombre de China Inland Mission, fue emulada en todo el mundo y es lo que le hizo grande, no solo por lo que hizo, sino por lo que animó y permitió hacer a otros.

Por cierto, Taylor comentó en una ocasión que el mayor error que cometió en su ministerio fue animar a los jóvenes británicos a unirse a su trabajo. Sentía que solo se alistaban para tener la oportunidad de trabajar con él (el gran y famoso misionero). Por lo general, al cabo de seis meses en China, querían abandonar, por haber desperdiciado todo el tiempo y la energía invertidos en su formación. Normalmente, al cabo de unos meses, se sentían capacitados para decirle a Taylor todo lo que estaba haciendo mal y cómo ellos, sin experiencia, lo harían. A continuación, le abandonaban para iniciar sus propias obras que, por lo general, fracasaban. Otros, como James O. Fraser, triunfaron. Tomé prestadas algunas de sus políticas de responsabilidad para establecer las de Final Frontiers.

Puedo dar fe de que el comentario de Taylor es el mayor error que he cometido también. Pero doy gracias a Dios por los pocos que vinieron, se quedaron y han prosperado. He aprendido a no intentar reclutar, sino a permitir que Dios me envíe a aquellos que Él ha elegido para caminar a mi lado y compartir mi yugo.

Al seguir leyendo, descubrí algo sorprendente. A su muerte, Taylor y los chinos que entrenó, sus Timoteos, habían iniciado 49 iglesias. A partir de ellas, sin duda se han fundado otras miles. Incluso he conocido a hombres del sudeste asiático que remontan su linaje espiritual a Hudson Taylor, quien llevó a su tatarabuelo a Cristo. Nuestros hombres cuentan historias de haber entrado en aldeas de la selva no cartografiadas que ya tenían el evangelio y descubrieron que décadas antes, un evangelista chino había pasado por allí y los había convertido. Todo esto se remonta al trabajo y al legado de Hudson Taylor.

No soy Hudson Taylor; no podría compararme con él. Sin embargo, los predicadores que financiamos ya han fundado más de 350.000 iglesias. Los incansables esfuerzos de más de 28.000

predicadores de nuestra red, documentados por nuestro personal mundial en sus formularios de informes trimestrales, dan fe de ese alcance. Si estás interesado en saber más sobre nuestro ministerio y cómo puedes ayudarnos a apoyar a más de estos hombres a través de nuestro Fondo de la Gran Comisión, visita nuestra página web en www.FinalFrontiers.world o contacta con nuestra oficina en info@finalfrontiers.org o puedes contactar conmigo directamente en jnelms@finalfrontiers.org.

No quiero repetir aquí toda la filosofía y la historia de mi ministerio, pero espero animarte a profundizar y quizás a asociarte con nosotros en esta causa.

Ahora, diez años después de escribir *La Gran Omisión* y tras 35 años como misionero, siento que me he ganado el derecho de abordar otros temas que han obstaculizado el cumplimiento de la Gran Comisión. Llamo a estas cuestiones enigmas porque un enigma es una cuestión o un tema complicado. Ya que estos temas permanecen, quiero exponerlos, analizarlos y expulsarlos de la lista cada vez más reducida de temas que nos impiden hacer lo que Él nos encargó. En cada generación, debemos ir a todo el mundo y predicar el evangelio a cada grupo étnico (nación).

La Gran Comisión no es una opción o una oportunidad; es una *obligación* de todos los discípulos devotos para cumplir y mantener en cada generación hasta que nuestro Señor regrese. En mis años de adolescencia, mi pastor y mentor fue Curtis Hutson, y tuve el privilegio de pasar mucho tiempo con él y su familia e incluso servir brevemente en su personal. De todos los principios que me enseñó, el que más me impactó fue su versión de la famosa cita de Edward Everett Hale: "No soy todo el mundo, pero soy alguien. No puedo hacerlo todo, pero sí puedo hacer algo, y lo que puedo hacer debo hacerlo, y con la ayuda de Dios, lo haré".

Espero que disfrutes examinando y resolviendo los siguientes enigmas... ¡pero intenta no convertirte en uno!

INTRODUCCIÓN

No TE ENGAÑES. Al igual que cualquier otra vocación o empeño en la vida, las misiones, aunque aparentemente tranquilas en la superficie, están plagadas de giros, callejones sin salida y baches. Cuanto más avancemos en el camino sin abordar estos problemas, más daño haremos a nuestro transporte y menos probable será que lleguemos a nuestro destino previsto.

Hay dos viajeros esenciales en este viaje: el misionero y el donante de apoyo. Ya sea un amigo, un miembro de la familia o una iglesia, ambos asumen que están viajando por la misma ruta y ambos creen que el otro está cumpliendo con sus expectativas (aunque nunca hayan sido claramente definidas). Me propongo profundizar en cada uno de los enigmas que se aplican a los misioneros y a las iglesias que los apoyan. Debo admitir que cuando digo iglesias, en su mayor parte me refiero a los pastores que las dirigen. También espero haber escrito de manera que cada tema sea interesante y convincente para los laicos que se dedican a las misiones.

Así, para resolver cada enigma de las misiones de manera que todos lleguemos a nuestro destino con seguridad, éxito y a tiempo, necesitamos en cada caso dar los siguientes pasos:

EXPLICANDO EL ENIGMA

Explicar significa "hacer claro un asunto, manifestarlo o hacerlo inteligible". Explicar es el acto de definir el enigma. Al hacerlo, se responderá a la pregunta:

- *¿Cuál es el problema?*

EXAMINANDO EL ENIGMA

Examinar es "profundizar en el tema". Hacerlo puede implicar dar su historia, sus antecedentes, su uso y, por supuesto, la lógica de ambos lados de la cuestión. Este paso nos ayudará a determinar

* *¿Cuál es la causa o causas?*

EXPONIENDO EL ENIGMA

Este proceso resuelve de forma lógica y bíblica los distintos puntos del enigma, haciendo que pase de ser un enigma con una conclusión discutible o inalcanzable a ser una simple pregunta. El proceso para lograrlo consiste en determinar:

* *¿Cuáles son las posibles soluciones?*
* *¿Cuál es la mejor solución?*

ELIMINANDO EL ENIGMA

Al emplear este término, espero presentar la solución de manera que se pueda realizar, aplicar o poner en práctica. Una cosa es decir que el destino está en estos puntos específicos del GPS, y otra es dar instrucciones sobre la ruta a seguir, los giros a realizar, etc. En este último paso, compartiré mis opiniones basadas en la experiencia, aunque me doy cuenta de que los lectores también pueden tener sus propias experiencias más aceptables para su situación actual.

En otras palabras, puede que todos estemos de acuerdo en el destino, pero que tengamos opiniones diferentes sobre la mejor ruta a seguir. Este último obstáculo de cada enigma implica la consideración de:

* *¿Qué pasos hay que dar para llegar a la solución?*

Como compañero de misión que busca ayudar a los demás, estaré encantado de escuchar de los lectores cualquier sugerencia o solución que puedan tener para estos enigmas. También estaré encantado de escuchar cualquier otro problema que quieran compartir o que se aborde en el futuro.

Mi comprensión de los requisitos bíblicos de un misionero se ha ido forjando a lo largo de décadas. No es que haya inventado nuevos requisitos, sino que he tomado conciencia de los que la Biblia ya nos había dado. Con el tiempo, cada vez llevo menos carga de mi educación y enseñanzas sobre las misiones. Ya no acepto que debamos seguir haciendo las cosas como siempre. Por el contrario, debemos cuestionar las normas que nos han encerrado en un patrón infructuoso de misiones durante dos siglos y volver a la forma original de hacer misiones: la forma de Dios.

Al leer estos enigmas, ten en cuenta que he tratado de agruparlos en secciones lógicas y que puede haber cierto grado de repetición, ya que un pensamiento o un principio puede relacionarse con más de un tema. He elaborado los esqueletos de cada capítulo a lo largo de cinco años y ahora he añadido la carne. Por lo tanto, es posible que veas patrones o incluso alguna repetición de principios o filosofía. Es posible que quieras leer esto no como una novela de principio a fin, sino como una serie de preguntas y respuestas. Por ello, algunos temas se solaparán.

De vez en cuando, haré referencias estadísticas. A menos que se indique lo contrario, provienen de una encuesta enviada a conocidas Juntas Misioneras Bautistas Independientes, de las cuales veintitrés respondieron y fueron publicadas en línea por el misionero Gil Anger alrededor de 2010. Gil fue un ejemplo a emular por todos los misioneros, habiendo servido a Dios en siete continentes y siendo quizás el más exitoso reclutador de misioneros de nuestra generación.

Gil y yo compartíamos una creencia común en la nobleza de ser un misionero, así como una preocupación común sobre lo que parece ser una disminución de la fidelidad y la falta de solidez en la llamada. La última vez que vi a Gil fue en Birmania, en diciembre de 2016, con mi esposa Nolin y Joshua Martyn, quien fue influenciado por Gil. Conocer a su más reciente compañero de misiones, compartir una comida y pasar unas horas con mi último mentor fue una bendición. Tanto su hijo como su hija sirven como misioneros hasta el día de hoy. Falleció en su tierra natal, Australia, en diciembre de 2020, sobrevivido por su esposa Joy, que fue una devota esposa misionera. *Hasta pronto, amigo mío.*

He abordado estos enigmas, con la esperanza de educar a las iglesias, los donantes y los misioneros en los principios bíblicos de las misiones. Siempre que sea necesario, tengo la intención de reprender los métodos no bíblicos, exhortar a los que intentan ser lo mejor para Cristo, y animar a los que sienten que les falta. Ten en cuenta que todos lo somos.

Al comenzar, recuerda que estoy escribiendo desde mi perspectiva como misionero con treinta y cinco años de experiencia, habiendo trabajado y aconsejado a miles de misioneros en más de ochenta países. He aprendido mucho de él y de ellos que espero compartir contigo.

SECCIÓN UNO

LOS ENIGMAS DE LA GRAN COMISIÓN EN MATERIA DE FINANCIACIÓN

Un pueblo de montaña de la tribu Lisu

#1
¿ES LEGÍTIMO DEJAR DE APOYAR A UN MISIONERO (ESTADOUNIDENSE O NACIONAL)?

EXPLICANDO EL ENIGMA

LAS IGLESIAS, E INCLUSO las familias, a veces consideran necesario suspender el apoyo a un misionero, pero luchan con la decisión. Por muy difícil que sea para un misionero conseguir el apoyo comprometido de una iglesia, una vez conseguido, las iglesias son reacias a suspender ese apoyo bajo cualquier motivo. Su apoyo misionero se ha convertido en "el becerro sagrado" que no se atreve a tocar, aunque despedirían a su pastor o al personal de la iglesia por la misma causa. ¿Es ésta una práctica sana?

EXAMINANDO EL ENIGMA

Pongámonos serios. Muchos pastores no están contentos con algunos de los misioneros que su iglesia apoya y les gustaría reducir su apoyo, pero se sienten culpables incluso al pensar en hacerlo, sabiendo que dañará al misionero y ofenderá a algunos de los miembros de su iglesia.

Así, soportan la continua inactividad del ministerio y/o la falta de comunicación regular con la iglesia durante años. Las cartas que llegan hablan mucho de enfermedades, viajes familiares y cumpleaños, pero poco de almas salvadas, iglesias iniciadas y predicadores formados. Los pastores se enfrentan a la suposición de que está "mal" dejar de apoyar a un misionero, como si éste tuviera un derecho inherente a su financiación, incluso si no está produciendo resultados. Hay que admitir que si un miembro del personal no cumpliera con sus deberes después de la confrontación, sería rápida y justamente despedido sin cuestionarlo, pero hacer lo mismo con un misionero es una píldora demasiado grande para tragar.

Antes de responder a este enigma, hay que tener en cuenta que, hasta hace poco más de cien años, los misioneros no solían recibir el apoyo que reciben hoy. La mayoría eran financiados por su junta directiva (como muchos aún lo son), mientras que otros trabajaban con sus manos para pagar sus propios gastos. Todo lo que recibían era una bendición, pero no era suficiente para tener un ingreso a tiempo completo. Pablo, por ejemplo, era fabricante de tiendas. Su profesión le permitió conocer a otros fabricantes de tiendas como Aquila y Priscila, a comerciantes de tintes como Lidia y, sin duda, a muchos otros comerciantes y artesanos, por no hablar de los mayoristas y los clientes.

Cuando comenzó el énfasis misionero moderno hace dos siglos, los primeros misioneros emularon su modelo. William Carey era dueño de negocios y fábricas. Los misioneros amigos de Adoniram Judson sirvieron como traductores y enlaces con el gobierno. Los misioneros moravos se vendieron como esclavos, lo que les permitió vivir y trabajar en las plantaciones de caña de azúcar del Caribe, dándoles acceso a los esclavos que vivían allí. También fundaron la que llegó a ser la mayor compañía naviera del mundo.

En las últimas cinco o diez décadas, los misioneros hemos pasado de *confiar* que las iglesias nos apoyen a *esperar* que lo hagan. Las iglesias, en algunos círculos, obtienen ahora reconocimiento por el volumen de su apoyo misionero. Lo que "sus" misioneros están haciendo o lo que han logrado es mucho menos importante que el número de los que apoyan. Muchas iglesias exageran la apariencia de su fervor misionero dando una cantidad menor de apoyo a un número mayor de misioneros. Y, por supuesto, los misioneros estamos felices por cualquier cantidad de apoyo que nos den.

La mayoría de los misioneros admitirán estos dos puntos:

1) Es difícil conseguir que una iglesia te apoye. Por lo general, un misionero solo obtiene el apoyo de entre el 30 y el 50 por ciento de las iglesias que visita, por lo que tiene que presentar su ministerio a varios cientos de iglesias para conseguir el apoyo suficiente para cumplir con el apoyo mensual de 5.000 a 8.000 dólares recomendado por la junta directiva. Para que sepas, la mayoría de las iglesias se comprometen (pero no necesariamente dan) entre 50 y 400 dólares mensuales para apoyar a una familia misionera, y será una de las 50 a 100 iglesias la que apoye a esa familia. Por el contrario, nuestros predicadores nacionales de Final Frontiers reciben entre 25 y 200 dólares de apoyo completo; cualquier financiación adicional debe venir de la enseñanza de los miembros de su iglesia para cuidar de sus pastores y predicadores.

2) Es raro que una iglesia deje de apoyar a un misionero una vez que lo ha iniciado. (¡Aleluya!) Sin embargo, esta política está cambiando ahora, ya que más pastores exigen informes a los que financian y dejan de apoyar si no tienen noticias del misionero. Sin embargo, la mayoría de los pastores se dan cuenta de lo difícil que es para un misionero en el campo reemplazar el apoyo perdido y que el misionero tendrá que esperar hasta el permiso para regresar a casa para adquirir más, por lo que dudan en dejarlo hasta que sus pies estén en su tierra natal.

EXPONIENDO EL ENIGMA

Tal vez me encuentre en una posición única para abordar este tema, ya que mientras era pastor, apoyaba a los misioneros y a veces me enfrentaba a este problema. Ahora, y durante los últimos treinta y cinco años, he recibido apoyo como misionero, sirviendo como líder de Final Frontiers. Como tal, ciertamente entiendo tanto la precaución como la preocupación al dejar de apoyar a un siervo de Dios. Por eso, hemos establecido políticas que, por un lado, salvaguardan su apoyo, mientras que por otro, exigen el cese del mismo.

A lo largo de los años, hemos abandonado a más de mil predicadores nacionales por diversas razones. Las razones más comunes, aparte de la muerte, fueron que ya no necesitaban nuestra ayuda. Para otros, fue debido a un cambio en el ministerio (solo apoyamos a los misioneros bíblicos = plantadores de iglesias). Para otros, fue un cambio de vida (demasiado viejo o demasiado enfermo, etc.) o a veces, aunque rara vez, un cambio de doctrina. Sin embargo, la mayoría fueron desfinanciados porque se negaron a informar de sus actividades a su patrocinador o no lo hicieron. Nuestra norma inamovible es "Si no hay informe, no hay apoyo", y su aplicación funciona bien.

Me doy cuenta de que ninguna iglesia tiene la obligación de apoyarme a mí o a cualquier otro misionero, pero cada iglesia tiene el mandato bíblico de hacer su parte para cumplir la Gran Comisión. Por lo tanto, lógicamente, la responsabilidad de cada iglesia es dar y, al mismo tiempo, darse cuenta de que son mayordomos del dinero de Dios y que tendrán que rendir cuentas de cómo se utilizó. La mayordomía puede ser un sustantivo, pero la administración es un verbo que requiere acción.

Algunas iglesias creen erróneamente que su trabajo es dar, y luego es entre Dios y el misionero cómo se utilizan los fondos. Respetuosamente, no estoy de acuerdo. Si compras una hamburguesa y el camarero te da carne cruda o no tiene pan, no la comes; te enfrentas al gerente y obtienes un reemplazo adecuado o un reembolso.

Dar es dar, pero la administración es administración. Me explico. La administración no es simplemente gastar el dinero; en cambio, lo utiliza con sabiduría y con responsabilidad, demostrando claramente que logró los resultados deseados y esperados. (Y si no lo fueron, se requiere una explicación detallando por qué no.) La mayordomía es entonces una moneda con dos caras. Una cara es la donación, y la otra es la administración de la donación con la debida responsabilidad.

La buena mayordomía exige que el dador verifique que el dinero del Señor, que fue dado, sea utilizado para las causas del Señor, para las cuales fue dado. Aunque la ofrenda puede beneficiar al dador con las bendiciones de Dios y las recompensas celestiales, el verdadero propósito de la ofrenda no es recibir una bendición, sino multiplicar, expandir y mejorar los *esfuerzos del administrador* - no simplemente para beneficiar al receptor. Por lo tanto, el dador debe dar con sabiduría, prudencia y con la expectativa y la evidencia de los resultados. Debe tratar de invertir los fondos de Dios en ministerios y ministros que sean los más productivos (y responsables) para el reino, no en aquellos que tienen la mejor personalidad, la esposa más bonita, o los hijos más lindos y bien portados. Y ciertamente no es para aquellos que tienen la mejor historia "para llorar" para contar en cada iglesia que visitan.

Como ministerio, apoyamos a aquellos que han producido abundantes frutos espirituales sin ayuda significativa antes de que llegáramos. Yo creía que si un hombre realiza grandes obras para Dios porque está en su corazón hacerlo, logrará mucho, mucho más con un poco de financiación.

Ahora volvamos al "contrato". Hay contratos escritos y contratos verbales, pero todo contrato, como toda moneda, tiene dos lados (excepto el contrato/pacto/testamento que Dios hizo con nosotros donde Cristo hace la obra, y nosotros recibimos Su obra terminada como un regalo gratuito de gracia). En resumen, los dos lados de cualquier contrato son: Yo haré esto, y tú harás esto.

Los contratos tienen expectativas razonables de ambas partes. El misionero espera que la iglesia dé lo prometido y a tiempo como se comprometió. Si eso resulta imposible, al menos debe ser informado con la mayor antelación posible. Si las ofrendas de la iglesia son demasiado bajas, no debe abandonar el apoyo prometido. Sería mejor que la iglesia buscara y dejara a un lado algunas cosas innecesarias en el presupuesto que abandonar al siervo de Dios que está haciendo la obra de Dios, a quien la iglesia se ha comprometido a apoyar. Nada dice que apoyarás al misionero, excepto tu palabra, y eso debería ser suficiente. Con tu boca, hiciste un compromiso que es tan válido como tu obligación de pagar al personal, la factura de los servicios públicos y la hipoteca de la iglesia. Te comprometiste voluntariamente, ahora cúmplelo, o al menos pídele permiso para romper el contrato.

Por otro lado, la iglesia (debería, debe, mejor) espera una cierta cantidad de productividad o compromiso del misionero. Si él no cumple con su parte del trato, entonces él, no tú, ya ha cancelado el contrato.

De vez en cuando, recibimos noticias de un patrocinador preocupado porque no ha recibido ningún informe del predicador nacional al que apoya. Cuando investigo, a menudo encontramos que el padrino no solo no ha cumplido con su compromiso mensual, sino que no ha dado en un año o más. El misionero o el predicador nacional no deberían estar obligados a informar a alguien que no los está apoyando. Sin embargo, deberían estar obligados a informar a cualquiera y a todos los que lo hacen. Y como misionero, puedo señalar que he visto las tarjetas de oración y las cartas de mi familia expuestas en las paredes de muchas iglesias que no nos apoyan ahora y algunas que nunca lo han hecho. Los miembros creen que lo hacen, pero el pastor sabe que no lo hacen. Esa duplicidad no es ética.

Los partidarios deberían esperar y exigir algo más que una carta, un correo electrónico o una entrada en Facebook. Deberían querer algo de carne en los huesos del informe. Permítanme ser brutalmente sincero al respecto: si un misionero les envía un informe y habitualmente no menciona haber llevado a alguien a Cristo, haber discipulado a un nuevo converso, haber entrenado a un joven para el ministerio o haber iniciado una iglesia, entonces es probable que solo haya una razón: no lo ha estado haciendo. Te recomiendo que dejes de apoyarlo.

Lo estás apoyando con la expectativa razonable de que se espera rendimiento y resultados. Si no hay ninguno, entonces es tristemente incapaz o increíblemente perezoso. Tienes que determinar lo que esperas del misionero, ya que cada campo es diferente, y algunos producen frutos más lentamente que otros. Como iglesia de apoyo, debes hacer saber al misionero cuándo comenzará su apoyo y qué esperas exactamente de él. Si él no cumple con tu requisito de apoyo, te equivocas al seguir aportándole. Estás fomentando la pereza y la indiferencia, y esto hará metástasis en otros misioneros. (Francamente, ya lo ha hecho).

La conclusión es que debe tratarlo como a cualquier otra persona que sirva en tu iglesia. Si tu director de música no dirige los cantos, no organiza los especiales, etc., lo reemplazas. Si tu pastor de jóvenes nunca tiene actividades, el grupo de jóvenes no crece y nunca lo visita, lo reemplazas. De la misma manera, si tienes un misionero que no está haciendo lo que esperas que haga un misionero, reemplázalo, y no te sientas culpable por ello. Recuerda que eres un mayordomo; tu vocación no es apoyarlo a él; es apoyar las misiones. Al continuar su apoyo, has fallado en tu llamado. Si lo mantienes demasiado tiempo, tal vez el Señor te sustituya por un mayordomo mejor.

Una última reflexión: los primeros misioneros de los que leemos fueron Pablo y Bernabé. Su duro trabajo y su éxito atrajeron a muchos nuevos conversos. De hecho, no tenemos idea de cuántos. Lo que sí sabemos es que fue suficiente para que, en muy poco tiempo, hubieran "puesto el mundo patas arriba". Pablo declaró que se trasladaba a España porque, en toda la región de Grecia/Turquía, no había ningún lugar en el que no se hubiera predicado ya el evangelio (bien por Pablo o por alguno de sus discípulos o por alguno de sus discípulos). Como misionero (plantador de iglesias), Pablo necesitaba seguir adelante porque donde se nombra a Cristo, se necesita un *pastor.* Donde Cristo es desconocido e innominado, se necesita un *misionero.*

Uno de los primeros asistentes de Pablo fue un joven llamado Juan Marcos, sobrino de Bernabé. Después de pasar tiempo con él en el ministerio, Pablo determinó que no trabajaría más con Juan Marcos. Aunque Demas abandonó más tarde a Pablo por los placeres del mundo, Pablo despidió a Juan Marcos (abandonó su apoyo porque Pablo financiaba personalmente a los hombres que servían con él) porque lo consideraba indigno. Era demasiado joven, tenía demasiada nostalgia y su trabajo se vio afectado negativamente por su soledad e incapacidad.

Bernabé no era un misionero de "tiempo completo"; pasaba mucho tiempo en casa y visitando las iglesias establecidas en Asia. Era lo que el capítulo cuatro de Efesios llamaría un *apóstol* y un *profeta.*

Su personalidad y su vocación eran más adecuadas para ocuparse de la insuficiencia del joven Juan Marcos y convertirlo en lo que Pablo llamaría más tarde un ministro "útil" al que deseaba tener como ayudante.

Las misiones no son una representación de la USO. Es una invasión deliberada en lo más profundo del territorio hostil y enemigo. Como misionero, Pablo no tenía tiempo ni recursos para gastar en un ministerio infantil. Tenía un trabajo que hacer y un tiempo limitado para llevarlo a cabo. El hecho de dejar de lado a Juan Marcos provocó una ruptura en su relación con Bernabé, pero también supuso la posibilidad de llevar el evangelio al doble de regiones simultáneamente.

Pablo "dejó" a Juan Marcos por un tiempo para que pudiera recibir más entrenamiento de Bernabé y vivir para servir con él otro día. Dejar caer a un misionero puede ser el impulso que necesita un joven (o un anciano) para despertar su vocación.

ELIMINANDO EL ENIGMA

Sugerencias para los Misioneros: Cómo evitar ser abandonado por una iglesia de apoyo

• Explica completamente a las iglesias no lo que esperas hacer sino lo que ya has estado haciendo. Una gran cantidad de misioneros jóvenes e inexpertos dicen que van a plantar una iglesia en otra tierra pero nunca han plantado una en su propia tierra, cultura o país. Esa progresión no es lógica. Nadie quiere un cirujano de corazón que planea hacerlo bien o un piloto que pretende tener éxito; queremos veteranos con experiencia. Así también, si vas a llamarte a ti mismo misionero (plantador de iglesias) cuando nunca has calificado como tal, te estás engañando y engañando a ti mismo y a las iglesias a las que les pides apoyo. Si ese es tu caso, entonces sé honesto al respecto. Diles a dónde vas, con quién trabajarás, y cómo ese veterano ha aceptado ayudarte a ser un misionero exitoso de por vida, y lo que ya has hecho para prepararte.

Ten sustancia en las cartas dirigidas a sus partidarios, tanto a las iglesias como a las familias. El propósito de la carta no es simplemente hacer una conexión obligatoria, sino ayudar al pastor a animar a sus miembros a dar e ir como misioneros. Tú eres su socio; ayúdale. Muestra a las iglesias cómo estás progresando en tu camino como misionero, para que sepan que son buenos administradores al apoyarte.

Habla un poco de la familia; al fin y al cabo, los que te apoyan te quieren, pero recuerda que tienen compañeros en su iglesia que te han olvidado o que nunca te han conocido. A ellos no les importa si tu gato ha muerto, si te vas de vacaciones con tu familia o si el precio del combustible ha subido. Cuéntales lo que TÚ estás logrando gracias a SU apoyo.

No promuevas el trabajo de los pastores nacionales u otros misioneros como si fuera tu trabajo. Asegúrate de "dar honor a quien honor merece". Es un mundo pequeño, y no querrás ser conocido como alguien que exagera sus esfuerzos. Muchos pastores nacionales piensan que los misioneros son predicadores extranjeros que vienen de visita con una cámara, toman fotos de sus conversos, sus bautismos, sus instalaciones, sus escuelas, y luego regresan a Estados Unidos, usando las fotos para recaudar apoyo para ellos mismos. Les molesta que el apoyo no se comparta con ellos porque sus obras fueron fotografiadas. ¿Por qué crees que los misioneros tienen esa reputación? Porque es verdad.

Recuerda que si no te tomas el tiempo de informar, los que se han comprometido a apoyarte no tienen ninguna razón para tomarse el tiempo de hacerte un cheque. Tienes un contrato con cada iglesia que te apoya. Cumple los términos y las expectativas del contrato. En el pasado, hacerlo requería que los misioneros escribieran y enviaran cartas. Ahora todo lo que tienes que hacer es escribir un post en Facebook, adjuntar una foto o un video y enviarlo a todo el mundo, todo de una vez, gratis. Si no puedes hacer eso al menos cada trimestre, eres perezoso, ignorante de la necesidad o un absoluto desperdicio de un buen apoyo.

Sugerencias para las Iglesias:
¿Cómo puedes evitar tener que dejar de apoyar a un misionero?

● No te comprometas con el 100 por ciento del apoyo misionero prometido, ya que algunos miembros te fallarán, y otros perderán sus trabajos o se mudarán. Es mejor comprometerse con el 70 por ciento, y si te quedan fondos al final del año, puedes utilizarlos para ayudar en un proyecto misionero especial, enviar a los miembros o al personal a un viaje misionero, o tener un colchón de emergencia para el próximo año.

● Determina lo que esperas de un misionero, ponlo por escrito, haz que lo firme y dale una copia. Si él vacila en las expectativas, utilízalo para recordárselo. Si no hace caso del recordatorio, entonces ha roto el contrato. Deja de apoyarlo con la conciencia tranquila. Él conocía su responsabilidad, y (con suerte) le has dado una advertencia justa y quizás una oportunidad de mejorar.

● Haz una distinción entre las misiones extranjeras y los ministerios en casa, como las prisiones, los ministerios de tratados, la lucha contra el aborto y otras causas dignas y necesitadas a las que quieres ayudar. Recuerda que el simple hecho de que una necesidad sea digna de apoyo no significa que sea una *misión*. De lo contrario, ¿por qué no pagar tu factura de servicios públicos con tu cuenta de misiones? Recuerda que bíblicamente, el término *misiones* significa "llevar el evangelio a los lugares donde Cristo es desconocido y plantar iglesias, formar pastores y seguir adelante para repetir el proceso". Al hacer esta distinción, quizás podrías clasificarlas como *misiones extranjeras* y *ministerios de alcance*. Una vez hecho esto, determina qué porcentaje de tus donaciones irá a las misiones y qué porcentaje irá a los ministerios de alcance. De esta manera, no tendrás que inclinarte accidentalmente demasiado en ninguna de las dos direcciones. Muchas, si no la mayoría de las iglesias americanas, dan más de la mitad de sus "fondos para misiones" a causas en los Estados Unidos, es decir, hogares de niños, colegios bíblicos, servicios legales, asociaciones de pastores, escuelas cristianas, etc., todos los cuales son *ministerios* dignos y necesitados pero **no** son *misiones*. Las buenas intenciones no cumplirán la Gran Comisión.

- Tener protocolos a prueba de fallos como "Si no hay informe, no hay apoyo". Fíjate en los patrones de resultados fallidos en su actividad, al tiempo que reconoces que algunos campos son más desafiantes que otros. Si ve que se desarrollan patrones, es decir, que no se salvan almas, no se bautizan conversos o no se discipulan y/o no se inician nuevas iglesias en casas, entonces tienes que preguntarte a ti mismo (y al misionero), "¿Qué está haciendo?" (La realidad es que si tienes que dejar su apoyo, es porque no te dejaron otra opción. Se han dejado caer ellos mismos. Sabemos que se obtiene lo que se busca. Se recibe lo que se pide y se busca. Un misionero que no está produciendo "fruto que permanece" no está todavía equipado para ser un misionero. Puede que necesite más formación y una mejor comprensión de su vocación. Puede ser un Juan Marcos que necesita un Bernabé. Ayúdale, pero no sigas apoyando a una rama de la vid que no produce.

- Cualquier cambio que hagas en tus políticas debe ser transmitido a los que apoyas para que puedan adaptarse, examinar su capacidad de cumplimiento y tener la oportunidad de fortalecer su relación con tu iglesia en lugar de perderla.

#2
¿EL OBJETIVO DE LAS DONACIONES A LAS MISIONES ES APOYAR AL MENSAJERO O AL MENSAJE?

EXPLICANDO EL ENIGMA

UN QUERIDO AMIGO, que es uno de los pastores con más mentalidad misionera que he conocido, compartió recientemente una historia conmigo. Me dijo que tenía que dejar a un misionero en un país en particular porque se iba. Quería saber si teníamos a alguien sirviendo allí para poder transferir el apoyo a ese misionero. Además, dijo que estaba apoyando a esa familia misionera solo porque estaban sirviendo en ese país en particular. Parece que tenía una carga particular por esa tierra en particular y los pueblos que la habitan. En este caso, su intención no había sido apoyar al mensajero (misionero), sino que era financiar la proclamación del mensaje en ese país. Y como el misionero estaba retirando su ministerio de esa tierra, mi amigo quería poner fin a su relación de apoyo.

EXAMINANDO EL ENIGMA

Muchos misioneros han confesado que, después de servir en un campo durante algún tiempo, comienzan a sentir la carga de trasladarse a otro lugar. Cuando informan a las iglesias que los apoyan de su intención, un porcentaje de ellas abandona su apoyo. Escuchan declaraciones como: "Si no sabes dónde te quiere Dios, entonces no queremos apoyarte". Como puedes imaginar, esta reacción es muy frustrante para el hombre que busca seguir la voluntad de Dios. También es financieramente paralizante en un momento en que necesita fondos adicionales para financiar la mudanza.

Las iglesias con esta mentalidad suponen que Dios nunca redirige a un misionero a otro ministerio o país. Se equivocan. La ironía de este razonamiento es que los pastores de las iglesias de apoyo que abandonan a un misionero por mudarse de campo a menudo han pastoreado en varias iglesias diferentes e incluso en varios estados. Sin duda, afirmarían que Dios dirigió sus traslados. ¿Por qué debería ser diferente un misionero que cambia de campo? Si mudarse es aceptable para un pastor, debería serlo para un misionero. Esto es especialmente cierto cuando se considera que la mayoría de los "misioneros" no son realmente misioneros (plantadores de iglesias) sino que son pastores en una tierra extranjera.

En esa situación, el problema para esa iglesia en particular era que el misionero no había producido ningún fruto nacional para asumir su ministerio, o al menos no indicaba que lo hubiera hecho. De ser así, la iglesia podría haber transferido su apoyo a su "Timoteo". En su lugar, tenía que recomendar a un misionero nacional que vivía allí y que estaba realizando una labor destacada y podía beneficiarse de su apoyo. De este modo, pudieron continuar su labor de divulgación en esa tierra.

En mi opinión, el misionero debería haber sido abandonado mucho antes de su traslado previsto, ya que no estaba cumpliendo el propósito mismo de su llamado. No había plantado una sola iglesia, ni había ganado, discipulado y entrenado a un solo nacional para el ministerio.

EXPONIENDO EL ENIGMA

Hace tiempo que creo que el llamado de Dios es más a un pueblo que a un país. Las fronteras de los países cambian con el tiempo, pero las tribus (grupos de personas) generalmente no lo hacen. Por ejemplo, Prusia ya no existe, pero su gente sí; solo que ahora viven en lo que se conoce como Polonia, Rusia, Lituania, Dinamarca, Bélgica, la República Checa y Alemania. En consecuencia, ahora pueden hablar varias lenguas, mientras que antes hablaban principalmente lo que se ha convertido en una lengua báltica extinta. Pero siguen siendo el mismo "pueblo", independientemente de la lengua que hablen.

Según las estadísticas, en 2015 se extingue una lengua cada dos semanas. Por ejemplo, la lengua busuu solo tiene ocho hablantes vivos. Además de su lengua materna, el 96% de la población mundial habla una de las cuatro lenguas más comunes: Inglés, chino mandarín, hindi y español.

Piensa en lo miope y perjudicial que puede ser este razonamiento. Supongamos que un misionero de los indios cherokees que vivía en Georgia en 1820 decidiera trasladarse a Tennessee, Alabama o Carolina del Norte para llegar a los cherokees que vivían allí. Su apoyo se habría terminado debido a sus "campos en movimiento". Supongamos que decidió arriesgar su apoyo, dejando las iglesias cherokees que había establecido en Georgia en manos de hombres fieles y se trasladó a Carolina del Norte. Dejó su campo, pero pronto tuvo un nuevo problema. Entre 1836 y 1839, casi todos los cherokees fueron reunidos y reubicados a la fuerza en Oklahoma, en un viaje que ahora se llama el Sendero de las Lágrimas.

Ahora el misionero se enfrenta a otro problema: ¿se traslada con ellos y continúa su vocación, o se queda en Carolina del Norte y conserva el apoyo que le queda? Su ubicación había cambiado varias veces, al igual que la de la tribu, pero eran las mismas personas de siempre. Tenían la misma sangre, la misma lengua, la misma cultura, la misma vestimenta, la misma dieta y las mismas tradiciones, solo que con una ubicación diferente y en constante cambio.

Así que la pregunta que pide una respuesta es: ¿debemos apoyar al *mensajero* (el misionero) o al *mensaje* (el evangelio)? La respuesta es sencilla: sí. Este enigma puede ser visto de al menos dos maneras, así que ahora volvemos a la moneda de dos caras.

Cara - una perspectiva bíblica

Aceptando que un misionero no es un pastor sirviendo en otra tierra, sino que es un plantador de iglesias y un discipulador de plantadores de iglesias, lógicamente no podrá, y tal vez no debería quedarse en un lugar a largo plazo. Debe moverse como un pájaro debe volar o un pez debe nadar. Moverse está en su naturaleza. Sin embargo, hay que tener en cuenta que con las buenas carreteras de hoy en día, los vehículos modernos y las comunicaciones instantáneas, un misionero puede basar más fácilmente sus operaciones desde un lugar y aún así llegar a múltiples lugares, como los radios de una rueda que se extienden desde el centro.

Pablo nunca se quedó en ningún lugar más de unos pocos años y, en algunos lugares, como Tesalónica, se quedó solo tres semanas. Su propósito declarado como plantador de iglesias era plantar la iglesia y nombrar ancianos que luego pudieran madurar a los santos para que duplicaran ese patrón. Esta estrategia lo liberó para seguir adelante y comenzar de nuevo. (En el capítulo cuatro de Efesios, utilizó el término apóstol, del que obtenemos la palabra inglesa "missionary"). Su proceso de plantación de iglesias se vería entonces solidificado y acelerado por los "profetas" itinerantes. Estos eran predicadores que eran maestros y exhortadores. Luego seguirían los "evangelistas", que eran hombres y mujeres dotados para ganar almas. Felipe, probablemente un creyente heleno de la Iglesia de Jerusalén, fue llamado "evangelista", al igual que sus hijas. Finalmente, las congregaciones podían multiplicarse por el ministerio de "pastores y maestros" que cuidaban de las ovejas, maduraban a los nuevos creyentes y desarrollaban más reclutas para los mismos "oficios" ya mencionados. ¿Por qué? ¿Fue para que las congregaciones crecieran hasta convertirse en "mega-iglesias" y construyeran estructuras masivas en campus cada vez más amplios? No, sino para que el evangelio pudiera extenderse a todos los rincones del mundo, y cada nueva congregación tuviera el apoyo de profetas, evangelistas y pastores para ayudarles a plantar y hacer madurar aún más iglesias. Con este método, cumplirían la Gran Comisión.

Como misionero, Pablo no pasó su tiempo en un solo lugar. Cuando su trabajo estaba terminado, se movía. Él y sus discípulos tuvieron tanto éxito con esta pauta que no le quedó ningún lugar en Grecia y Asia Menor para plantar nuevas iglesias (Romanos 15:23, 24). Por lo tanto, anunció sus planes de ir a España y empezar de nuevo.

¿Qué? Pablo no estaba diciendo que no había iglesias establecidas donde pudiera predicar. Estaba afirmando que no quedaban pueblos para evangelizar y plantar una nueva iglesia. Ellos (sus discípulos y los discípulos de ellos, etc.) habían cubierto el subcontinente y lo habían "puesto patas arriba" (Hechos 17:6). Por lo tanto, para continuar con su vocación de plantar iglesias, se vio obligado a trasladarse más lejos. ¿Por qué? Porque su norma era no "edificar sobre fundamento ajeno" (Romanos 15:20, 21) En otras palabras, no plantó iglesias donde otros ya habían estado antes que él. Fue a donde el evangelio no se había predicado y era desconocido y fundó iglesias. No siguió a otros; ellos lo siguieron a él. No era el evangelista, el profeta o el pastor; era el misionero.

Por supuesto, Pablo aprovechó la oportunidad para visitar otras iglesias establecidas como las de Antioquía, Damasco, Jerusalén y Roma, ninguna de las cuales había iniciado. Él fue allí no para plantar sino para animar y fortalecer el Cuerpo (como un profeta). Por lo tanto, vemos que un misionero puede usar múltiples sombreros siempre y cuando sean temporales, pero su propósito principal es la plantación de iglesias.

¿Pero qué pasa con el traslado a otro país?

En cierto sentido, cada vez que Pablo se trasladaba, lo hacía a otro país. En realidad, eran más "culturas" separadas que "países", ya que todos estaban bajo la supervisión y administración del Imperio Romano. En todos los lugares a los que iba, la gente tenía su propia cultura, idioma, dioses, comidas, etc., pero también estaban familiarizados con el idioma, la cultura, los dioses y las costumbres romanas y se sometían a ellos. Siempre fue a la vez un extranjero y un "chico de casa". En la práctica, es posible que nunca tuviera que aprender una lengua diferente para ejercer su ministerio porque el imperio tenía dos lenguas comunes: el griego y el latín. En la mayoría de las regiones, a los locales se les permitía conservar su lengua materna, mientras que en otras regiones no.

Por lo tanto, desde una perspectiva bíblica, un misionero que se traslada a otro campo no está mal; al contrario, debería ser una práctica común, aunque los campos múltiples podrían estar todos en el mismo "país". Por ejemplo, en Tailandia, un misionero puede ministrar a los tailandeses en Bangkok, a los birmanos en la frontera occidental, a los laosianos y camboyanos en la frontera oriental, y a los malayos en el extremo sur, o a una de las varias docenas de tribus diferentes en el norte, todo ello mientras vive recibiendo apoyo como misionero en Tailandia.

He sido misionero durante más de treinta años. Algunas iglesias se refieren a mí como misionero en Tailandia; otras me clasifican como misionero en Honduras, otras dicen que en Oriente Medio y otras en la India. Puedo saber cuándo una iglesia comenzó su apoyo por la forma en que me designa. Nuestra revista trimestral, el *Informe de Progreso*, revela claramente que tengo mi base en los Estados Unidos y que planto iglesias en todo el mundo, animando a las iglesias establecidas y plantando otras nuevas. Que yo sepa, ninguna iglesia ha dejado de apoyarme por estar en un lugar distinto al que ellos pensaban que estaba o debía estar. El hecho es que el propósito del *Informe de Progreso* es dar a conocer mi ubicación así como mis labores y propósito. Cuando estoy en casa, no me entretengo hasta que llega la hora de tomar el avión. Trabajo mucho y duro, como se nos apoya a todos para que lo hagamos.

Sello - una perspectiva práctica

A veces una persona o una iglesia tiene una carga particular o incluso un llamado a tomar personalmente la responsabilidad de alcanzar a un grupo de personas específico o cubrir una región específica con el evangelio. Si deseas alcanzar a un grupo tribal que vive en una isla específica y apoyas a un misionero precisamente porque puede/quiere evangelizar a esa tribu, tendría sentido dejar de apoyarlo si decidiera trasladarse a otro lugar. No le estabas apoyando a *él* tanto como a ellos. Es muy lógico.

Esta fue la situación de mi amigo pastor que mencioné en los primeros párrafos de este acertijo. Su iglesia tiene la carga de llegar a Honduras. Su iglesia apoyó a un hombre americano que trabajaba con nosotros allí y que finalmente se fue a hacer otros ministerios. Los fondos que daban mensualmente no estaban destinados al beneficio del misionero/mensajero sino a la predicación del mensaje a esas personas. Así que tenía mucho sentido dar los fondos a otro mensajero en Honduras.

Cuando estaba en quinto grado, no podía pronunciar la "s" correctamente, así que mis padres contrataron a un tutor para que me ayudara. En lugar de decir la "s" con la parte delantera de la boca, la dejaba salir por ambos lados en la parte trasera de la boca. Mi tutor me enseñó a practicar diciendo repetidamente: "A mi hermana Susie le gusta el helado de fresa" y "Sam recoge conchas en la orilla del mar". El ejercicio fue un éxito brillante, ya que desde entonces soy capaz de pronunciar correctamente la antes esquiva "s". Ese tutor pasó a ayudar a otros niños con problemas de habla. No recuerdo que mis padres le siguieran pagando una vez terminado su trabajo.

Sin embargo, dos años después, tenía problemas con las matemáticas. Cuando buscaron un tutor para que me ayudara, no siguieron pagando al tutor del habla; contrataron a un tutor especializado en matemáticas. Encerrar a la profesora de conversación en un contrato de por vida habría sido ridículo, ya que su trabajo ya estaba hecho. Del mismo modo, simplemente porque su título era "tutor", contratarla para que me ayudara en matemáticas habría sido igual de absurdo. Tener habilidad en una materia no significa tener habilidad en todas las materias. El habla y las matemáticas, aunque ambas son materias educativas, son tan diferentes como el pastoreo y la plantación de iglesias. Que el ministro sea competente en ambas es muy poco probable. Al igual que con un tutor, págale por lo que puede hacer, no por lo que no puede hacer.

En un momento dado, Pablo fue llamado a ir a Macedonia. Es factible que alguien que tuviera la misma carga pudiera haberlo apoyado hasta que su propósito allí estuviera completo, y luego apoyar a los que dejara atrás para terminar la tarea. Macedonia no era una ciudad, sino una región de Grecia con muchos pueblos por alcanzar. Pablo dejó la región porque su propósito misionero era derribar la primera ficha de dominó y seguir adelante, dejando que las demás cayeran por el esfuerzo de sus conversos.

Algunas iglesias se molestan con este concepto porque, en ocasiones, el misionero informa a sus seguidores de un cambio de campo cuando aún está en la escuela de idiomas, aunque todavía no haya visitado el país de su vocación. Por lo tanto, sienten que no está seguro de la voluntad de Dios.

Al haber sido misionero en Centroamérica, sé que la mayoría de los misioneros asisten a la escuela de idiomas en México o Costa Rica. Costa Rica tiene el nivel de vida más alto de todos los países centroamericanos. El clima es más templado, la gente suele ser de ojos azules y pelo rubio, y el inglés se habla habitualmente. Además, la cultura es más parecida a la de Estados Unidos que a la de cualquier otro país de la región, ya que en Costa Rica viven más de 70.000 "expats" (en su mayoría jubilados). El país se adapta a ellos y subdivisiones enteras están diseñadas para los estadounidenses. Los letreros de las tiendas y las calles están en inglés; el coste de la vida es menor, la atención médica es excelente, las infraestructuras son magníficas, el índice de criminalidad es bajo y el gobierno no es tan corrupto como el de otros países centroamericanos. Como resultado, los misioneros se enamoran de Costa Rica. La esposa hace amigos, los hijos aprenden a desenvolverse, y pronto su anunciada llamada a Honduras, Nicaragua, El Salvador o Guatemala da paso al encanto de una nueva llamada a Costa Rica.

Básicamente, los centroamericanos son todos el mismo pueblo, así que ¿importa a qué país vaya el misionero? No, probablemente no. Sin embargo, no es extraño que una iglesia dude del discernimiento y el llamado de un misionero cuando se presenta a las iglesias con el pretexto de tener una carga abrumadora, que lo abarca todo, que cambia la vida, para un lugar, y luego pasa rápidamente a otro. Por el contrario, si su llamada se hubiera presentado como para el "pueblo" de América Central, en lugar de para un lugar geográfico específico, no habría habido ningún problema.

ELIMINANDO EL ENIGMA

Una conclusión útil para los que apadrinan:

Comúnmente tenemos patrocinadores que dejan el apoyo del predicador nacional que han estado financiando en nuestro ministerio por una u otra razón. A menudo, lo iniciamos informándoles que el predicador que habían estado apoyando ya no está sirviendo, ha fallecido, etc. Algunos patrocinadores terminan su apoyo en ese momento, y nunca volvemos a saber de ellos. Esto se debe a que, desde su perspectiva, estaban apoyando a ese predicador en particular, el *mensajero*. A lo largo de los años, habían desarrollado una relación con él y su familia, y ahora que ha fallecido, no sienten ningún impulso para continuar el apoyo. Otros en esa situación (y esto es mucho más común), nos piden que les asignemos otro predicador. Por lo general, no les importa quién es o dónde está porque, desde su perspectiva, están apoyando principalmente la proclamación del mensaje. El mensajero no es la cuestión; la cuestión es el mensaje que está declarando. Siempre que sea posible, nuestra política es tratar de asignarles otro predicador (mensajero) dentro del mismo grupo de responsabilidad de predicadores y de la misma región o país, para que el grupo no se vea debilitado o falto de personal.

En resumen, las dos perspectivas no son competitivas, sino que son prácticamente iguales. En el libro de Romanos, Pablo señaló lo siguiente:

1. El pagano no puede creer en Cristo si no ha escuchado sus buenas noticias (*el mensaje*) (Romanos 10:14).
2. No pueden oír el mensaje si alguien no se lo lleva (*el mensajero*) (Romanos 10:14).

3. Ese "alguien" en particular (*el mensajero/misionero con el mensaje*) no puede ir a menos que sea enviado (habilitado financieramente por el patrocinador) (Romanos 10:15).

Así que, sea cual sea tu perspectiva, juegas un papel vital.

Sugerencias para los Misioneros:

- Las iglesias están más inclinadas a continuar su apoyo si has demostrado ser digno de él. Recuérdales lo que lograste con su apoyo, el fruto que produjiste y que quedará para continuar, y por qué sientes que es necesario irte. Si no es así, es solo una oportunidad para que se deshagan de un peso muerto. Muchas iglesias luchan por cumplir con su presupuesto misionero cada mes y no pueden hacer oídos sordos a una razón legítima para dejar a un misionero que no está cumpliendo con sus expectativas.

- Avisa a las iglesias con antelación en lugar de echárselo en cara. Recuerda que se están "asociando" contigo. Deben saber lo que su "socio" está considerando y por qué. Pablo tenía una razón para saber dónde y cuándo se mudaba. A menudo era porque allí vivían familiares de sus conversos que vivían aquí.

- Por favor, comprende que la intención de su apoyo puede haber sido para la evangelización de tu campo más que para tus necesidades; así que no lo tomes como algo personal. Sé amable y comprensivo. Tu actitud podría ayudar a persuadirles de que continúen con tu apoyo en el próximo campo al que te dirijas.

Sugerencias para las Iglesias:

- En cada escenario de apoyo, determina si pretendes financiar el mensaje o al mensajero que lo lleva. Cualquiera que sea tu elección, y podría ser diferente para diferentes misioneros, informa al misionero por adelantado. De este modo, podrás decidir si consideras necesario dejar de apoyar al misionero si éste decide trasladarse a otro campo y no será una sorpresa para él.

- Si decides apoyar el mensaje, busca allí a alguien que ocupe el lugar del mensajero. En la mayoría de los casos, habrá un predicador nacional en el país, o la junta misionera con la que el misionero sirvió puede tener otro que podría beneficiarse de su ayuda. Ciertamente, el propio misionero debería poder recomendarle a otros hombres que estén sirviendo allí.

• Considera que casi todo el mundo musulmán, donde probablemente no apoyas a ningún misionero, se ha quedado sin el mensaje porque los mensajeros tuvieron que irse. ¡Mira la ausencia de cristianismo que ha resultado! Final Frontiers ahora tiene mensajeros viviendo en casi todas las naciones islámicas del Norte de África y del Medio Oriente cerradas a los misioneros. Podrías ayudar a uno de ellos.

• Mantén una mente abierta sobre los misioneros que se movilizan. Un misionero dedicado y bíblico siempre estará conquistando nuevos territorios para Cristo. Y considera esto, si Pablo se hubiera quedado donde empezó, habría sido el pastor asistente de Bernabé y solo se le habría conocido como el primer misionero en Chipre. (Bernabé era de allí, así que era su hogar.) ¿No te alegras de que se moviera de un lugar a otro? ¿Por qué entonces los misioneros de hoy deberían hacer lo contrario? Recuerda que los que se mueven son misioneros; los que permanecen inmóviles son pastores que sirven en tierras extranjeras.

#3

¿CUÁL ES EL EJEMPLO BÍBLICO DE LA DISPERSIÓN DE LOS FONDOS DE LAS MISIONES, Y SE UTILIZARON PARA ALGO MÁS QUE EL APOYO A LOS MISIONEROS?

EXPLICANDO EL ENIGMA

SUPONGO QUE OTRA forma de plantear la pregunta es: "¿En qué debemos o no debemos gastar nuestros dólares para las misiones? Se considera que las donaciones a las misiones se destinan principalmente al apoyo de los misioneros. Pero, ¿es legítimo utilizar los fondos de las misiones para otras necesidades o causas que no sean el apoyo personal o del ministerio?

Suponiendo que tu respuesta sea afirmativa, ahora tienes que determinar tu presupuesto y las partidas presupuestadas. No puedo ayudarte con lo primero, pero sí puedo aconsejarte sobre lo segundo. Para ser más específico, tiene dos opciones. La primera es decidir si quiere que el dinero de las misiones se destine únicamente a los esfuerzos de las misiones, es decir, a los plantadores de iglesias, a la plantación de iglesias, a la evangelización y a la formación de nuevos predicadores y pastores. La segunda es decidir si quieres que una parte vaya a otras causas que pueden o no tener nada que ver con lo que yo llamo misiones bíblicas, es decir, orfanatos, centros de alimentación, clínicas, escuelas, misiones de rescate, clínicas antiaborto, etc. Ten en cuenta que estas necesidades del ministerio, y los programas del ministerio también necesitan ser financiados y a menudo ayudan a lo que yo llamo misiones "puras".

Mi intención no es persuadirte para que quites fondos de estas diversas causas ministeriales para que los des a los misioneros. Por el contrario, mi intención es evitar que tomes los fondos que destinaste al apoyo misionero y los desvíes a causas no misioneras. Casi todas las iglesias que he consultado con respecto a su programa de misiones se han enfrentado a este enigma porque la mayoría de las iglesias consideran que cualquier donación monetaria que salga de su dirección física se clasifica como "misiones". Entonces, ¿cómo se puede resolver este problema?

Para mí, la solución es fácil. Tener dos presupuestos separados; designar uno para misiones y otro para el ministerio. Todos estos diversos ministerios necesitan financiación y deben ser considerados. He descubierto que si no damos intencionadamente fondos para misiones a elementos puramente misioneros, entonces "misiones" se convierte en nada más que un lema que utilizamos para definir nuestro apoyo a cualquier cosa que no esté incluida en el presupuesto operativo de la iglesia. Los presupuestos misioneros se convierten a menudo y sin quererlo en fondos para cubrir proyectos no financiados o infrafinanciados. Por ejemplo, si no puedes pagar los servicios públicos del verano, tómalo de las misiones. Si no puedes pagar al pastor esta semana, tómalo de misiones. Si el autobús de la iglesia necesita neumáticos nuevos, tómalo de misiones, etc.

Si definimos las misiones bíblicamente como la plantación de iglesias, veremos la necesidad de financiarlas cuidadosa y específicamente. De lo contrario, el presupuesto corre el peligro de convertirse en una caja de ahorros bien intencionada.

He escuchado de iglesias que usan su fondo de misiones para construir una cancha de baloncesto. El razonamiento es que *esto nos ayudará a llegar a los jóvenes de la zona, que, después de todo, es nuestro campo de misión*. No es así. La juventud local no es una misión; es un ministerio. En Su Gran Comisión, Jesús incluyó a Jerusalén como un campo de misión-hasta Pentecostés. Cuando el

Espíritu Santo vino, el evangelio fue predicado, y la ciudad entera fue evangelizada en un solo día. Ya no era un campo de misión; ahora era un campo de ministerio. Las iglesias en las casas estaban por todas partes, se reunían a diario, y grandes asambleas se reunían fuera del recinto del templo. Los pastores pastoreaban sus rebaños y se hacían los preparativos para llevar el evangelio a todo el mundo. Por supuesto, la gente todavía se convertía, pero la ciudad en su conjunto ya había sido "alcanzada" con el evangelio.

¿Puedo hacer una observación? Cuando Jesús dio la Gran Comisión, les dijo que predicaran en Jerusalén, Judea, Samaria y hasta los confines de la tierra. Se saltó la región de Galilea, una región geopolítica separada, reconocida y administrada por Roma. ¿Por qué les ordenaría predicar en Jerusalén y luego saltarse intencionadamente Galilea? Solo puedo dar una opinión. Si se estudian los Evangelios, se verá que Jesús predicó muy poco en Jerusalén, aunque hizo algo en comunidades cercanas como Betania; sin embargo, realizó la mayoría de sus milagros y enseñanzas en Galilea. (Algunos dicen que más del 80%.) La mayoría de sus apariciones después de la resurrección fueron en Galilea. Ya había saturado a Jerusalén con el conocimiento de quién era y cuál era su mensaje. No necesitaban que se les dijera lo que ya sabían. Solo necesitaban ser confrontados con la opción de aceptarlo o rechazarlo. Pero el resto del mundo todavía necesitaba escuchar ese mismo evangelio; por eso, el mandato de ir.

Supongamos que aceptas que, bíblicamente, un misionero es un plantador de iglesias, y que un campo de misión es una región en la que Cristo es innominado y desconocido. En ese caso, es una admisión de fracaso absoluto cuando llamamos a nuestro barrio o ciudad un campo misionero. Por lo tanto, deja que tus fondos recolectados y designados para las misiones sean utilizados para el apoyo y la actividad misionera, y utiliza los fondos designados para las necesidades del ministerio para sus propósitos particulares. Si sigues leyendo, encontrarás un ejemplo de cómo Pablo hizo precisamente eso.

EXAMINANDO EL ENIGMA

Primero establezcamos una base con respecto a las donaciones. El mayor deseo de David era construir un templo permanente para Dios, para que Él pudiera vivir entre ellos de una manera adecuada. Puede que Dios estuviera satisfecho con una vieja tienda (la palabra para "tabernáculo") pero David, viviendo en lo que era un lujo para él, se sintió abatido porque Dios tuviera menos de lo que él disfrutaba; menos de lo que Su gloria merecía. Sin embargo, debido a sus pecados, no se le permitió construir el templo, así que en su mente, hizo la siguiente mejor cosa. Comenzó a reunir y almacenar los materiales necesarios para que su hijo Salomón pudiera construirlo.

Para que fuera una empresa nacional, que permitiera la participación de todos, reunió a sus líderes ante él y declaró lo que iba a dar personalmente, con lo que cumplió dos objetivos. En primer lugar, mostró su dedicación a Dios y que su amor por Él era más importante que su amor por las riquezas, demostrando que no era correcto que él tuviera tanto y Dios tuviera tan poco. En segundo lugar, sirvió como ejemplo para que los líderes lo siguieran personalmente, lo mostraran públicamente y lo utilizaran como ejemplo motivador para que sus ciudadanos locales lo emularan (I Crónicas 22).

David anticipó que algunos buscarían excusas para no participar. Les recordó que su ofrenda no era una pérdida de "su" riqueza; era la devolución de una parte de "su" riqueza, con la que les había bendecido y sobre la que les había nombrado administradores. Escucha sus palabras mientras oraba:

> I Crónicas 29:14, *"Pero, ¿quién soy yo, y qué es mi pueblo, para que podamos ofrecer tan voluntariamente según este género? porque todo procede de ti, y de lo tuyo te lo hemos dado".*

David no infirió sino que afirmó enfáticamente que "todo" lo que damos a Dios proviene de Dios, por lo que en efecto, cuando damos, no le estamos dando a Él; en cambio, le estamos "devolviendo" a Él. Lógicamente entonces, si no damos, estamos reteniendo de Dios lo que es suyo. Eso es malversación y robo, y no esperes salirte con la tuya.

Técnicamente, no somos dueños de nuestras riquezas o posesiones, sino administradores de las de Dios. Él nos permite conservar una parte de su riqueza para nuestro mantenimiento y bendición, pero el resto es para su obra. Si nos quedamos con demasiado para nosotros, entonces Él puede quitarnos lo que nos ha dado. Si administramos adecuadamente Sus fondos y los usamos de acuerdo con Su patrón, entonces Él, a su vez, nos bendice, dándonos más para administrar (Mateo 25:14-29).

EXPONIENDO EL ENIGMA

La mejor manera de resolver este rompecabezas es mirar los pasajes de las Escrituras que se refieren directamente a él.

Ejemplos bíblicos de fondos utilizados para el apoyo misionero:

En primer lugar, en Romanos 15:24, Pablo escribió a la iglesia de Roma, que él no había fundado y aún no había visitado, aunque miembros de su propia familia asistían a ella. Dijo que planeaba visitarlos mientras se dirigía a realizar una labor misionera en España y les pidió que lo ayudaran en su camino.

En segundo lugar, en Filipenses 4:16-18, les alabó por enviarle ayuda una y otra vez, siempre que la necesitaba, y reconoció que compartirían sus recompensas celestiales por lo que había logrado con su ayuda.

En tercer lugar, en III Juan, encontramos al apóstol algo preocupado y quizás perturbado. Escribió esta carta después de reunirse con algunos predicadores itinerantes que le informaron de lo que habían encontrado en manos de los líderes de la iglesia, a los que él les había remitido.

El primero era Gayo, al que llamaba "querido amigo". Lo elogió por su testimonio y persistencia en la fe y el ejemplo. (No podemos estar seguros de que este hombre fuera un pastor/anciano; si no lo era, tal vez fuera un laico destacado en la iglesia local de la casa).

En la primera mitad de la carta, elogia a Gayo por cuidar de estos predicadores itinerantes, hombres que no habían recibido ningún apoyo o ayuda de los gentiles inconversos a los que habían estado proclamando el evangelio. Estos hombres eran, sin duda, misioneros. No sabemos su raza o nacionalidad, pero es evidente que no formaban parte de este cuerpo eclesiástico en particular. Juan declaró que estos predicadores/misioneros itinerantes eran extraños a esta congregación local (v. 5) aunque venían con sus saludos.

En la última mitad de la carta, Juan se refiere a un segundo hombre, un pastor llamado Diótrefes. Independientemente de lo bueno que haya hecho en su vida y en su ministerio, su nombre es infame para siempre por sus acciones contra estos predicadores. ¿Era un adúltero? ¿Un borracho? ¿Un criminal escandaloso? En absoluto. Su pecado fue que se ensoberbeció (v. 9), sin querer humillarse ante las enseñanzas del apóstol. Habló contra el ministerio, la persona y la autoridad de Juan y se negó a recibir a estos hermanos que Juan había enviado y recomendado. Para añadir a su infamia, Juan concluye su condena con el hecho de que Diótrefes no solo se negó a apoyarlos personalmente, sino que prohibió a los miembros de su iglesia que los ayudaran. Incluso advirtió que si alguien le desobedecía ayudando a estos predicadores ambulantes, expulsaría a ese hombre/familia de la congregación. Esta expulsión era ir demasiado lejos.

Este pastor obviamente tenía un problema con el apóstol Juan, pero parecía que se extendía hacia cualquier persona afiliada a Juan. No le bastaba con no dar "su" dinero para ayudar a estos hombres, sino que insistía en que los miembros de su iglesia no dieran también "el suyo".

Juan comenzó su conclusión con dos puntos. Como tenía previsto pasar por su ciudad, afirmó que se enfrentaría personalmente a este pastor y lo pondría en su lugar (v. 10). Luego amonestó a Cayo y a los demás para que siguieran haciendo lo que habían estado haciendo, recordándoles que no debían *"seguir lo malo, sino lo bueno. El que hace el bien es de Dios, pero el que hace el mal no ha visto a Dios"* (v. 11).

Aunque era pastor, este hombre se había alejado de las enseñanzas de Dios y se había vuelto "malo". Más tarde, en Hechos

20, en su discurso de despedida a los ancianos de Éfeso, les recordó que debían ayudar a los débiles, y que *"más bienaventurado es dar que recibir"*. Obviamente, por el contexto, ayudar implica algo más que palabras de simpatía. La simpatía puede consolar, hablar puede reconfortar, pero dar alivia la necesidad.

Puedo recordar muchas ocasiones cuando comencé este trabajo de apoyo a los misioneros nacionales. Pastores bien intencionados me reprendían a veces, diciendo que yo era un traidor, un enemigo de los misioneros (cosa que todavía oigo hasta hoy, aunque soy misionero), y que "el dinero americano pertenece a los misioneros americanos". Los dos primeros juicios los ignoré. Pero con el tercero, siempre estuve de acuerdo pero les recordé que *"la tierra es del Señor y su plenitud"*, es decir, todo lo que es, es de Él, no de Estados Unidos. Por lo tanto, mi punto de vista era y sigue siendo que todo lo que es tuyo te pertenece; gástalo como quieras, pero todo lo que es de Él pertenece a sus siervos, que hacen su trabajo, sin importar la raza o la ciudadanía.

Siempre me preocupaba escuchar a un pastor o a un director de una junta misionera hacer comentarios tan impropios y antibíblicos. Sin embargo, era peor cuando daba un paso más allá al decir a los miembros de su iglesia que no apoyaran a un misionero nacional. Después, llamaba a otros pastores para advertirles de mis "malas acciones", diciendo que yo estaba "tratando de destruir a los misioneros estadounidenses" al financiar a los misioneros nacionales.

Después de 35 años de enseñar el valor y la validez de apoyar a los predicadores nacionales, pensé que esta actitud hostil hacia ellos (y hacia mí) había cesado. Sin embargo, hace unos meses, estuve hablando con un joven misionero en una conferencia. Mencionó a un conocido común, un hombre que ha sido amable conmigo cuando ha estado en mi presencia. Dijo que cuando se mencionó mi nombre (como ocurre a menudo en los círculos misioneros, refiriéndose a mis esfuerzos por conseguir apoyo para los predicadores nacionales), dijo: "Jon Nelms solo va por ahí robando dinero a los misioneros".

Sé que la mayoría de los misioneros no piensan así de mí o de Final Frontiers. Aprecian nuestros esfuerzos para apoyar a los predicadores nacionales, y muchos me remiten a hombres que saben que están necesitados y son dignos de apoyo. Sin embargo, todavía hay quienes se sienten amenazados por el hecho de que un predicador nacional obtenga una parte de los limitados fondos misioneros disponibles en lugar de que vayan a parar a ellos.

Mi problema no es la raza o la ciudadanía, sino la credibilidad. Me opongo a cualquier misionero, rojo, amarillo, negro o blanco si es perezoso e improductivo. No le daría 50 dólares a ningún predicador que sea así, sea estadounidense o nacional. Por esa razón, supervisamos cuidadosamente los informes trimestrales de los hombres que apoyamos para que, si es necesario, podamos cortarlos. Pero la realidad es que si apoyas a un nacional que es perezoso e improductivo (y muchos lo son), entonces has desperdiciado $50 al mes del dinero de Dios. Sin embargo, cuando apoyas a un estadounidense que es igualmente indigno, desperdicias entre 5.000 y 12.000 dólares al mes. Por eso hago una cruzada para ayudar a las iglesias a entender que son mayordomos del dinero de las misiones de Dios y que serán responsables de cualquier despilfarro, ya sea nacional o estadounidense. Nunca diría que todos los misioneros son así. Solo sugiero que te asegures de que los que tu iglesia apoya no están entre ellos.

Un ejemplo bíblico de fondos utilizados para otras causas:

Permítanme decir que los siguientes pasajes no son doctrinas, sino que son ejemplos lógicos, creíbles y responsables. Si se siguen, la posibilidad de fraude y engaño es limitada. Además, puede sorprenderte saber que el propósito de este don particular no era para el apoyo misionero sino para lo que algunos llaman *trabajo social* y que yo llamo *ministerio*.

Los versículos finales del capítulo 11 de los Hechos y el capítulo 8 de la segunda parte de los Corintios son pasajes complementarios. Años antes, varios profetas habían advertido que se avecinaba una hambruna en Jerusalén. Pablo, emocionado por la tragedia que se avecinaba, comenzó a pedir a las iglesias gentiles que recogieran ofrendas para enviárselas. No sabemos por qué esto le preocupaba tanto a Pablo. Tal vez estuviera motivado por su arrepentimiento de toda la vida por haber perseguido anteriormente a los creyentes que vivían allí.

Leemos este pasaje como si Pablo lo hubiera pedido el sábado, lo hubiera recogido el domingo y hubiera salido hacia Jerusalén con la ofrenda el lunes. Nada más lejos de la realidad. La hambruna llegó finalmente diez años más tarde, y cuando lo hizo, Pablo comenzó a ir de iglesia en iglesia recogiendo las ofrendas prometidas durante una década. Algunas, como la de Macedonia, recaudaron más de lo previsto, mientras que otras, como la de Corinto, no recaudaron nada, a pesar de haber prometido. Elogió a algunas y reprendió a otras; luego expuso su éxito o fracaso y los pasos lógicos que daría para recaudar y repartir sus fondos. Eso es lo que quiero llamar tu atención al mirar específicamente Hechos 11:27-30.

Cómo se recolectaron y distribuyeron los fondos:

- Había una *motivación* para dar (una hambruna).
- Hubo los *medios* para dar (cada uno según su capacidad). capacidad).
- Había los *mensajeros* de sus donaciones (Pablo y Bernabé debían recibir, recoger y entregar sus donaciones).
- El *método* de distribución (los dones debían ser distribuidos por los líderes de la iglesia en la zona seleccionada).

Cuando me topé por primera vez con este principio hace más de veinte años, me di cuenta de que lo había copiado involuntariamente; y que estábamos solicitando, recogiendo y dispersando fondos precisamente como lo había hecho Pablo. A lo largo de las décadas, me ha sorprendido ver que muchos de nuestros protocolos ministeriales se han establecido intencionadamente y sin querer de acuerdo con ejemplos bíblicos reales. Permítanme explicarlo.

⁕   *Motivación.* Das voluntariamente debido a una necesidad (ya sea para un predicador, un niño, Biblias, PowerPack, proyecto, etc.)

⁕   *Medios.* Espero que la mayoría dé de acuerdo a su capacidad o deseo, pero si no es así, por lo menos da.

⁕   *Mensajeros.* Tus fondos se nos envían directamente o a veces se dan a través de tu iglesia. Los procesamos para la partida presupuestaria o el proyecto al que están destinados. A continuación, se envía un recibo al donante. Para rendir cuentas, nuestra administración es supervisada por nuestra junta ejecutiva, que rinde cuentas anualmente a ella, a Hacienda y a todos los donantes, y finalmente se publica en línea para que todos puedan verla.

⁕   *Método.* Enviamos los fondos a los pastores nacionales que supervisan el uso y la distribución de los fondos según la necesidad o el proyecto para el que fueron entregados, requiriendo que ellos, a su vez, nos entreguen un informe de su administración, que luego enviamos a los donantes.

Esto se hace gracias a los pastores estadounidenses, que están deseosos de que el *dinero de Dios* se utilice para apoyar a los *siervos de Dios*, sean quienes sean y estén donde estén. Gracias a Dios que nuestros púlpitos en América tienen pocos como Diótrefes y muchos como Gayo.

Presta atención al método que Pablo utilizó para distribuir los fondos; no los dio al pueblo, a las familias, etc. En cambio, se los dio a los pastores para que los distribuyeran. ¿Por qué? La lógica implica que Pablo no conocía a cada una de las familias. No sabía quién necesitaba cuánto y podría haber sido engañado o manipulado por alguien con una historia lacrimógena. Los pastores, en cambio, los conocían. Vivían con ellos. Como pastores, sabían dónde vivían y sus necesidades; por lo tanto, eran los más adecuados para encargarse de la distribución después de que Pablo se encargara de la entrega.

Nosotros utilizamos este mismo principio a la hora de repartir fondos para predicadores, huérfanos, viudas, etc.

ELIMINANDO EL ENIGMA

Sugerencias para los Misioneros:

• Recuerda que Pablo no se limitó a pedir a la gente que diera; les dijo por qué lo pedía, para qué lo pedía, cómo podían aportar los fondos y cómo los distribuiría. Los misioneros a menudo cometen el error de ser demasiado vagos con su petición. Piensan que porque es una iglesia de apoyo, no necesitan dar detalles. Pero sí lo necesitan. En primer lugar, dar detalles es parte del proceso de rendición de cuentas, y en segundo lugar, promueve la necesidad tocando el corazón. La gente da por lo que le conmueve. Recaudamos millones de dólares al año, pero todo es para predicadores, personas, proyectos o propósitos específicos. Y los fondos solo llegan porque hemos elaborado cuidadosa y honestamente la necesidad antes de pedir su ayuda. También porque, después de treinta y cinco años, hemos desarrollado una reputación de honestidad y transparencia que no llega de la noche a la mañana ni por casualidad.

Sugerencias para las Iglesias:

• Establece una política en tu iglesia sobre cómo y para qué se dispersarán los fondos de las misiones. Puede ser útil establecer tanto un presupuesto para las misiones como un presupuesto para el ministerio. Si esto es demasiado complicado, estudia tus donaciones actuales para determinar qué parte de los fondos de las misiones se destina a las mismas. Creo que la mayoría de los pastores se sorprenderán al descubrir que entre el 30 y el 70 por ciento de sus dólares para "misiones" se desvían a causas sociales y ministeriales en su estado, ciudad y barrio. Esto puede ser un buen testimonio en tu ciudad, pero ¿es lo que querías lograr con tus donaciones a las misiones? Si es así, sigue con el buen trabajo, y si no, haz los cambios necesarios.

• A veces las iglesias no son conscientes de que su gente da fuera de la iglesia porque no están de acuerdo con la forma en que utilizan sus fondos. Cuando la gente está descontenta, tiende a "votar con los pies", pero normalmente, mucho antes de que eso ocurra, han "votado con sus finanzas". El pastor sabio entiende que no le corresponde controlar a su gente, sino guiarla.

Sugerencias para las familias:

Agrego esta categoría esta vez porque se aplica a los pasajes que hemos estudiado.

 • Las familias llevaban sus dones para que fueran recogidos por la iglesia, que a su vez designaba a Pablo para que los entregara a los pastores en el extranjero, quienes a su vez los distribuían a las familias necesitadas. En resumen, el proceso iba de las familias con capacidad económica en una zona a las familias sin capacidad económica en otra zona. Todo lo demás formaba parte del proceso que hacía posible el objetivo. Asegúrate de que tienes un objetivo para tus donaciones y que se gestionan como esperabas.

#4

¿QUIÉN ESTABLECE LOS NIVELES DE APOYO A LOS MISIONEROS EN CADA PAÍS, Y POR QUÉ LOS MISIONEROS NOVATOS GANAN TANTO COMO LOS VETERANOS?

EXPLICANDO EL ENIGMA

ESTE ENIGMA DE DOS PARTES probablemente sorprenderá a la *mayoría* de ustedes, y por mayoría me refiero a cualquiera que no sea misionero. Incluso los misioneros tienden a tomar estas preguntas como absolutas y no se atreven a buscar una respuesta. Son tan fijas como la ley de la gravedad y, por tanto, rara vez se cuestionan. No saltamos de edificios altos ni nos planteamos preguntas como éstas, ya que cualquiera de ellas podría llevarnos a un final rápido y definitivo.

Combino las dos preguntas porque se solapan, y me las hago porque no tengo nada que perder. No tengo que responder a un consejo de administración de la misión, sino a un consejo de administración del ministerio que fundé en 1986. Ellos, como yo, tienden a hacer preguntas difíciles con la esperanza de encontrar respuestas. A veces el fracaso viene de buscar respuestas a prácticas y preguntas bien establecidas, pero también los éxitos.

Una vez alguien se cansó de caminar y fabricó una rueda. Los detractores debieron burlarse de él y le preguntaron: "¿Qué vas a hacer con esa cosa?". Esa pregunta le hizo pensar: "No lo sé, pero fue tan divertido que creo que haré una segunda". Cuando sus amigos le vieron hacer una segunda rueda, debieron de conjeturar con razón: "Si una rueda es un fracaso, dos ruedas es un doble fracaso". El humilde inventor acabó descubriendo que podía moverse sin andar uniendo las dos con un eje y poniendo una plataforma, o eso creía. Funcionaba muy bien bajando, pero no tanto subiendo. Probablemente fue entonces cuando se inventó la palabra "empujar". Entonces, una lluvia de ideas le convenció de acoplar un caballo y ya tenía un carro que revolucionó el transporte. Su necesidad de empujar pronto se convirtió en el mandato del caballo de tirar, y todo lo que tenía que hacer era sentarse y disfrutar del paseo.

Este plan funcionó bien durante miles de años hasta que, hace unos años, alguien sin caballo, o asqueado del coste de alimentarlos y del desorden que dejaban en las calles, inventó un motor. Y el resto es historia (más reciente).

Es cierto que los fracasos a veces provienen de preguntas bien hechas, pero también los éxitos. Así que arriesguémonos y preguntemos.

EXAMINANDO EL ENIGMA

Estas son buenas preguntas que se hacen muchos pastores y laicos, así que decidí investigar y ver qué podía aprender. En primer lugar, quise separar la financiación de los misioneros confesionales de la de los misioneros religiosos. Los siguientes puntos enumeran algunas diferencias entre los dos tipos, dadas en los términos más generales.

Un *misionero denominacional* es aquel que la división misionera de la denominación contrata. Es un empleado que recibe un salario y diversas compensaciones. No tiene que ir en deputación, recaudar apoyo, o responder a las iglesias individuales. Por lo general, una vez contratado, es enviado rápidamente a su campo de servicio para hacer lo que su denominación le indique. Su llamado es determinado por ellos-no necesariamente por la dirección del Señor. Puede que quiera plantar iglesias, pero se le asigna dirigir un campamento de jóvenes. Financieramente, se le cuida bien y se le provee de alojamiento, vehículos, seguro, sirvientes, etc. Por lo general, se le da un permiso cada cinco años y regresa a Estados Unidos, donde NO se le exige ni se espera que hable en las iglesias. Debe descansar durante un año y luego volver al campo o trasladarse a su nueva asignación.

Un *misionero religioso* debe recaudar su sustento y generalmente no recibe los beneficios del misionero denominacional. Él es su propio jefe y puede hacer cualquier ministerio al que se sienta guiado por Cristo, dondequiera que eso lo lleve. Su apoyo depende de la fidelidad de los que se comprometieron. Cuando regresa a casa para un permiso, no hay descanso alguno. Él y su familia viajan de una iglesia de apoyo a otra, dando información actualizada sobre su trabajo y tratando de hacer un hueco en nuevas iglesias para obtener apoyo adicional. La captación inicial de apoyos puede llevar de uno a cinco años. Por lo general, si no se consigue para entonces, el misionero asume que ha entendido mal la voluntad de Dios y renuncia a su título y sirve como pastor o miembro fiel de la iglesia.

Quiero comenzar abordando la situación del misionero denominacional, aunque solo sea para que el lector esté más informado y para que el misionero de la fe sienta un poco de envidia. Ninguno de nosotros quiere renunciar a su autonomía, sin embargo, la idea de tener un apoyo inmediato y completo con beneficios, y no tener ninguna diputación, ni estrés financiero, ni llevar dos o más sombreros, ya que trabajan con equipos -cada hombre tiene su propio trabajo y un año libre con sueldo cada cinco años- es muy tentadora. Por lo tanto, permítanme comenzar examinando al misionero denominacional y luego pasar la mayor parte de mi tiempo en mi mundo, el del misionero de la fe.

En Internet, en thenest.com, encontré un artículo de Dana Severson titulado "El salario medio de los misioneros". El pie de foto que lo acompañaba decía: "El salario medio de los misioneros es relativamente bajo". Aquí está un desglose de lo que descubrí, todas las estadísticas son relevantes para 2012. A medida que continúes, ten en cuenta que el artículo se refiere a los misioneros que son enviados por una organización (son empleados), a diferencia de los "misioneros de fe" (los que tienen que recaudar su apoyo).

Las parejas de misioneros confesionales que reciben apoyo reciben una media de 121.000 dólares al año, pero la Oficina de Estadísticas Laborales afirma que el salario medio es de unos escasos 30.650 dólares. Eso es porque, debido a otros subsidios adicionales, el "salario" solo equivalía al 47% de los "ingresos". Entonces, ¿qué más se incluye en los ingresos no salariales? ¿Estás preparado?

6.050 dólares por pareja si se vive en zonas donde el coste de la vida es más alto que en Estados Unidos. ¿Qué? Bueno, ten en cuenta que entre los bautistas, alrededor del 20% de nuestros misioneros (más de 570 de ellos) viven en Europa, donde las cosas son probablemente más caras. Hay 112 parejas misioneras que viven solo en el Reino Unido y 104 en Canadá. Hay 68 familias misioneras en Japón; no puedo imaginar lo caro que debe ser. Luego, por supuesto, hay 77 en Australia y 29 en Nueva Zelanda. (*Habría pensado que ya tenían el evangelio, pero como la mayoría de las iglesias y la gente definen a un misionero como un pastor que predica en cualquier lugar que no sea su casa, tiene sentido llamarlos misioneros*).

- Los subsidios de vivienda de 10.000 dólares son necesarios, ya que muchos misioneros de carrera mantienen una casa en Estados Unidos mientras viven en el extranjero.
- Se asignaron 8.500 dólares por pareja para gastos de viaje.
- Se asignaron 10.890 dólares para cubrir los gastos médicos.
- 8.470 dólares por año se destinaron a gastos administrativos (se supone que es para la junta de misiones que maneja sus cuentas).
- 8.470 dólares para otros imprevistos (?)
- 7.260 dólares para pensiones
- 4.840 dólares para impuestos

Quiero hacer aquí la pregunta que creo que todos los misioneros, si son honestos, se harían: "¿Dónde me apunto para este trabajo?".

Pensando que este informe debía ser una exageración, busqué más. Fue entonces cuando encontré un artículo de la EFCA escrito por Daryl Anderson de *ReachGlobal* (año desconocido), en el que se afirma que "El costo promedio para mantener a una familia misionera de Norteamérica es de 10.338 dólares al mes". (Eso es $124,056 anualmente.) Continuó, "Sin embargo, las necesidades de apoyo varían desde un mínimo de $4,000 al mes ($48,00 anualmente) hasta $16,000" ($192,000 anualmente) dependiendo del tamaño de la familia, ubicación, costos de inicio, etc.

Bueno, eso tiene sentido, supongo. Los nebulosos "costes de puesta en marcha" se definieron como la compra de viajes y vehículos, el mantenimiento y el traslado, ya sabes, el mismo tipo de gastos en los que tiene que incurrir una persona normal que se compra un coche, hace un viaje o se traslada a otro lugar. Y se me olvidaba, también incluye el coste de un ordenador. Todos estos son gastos necesarios y legítimos. Aun así, hay que cuestionar seriamente la necesidad de esos fondos cuando uno se da cuenta de que los misioneros no tienen que enviar sus pertenencias, ya que los muebles y los electrodomésticos se pueden comprar en cualquier parte. Y en cuanto a los viajes, a veces se puede volar de Atlanta a Budapest, Beirut, Tokio, París, Roma, Londres o Manila, más barato que de Atlanta a Seattle.

Al seguir leyendo, vi que la lista contenía una partida que me pareció especialmente curiosa, titulada "Evaluación de la preparación y formación previa al despliegue". El título por sí solo parece implicar que puede que no pases la prueba, y si no, ¿qué pasa con todo el apoyo que has conseguido y los años que te ha costado conseguirlo? ¿No debería determinarse tu preparación y terminar tu formación ANTES de ponerte a recaudar apoyos? Ningún directivo de empresa contrataría a un hombre y le daría un título y un sueldo considerable, esperando que se desempeñe bien. Por eso se inventaron las prácticas. Los cazatalentos corporativos buscan hombres experimentados con un currículum. Entonces, ¿por qué tratamos la obra de Dios de esta manera?

Los misioneros de organizaciones y denominaciones ganan mucho más que el típico misionero "de fe". Sin embargo, para ser justo con ellos, he escuchado que algunos comparten gentilmente sus salarios con misioneros más pobres que carecen de apoyo. Y puesto que asumo que la mayoría de los lectores estarán involucrados en las misiones religiosas, permítanme enfocar las cuestiones desde ese punto de vista.

EXPONIENDO EL ENIGMA

Cuando era más joven, me enteré de que las juntas misioneras fijan la cantidad de apoyo en función del país al que se llama al misionero, y su determinación se hace en base a la escala salarial de un determinado nivel del personal de la embajada estadounidense en ese país. Por eso, alguien que va a Francia debe recaudar más fondos que alguien que va a Jamaica. Francamente, habría que encuestar a cada junta de misiones religiosas para saber cómo determinan los niveles de apoyo. Sabiamente, todas recomiendan o exigen que el misionero no tenga deudas antes de partir.

La mayoría de los misioneros nunca mencionan la cantidad de fondos que intentan recaudar; se les enseña a referirse a porcentajes en lugar de a cantidades. De esta manera, no tienen que responder a esas preguntas embarazosas como: "¿Por qué necesitan tanto?". Cuando se les preguntan cantidades en lugar de porcentajes, los potenciales pastores de apoyo suelen comentar: "¡Eso es casi el doble de lo que gano!" Para ser sinceros, los misioneros nos avergonzamos de la cantidad que intentamos recaudar. La mayoría de nosotros ganaremos más como misioneros de lo que ganamos en el pastorado o en los negocios. Pocos aceptarán una reducción de sueldo. Esto se vuelve increíblemente embarazoso cuando nos damos cuenta de que probablemente ganaremos más que el presidente del país en el que viviremos, si se trata de una nación en desarrollo. Uno aprende rápidamente por qué es mejor hablar en términos de porcentajes y no de cantidades cuando aparece alguien como yo, recordando a las iglesias que el predicador nacional medio del país al que va el misionero gana solo una décima o una centésima parte de lo que gana el misionero medio.

Por cierto, esta es una de las razones por las que algunas juntas misioneras me han tachado de "antimisionero". ¿Por qué exponer la verdad se considera "anti" y ocultar la verdad "pro"? He conocido a algunos misioneros, que creo que eran dignos de 20.000 dólares al mes porque sabía lo productivos que eran y que utilizarían los fondos para ampliar su ministerio, no para su gratificación personal.

Algunos que lean este libro determinarán inmediatamente que los misioneros ganan demasiado, y en muchos casos, estarían en lo cierto. Sin embargo, para ser justos, deben comprender que los misioneros son como ustedes. Dondequiera que vivamos, queremos las mejores circunstancias que podamos tener para nuestra familia, incluyendo una buena educación, atención médica, comodidad, etc. Y, lógicamente, si todo lo que tenemos que hacer es pedirlo, sin que se requiera ninguna prueba de éxito para demostrar que somos dignos de la suma, entonces ¿por qué no pedirlo? Y si las iglesias nos lo dan, ¿por qué no aceptarlo? El problema es que hemos llegado a esperar y exigir las cosas que las generaciones anteriores consideraban lujos como necesidades. Y eso se aplica también a los pastores y laicos que viven en Estados Unidos.

No creo que un misionero deba ser pobre o que se espere que viva en la pobreza. Si un pastor puede tener una casa y un coche, ¿por qué no puede un misionero? Sin embargo, una consideración crucial es que los miembros del pastor, y no los conversos del misionero, son los que pagan el coche del misionero. Pero ese es otro enigma que abordaré más adelante, así que lo dejaré por ahora.

He conocido a algunos misioneros que vivían intencionadamente como los pobres. No tengo ningún problema con esa mentalidad porque luego se dan cuenta de que no toda la gente es pobre. Por experiencia, he aprendido que si haces esto, la gente pobre, sabiendo que eres de una tierra rica, pensará que estás loco por vivir en un barrio bajo o en una zona peligrosa cuando podrías vivir en otro lugar. Puede que te respeten tarde o temprano, pero al principio pensarán que estás loco, que eres un perdedor o un trastornado mental. Por otro lado, los ricos te rechazarán por el lugar donde vives, por lo mal que te vistes, etc. Pablo se refirió a esto cuando dijo que se había convertido en todo para todos los hombres. Yo recomendaría vivir en un entorno de clase media para poder llegar a los pobres y a los ricos, siendo aceptado y respetado por ambos.

Que Dios ayude al hombre que, por falta de medios económicos, no va a donde Dios le lleva ni hace lo que Dios le dice que haga. Dios bendiga a los misioneros que utilizan "su apoyo" para ayudar a las familias de bajos ingresos en sus iglesias, construir escuelas e instalaciones de la iglesia, pagar las facturas médicas de otros y ahorrar para los gastos de viaje del permiso obligatorio cada cuatro o cinco años. Considera, si una pequeña familia misionera de cinco personas tiene que pagar $1500 de pasajes de avión de ida y vuelta para cada miembro de la familia cada cinco años. Esa necesidad requeriría un extra de $1500 al año-un extra de $125 de apoyo mensual que debe ser recaudado y reservado para los boletos de avión. Esta cantidad no incluye los gastos de viaje y alojamiento en los que incurrirán una vez que lleguen, y recuerda que durante su año de permiso, todavía tienen que pagar el alquiler de su casa en el país extranjero y los servicios públicos necesarios. Las facturas se acumulan.

No me importa cuánto gana un misionero. Solo me importa cuánto logra. He conocido a algunos vendedores que eran dignos de un salario de un millón de dólares y otros que no valían ni mil. No es el tamaño de la familia, la ubicación en el planeta o las habilidades oratorias del misionero lo que debe determinar cuánto gana; es su valía. Y, francamente, ese valor no puede determinarse por su edad, su intelecto o su condición de misionero en casa. Solo se puede determinar por lo productivo que sea una vez que llegue al campo. Esta es otra razón para exigir largas pasantías en el campo antes de ser clasificado o apoyado como misionero.

Pocos hombres son productivos en su primer mandato. Durante este tiempo, se están aclimatando al clima, la cultura y el idioma, y hasta que esto se logre, son los ciegos tratando de guiar a los que ven. Sin embargo, al final de su segundo o tercer año, deberías tener una idea sobre su valor. Por eso recomiendo que el primer período se pase, no solo con un misionero veterano, sino con pastores nacionales veteranos.

En la cultura estadounidense, ser veterano significa simplemente haber pasado tiempo en alguna tarea. Yo no lo veo así. He conocido a muchos hombres que han estado en el campo durante treinta años y nunca han discipulado a un solo converso, nunca han producido un solo predicador, y nunca han iniciado una sola iglesia. Por veterano, me refiero a un hombre que ha logrado lo que fue enviado a lograr. No fue enviado solo a pastorear ovejas viejas, sino a parir nuevos corderos, a plantar iglesias, a entrenar hombres para el ministerio y a quedarse sin trabajo continuamente para tener que mudarse a otro lugar y empezar de nuevo.

Debemos recordar que, puesto que un misionero novato probablemente llegará a ser como el misionero que le sirvió de mentor, necesita ser discipulado por alguien que se haya destacado. La Biblia dice que producimos según nuestra propia especie. Este principio se aplica a las aves, a los animales y a los misioneros.

Esto me lleva a la siguiente parte del enigma: ¿por qué los misioneros novatos ganan tanto y a veces más que los misioneros veteranos?

¿La respuesta? Siempre se ha hecho así. ¿Es correcto? No. ¿Es justo? No. ¿Es productivo? No. Simplemente lo es. Pero yo sostengo que no debería serlo y no tiene por qué serlo.

Solo soy un hombre, pero tengo una opinión, ya que he servido como pastor de jóvenes, pastor asistente, pastor asociado y pastor principal durante doce años antes de convertirme en misionero. Cuando una mudanza me obligó a incorporarme al personal de otra iglesia, no ganaba tanto como el resto del personal que llevaba años allí antes de mi llegada. Más tarde, como pastor joven e inexperto, no gané tanto como los pastores de las iglesias más grandes ni como los pastores mayores de las iglesias pequeñas, ni esperaba hacerlo. ¿Por qué habría de hacerlo? Pero cuando se trata de misiones, damos a cada misionero la misma cantidad. ¿Por qué?

Probablemente porque las iglesias no nos *contratan*, sino que nos *ayudan*. Misionero, permite que eso se asimile por un momento.

La iglesia tiene el derecho de dar lo que quiera a quien quiera. Es Dios quien debe guiarlos de otra manera. Lo que quiero decir es que se trata de una cuestión de mayordomía. ¿Cómo es eso?

Estadísticamente, sabemos que hasta el 43% de los "misioneros" que empiezan una diputación no la terminan nunca. En un mes, seis meses, dos años o más, determinarán que no era la voluntad de Dios y tirarán la toalla. Yo respeto a esos hombres. En mi opinión, querían servir al Señor y confundieron una carga con un llamado (todos lo hemos hecho), y una vez que se dieron cuenta, se tragaron su orgullo, admitieron su error y comenzaron a servir de nuevo como laicos en su iglesia de origen o como pastores. Sin duda, aprendieron mucho en el viaje, y las iglesias que visitaron fueron, con suerte, bendecidas y animadas por sus presentaciones. Sin embargo, el problema es que, colectivamente, se desperdiciaron literalmente MILLONES de dólares de misiones en sus años de descubrimiento.

Francamente, de los que llegan al campo, otro 75% renuncia y vuelve a casa en los primeros tres años. Pero esa es otra historia para otro momento.

La solución, en mi opinión, es que la familia y la iglesia de origen envíen primero al candidato a misionero al campo durante tres a seis meses, para que vea cómo será la vida, experimentando el clima, la comida, el idioma, la cultura y la dificultad de la vida en esa tierra. Envíelo a él, a su esposa y a su familia. Sumérgelos en la experiencia. Muchos volverán a casa al cabo de unas pocas semanas, cuando se les pase la emoción, por lo que no les habrá costado ni desperdiciado tanto. Pero si una familia lo consigue, al menos tienes una idea de que puede hacerlo a largo plazo. (Digo "familia" porque normalmente la esposa es la que no puede adaptarse a la vida misionera).

Entonces que comience su diputación con un poco de experiencia bajo su cinturón-no solo un "viaje de reconocimiento" de dos semanas. También recomiendo que se queden solos en un entorno poco adecuado, para que tengan una experiencia completa. Si pasan su tiempo en la casa de un misionero, en el centro comercial y en las cafeterías, bien podrían haberse quedado en casa. Esta experiencia debe ser su "campo de entrenamiento", que demuestre su capacidad de adaptación, ajuste y logro.

Si el volumen en número de misioneros apoyados no es tu objetivo, animo a las iglesias a que inviertan más en hombres que hayan demostrado su valía durante un mandato, dos o más. Estos hombres no van a renunciar; han demostrado que no hay riesgo en los fondos invertidos en ellos. Como considerar el apoyo a los predicadores nacionales; ellos ya conocen la cultura, las costumbres, el idioma y la gente. Ya han pasado por los fuertes vientos del ministerio e incluso por el ojo de la tormenta y han salido victoriosos del otro lado. Son veteranos con experiencia y éxito en su haber, con las iglesias que han iniciado, los predicadores que han formado y las escuelas que han fundado, y aún tienen energía para hacer más. ¿Por qué perder su tiempo con otro año de permiso? Manténgalo en el campo haciendo lo que mejor sabe hacer. Denle un aumento en su manutención.

¿No suena eso al menos un poco lógico?

Ahora, me doy cuenta de que algunas iglesias simplemente quieren ver cuántos hombres pueden mantener en cuántos lugares. Si eso es lo que quieren, entonces háganlo. Dios recibe la gloria de cualquier manera. Mi sugerencia solo se da para que lo que das tenga un impacto en más vidas. Me gustan los números. Final Friends tiene ahora más de 28.000 predicadores en nuestra red. Sin embargo, no algunos, ni la mayoría, sino cada hombre que apoyamos es un plantador de iglesias. Cada hombre que apoyamos ya se ha probado a sí mismo con años de ministerio. Había entrenado a hombres para el ministerio y había iniciado personalmente al menos dos iglesias antes de que empezáramos a considerar su apoyo. Me encanta la idea de la cantidad, pero adoro el valor de la calidad.

Algunos pensarán que estoy escribiendo este libro para poder obtener más apoyo. Me han juzgado erróneamente. Tenemos más de siete mil suscriptores en nuestra lista de correo, y muy pocos nos "apoyan" a mi familia y a mí. Sin embargo, miles apoyan a nuestros predicadores, niños, etc. (Esto se debe a que en más de 35 años como misionero, nunca he hecho diputación). De los que me apoyan, la mayoría son amigos, no iglesias, así que mi lógica no se aplica a ellos; por lo tanto, no me beneficia.

Comparto todo esto porque tengo un foro para decirlo y el respeto de pastores, iglesias y laicos para escucharlo. Intento ayudarles a considerar posibles mejoras para su programa de misiones, de modo que, colectivamente, todos podamos hacer más para avanzar en la predicación del evangelio a lugares donde nunca se ha predicado antes.

ELIMINANDO EL ENIGMA

Sugerencias para los misioneros respecto a la obtención de apoyo:

• Recuerda que ninguna iglesia te debe apoyo; ellos eligieron darlo porque creen en tu intención de realizar poderosas hazañas para Dios. No los defraude. Y recuerda que no te apoyan hasta que te apoyan a ti. El difunto John R. Rice solía decir: "Hablar es barato; se necesita dinero para comprar whisky". A menudo me he preguntado por qué utilizaba esa expresión y cómo lo sabía, pero era cómico oírle decirla. La cuestión es que no cuentes con las promesas como apoyo. Recuerda que Proverbios 13:12 dice: *"La esperanza diferida enferma el corazón; pero cuando llega el deseo, es árbol de vida"*. A menudo, cuando una iglesia afirma su apoyo, está expresando una intención y no afirmando una promesa.

Sugerencias para las Iglesias:

Cuando dices a un misionero que lo vas a apoyar, hazlo. Hacer lo contrario es mentir. Hazle saber lo siguiente:

1) Cuánto vas a dar
2) La frecuencia con la que lo harás
3) Cuándo empezará tu manutención

De esta manera, él podrá hacer su presupuesto y no se preocupará de que te hayas olvidado de él.

Sugerencias para los misioneros en cuanto a mantener el apoyo:

- No dejes de reportar tu progreso y tus dificultades regularmente. Sé honesto.

1) Comparte un testimonio de un converso, no solo una estadística,

2) Incluye fotos.

3) Comparte las razones detrás de tus peticiones de oración.

La información es vital. Si no puedes tomarte el tiempo cada tres meses para escribir una carta, ¿por qué esperas que las iglesias que te apoyan se tomen el tiempo cada mes para escribirte un cheque?

- Cuando te digan que te van a apoyar, muestra la debida gratitud, pero recuerda que lo que esperas que ocurra mañana puede tardar cerca de un año en cumplirse. ¿Por qué? Porque las iglesias trabajan con un presupuesto anual, incluso cuando utilizan la Promesa de Fe. Tal vez su "año nuevo" comience en enero, y tú estés en su iglesia en marzo. Cuando el pastor dice: "Vamos a apoyarte", probablemente significa que el apoyo comenzará en enero próximo. Esto significa que no recibirás tu primer cheque hasta febrero, a menos que te paguen trimestralmente, en cuyo caso no llegará hasta abril, ¡más de un año después!

- Siendo así, es perfectamente aceptable que preguntes al pastor cuándo comenzará el apoyo. Anota esa fecha en tu calendario y, unos meses antes, envíale al pastor una nota amable, haciéndole saber lo mucho que esperas que llegue su apoyo y el beneficio que supondrá para tu familia y tu ministerio. Tal vez incluso compartas con él cómo vas a utilizar su apoyo. Al hacer esto, él no es simplemente un partidario de tu ministerio; es un socio de tu ministerio.

Sugerencias para las Iglesias:

- Recuerda que eres su socio en el ministerio, no su socio silencioso. Eres un inversor que necesita ser informado de sus progresos y contratiempos. Lee las cartas y responsabiliza al misionero para que actúe como se espera de él. Si no lo hace, vuelve a evaluar su apoyo con él. Tal vez puedas ayudarlo a mejorar, pero ten en cuenta que si aún no es un ministro maduro, debería estar en casa convirtiéndose en uno, no en el campo, esperando convertirse en uno mientras da un ejemplo inadecuado a los demás.

  • Haz saber al misionero lo que espera de él. ¿Quieres una carta mensual o trimestral? ¿Puedes enviársela por correo electrónico o simplemente darte un enlace a sus publicaciones en Facebook? ¿Hay algo que él, su esposa o su familia puedan hacer para ayudarte a impulsar las donaciones y la participación en la misión? Trata de no condenar al misionero por no responder a preguntas que tú nunca hiciste.

  • Pastores, por favor, eviten los cuestionarios. Pueden ser una herramienta legítima, pero la mayoría de los misioneros tienen entre 80 y 100 iglesias de apoyo. Si cada una requiere un cuestionario único, entonces has paralizado su ministerio. Imagina que cada miembro de tu iglesia te exigiera eso, y ahora que lo has hecho, "haz a los demás lo que quieras que te hagan a ti".

  • Nuevos pastores, por favor no estén tan ansiosos de deshacer lo que la iglesia votó hacer bajo su predecesor. Es común que un nuevo pastor quiera hacer borrón y cuenta nueva con los misioneros, manteniendo solo a los que fueron a su escuela o son de su junta favorita. El hecho de que no hayas oído hablar de algunos de estos hombres no significa que no sean dignos. Probablemente ellos tampoco han oído hablar de ti. Decimos que creemos en la autonomía de la iglesia local, pero a menudo un nuevo pastor hace caso omiso de las decisiones oradas, tomadas y adoptadas por la iglesia antes de su llegada. Eso no es bíblico, y ni siquiera es lógico. De vez en cuando, recibo una carta o incluso una llamada telefónica de un nuevo pastor que quiere presentarse y conocerme. Eso es una bendición y logra lo que el pastor necesitaba para sentirse cómodo con los misioneros que su nueva iglesia ha estado apoyando. Después, si empiezas a tener preguntas o dudas, como pastor, tienes el derecho y la obligación de investigar y llegar a una decisión sobre el apoyo de ese misionero.

#5

¿ES INCORRECTO QUE UN MISIONERO SEA UN "TENTMAKER", QUE TENGA OTRAS FUENTES DE INGRESOS Y AÚN ASÍ RECIBA APOYO?

EXPLICANDO EL ENIGMA

EL "TENTMAKING" (hacedores de tiendas) es una tendencia creciente que quizás ha surgido de la necesidad y puede convertirse en el próximo gran cambio en el trabajo y la financiación misionera. Y aunque en general se ha desaconsejado en las últimas décadas, la corriente está empezando a cambiar. Y por qué no, si tenemos en cuenta que el primer misionero del Nuevo Testamento trabajaba por cuenta propia como fabricante de tiendas, además de ser predicador y plantador de iglesias.

Además de Pablo, sabemos que Lucas, que no era apóstol ni predicador, sino un laico, un médico y un prolífico escritor, también viajó y ejerció su ministerio con Pablo. ¿Debemos, o mejor aún, podemos afirmar que Lucas nunca ejerció su oficio en todos esos años? ¿Debemos suponer que solo trató a Pablo y al equipo, pero que nunca utilizó sus habilidades en otras personas, salvadas o no, para ayudar a recaudar fondos? Lógicamente, si Pablo utilizó su oficio de tendero para financiar su ministerio, incluyendo el apoyo a su equipo (Hechos 20:34), ¿por qué deberíamos asumir que Lucas rechazó ese modelo?

Entonces, si hay una base bíblica para el "tentmaking", así como múltiples ejemplos, ¿por qué se desaconseja? A continuación, abordaré ese enigma, tanto positiva como negativamente.

EXAMINANDO EL ENIGMA

Supongamos que vives en la época de Pablo. ¿Lo habrías apoyado económicamente? Por supuesto, dirías que "sí", pero ¿lo harías?

Si crees que un misionero no debe tener ingresos externos, no podrías haber apoyado a Pablo el fabricante de tiendas, a Pedro, Santiago y Juan los pescadores, o incluso a Judas, el hijo de Santiago, un jornalero.

Nadie puede negar que Pablo no solo fue un misionero; también fue un modelo, que nos sirve de ejemplo de lo que es y hace un misionero -o al menos se supone que debe ser y hacer-. Y nadie que haya pasado unos momentos en el libro de los Hechos puede negar que Pablo trabajaba fabricando telas para tiendas, aunque no estamos seguros de si participaba en la tintura, en la venta de telas y materiales relacionados con la fabricación de tiendas, o en la producción real de las mismas. Y no importa.

Me parece interesante que cuando Pablo fue a la ciudad militar de Filipos, él y su compañero dieron un paseo hasta el río para orar y se encontraron con algunas mujeres que se habían reunido allí. Entre ellas había una mujer llamada Lidia, que aunque era gentil, adoraba según la fe judía. Era una extranjera de Asia Menor (Hechos 16:12-15), así que ¿qué hacía allí?

Lidia era de la ciudad de Tiatira (registrada en el Apocalipsis como una de las siete iglesias de Asia), un lugar dedicado al culto de Apolo, el dios-sol, al que llamaban Tyrannus, indicando que era el dios patrón de su ciudad y región. Allí vivía un gran contingente de judíos y, evidentemente, se había convertido al judaísmo, habiendo aprendido la fe judía de los misioneros judíos o de sus homólogos gentiles convertidos. Lidia era una vendedora de tinte púrpura, lo que habría sido un negocio rentable en aquella época. El púrpura era un color que distinguía un alto rango; por lo tanto, entre sus clientes probablemente se encontrarían terratenientes, políticos y la élite local adinerada.

El tinte púrpura se elaboraba hirviendo los caracoles de mar que se recogían en la costa de Tiro (por tierra, a 700 millas al sureste). Estos caracoles se hervían durante días por miles en grandes cubas hechas de plomo. Aunque este proceso producía un hedor horrible, la púrpura era un tinte muy codiciado. Quizá Lydia era una importadora de caracoles tirios, que supervisaba su propia planta de producción, o bien importaba el tinte ya producido y, actuando como intermediaria (o mujer), se ganaba la vida vendiendo el tinte. Lo más probable es que fuera una importadora de tintes, lo que le habría permitido ampliar su comercio desde su hogar en Asia hacia el oeste, hasta Grecia (Filipos), donde conoció a Pablo, quien probablemente le habría comprado tintes para sus tiendas. El hecho de que la Biblia se refiera a ella como "vendedora de tinte púrpura" no implica que Lidia no comerciara con otros colores. Pero a diferencia de los otros comerciantes de tintes, Lidia tenía un contacto comercial que le permitía almacenar el raro y caro tinte púrpura; por eso se la conocía como "la vendedora de púrpura".

Es posible que, antes de hablar con ella en la orilla del río, Pablo ya hubiera oído hablar de Lidia, se hubiera fijado en ella en el mercado o incluso la hubiera conocido. Cuando Pablo la conoció y le proclamó a Cristo desde el Antiguo Testamento, se convirtió en la primera conversa autentificada de Europa, e inmediatamente ofreció su casa a Pablo como lugar para vivir y establecer una iglesia.

¿Podía Lidia sostener económicamente a Pablo y a su equipo? Eso no lo sabemos, pero lo que sí sabemos es que Pablo se quedó allí para establecer una iglesia antes de seguir adelante, y al igual que en Corinto, no hay razón para sospechar que interrumpió su negocio de fabricación de tiendas para hacer el trabajo del ministerio. De hecho, encontramos que la razón por la que Pablo conoció a Aquila y Priscila fue que ellos, como él, eran fabricantes de tiendas. También invitaron a Pablo a vivir con ellas (Hechos 18:1-14). A su vez, no solo discipularon a otros (Apolos, por ejemplo) de la manera en que Pablo los había discipulado, sino que también viajaron con Pablo en algunos de sus viajes (Hechos 18:21).

Además, cuando Pablo se dirigió a los ancianos de la iglesia de Éfeso (Hechos 20:32-35) que fueron a visitarle a Mileto, se preocupó de recordarles dos cosas. Durante los tres años que estuvo en Éfeso, había cubierto sus propias necesidades, sin pedirles ayuda, y que había trabajado manualmente para mantener a todos los hombres que estaban con él, sus tímulos. No tuvo que decir cómo satisfacía estas necesidades sin su ayuda; todos sabían que era un fabricante de tiendas de campaña de oficio.

Así, vemos que Pablo pudo ser un misionero exitoso mientras trabajaba manualmente para financiarse a sí mismo y a su ministerio. Los resultados de su ministerio vinieron de sus contactos de negocios y de sus camaradas, no de ir de puerta en puerta o incluso de predicar en la calle. (Solo estoy haciendo una observación, no intento demeritar otros métodos que también uso).

No soy un erudito, pero hace tiempo que oí que era costumbre entre los judíos que un muchacho fuera aprendiz de otro hombre en su oficio, habiendo ya aprendido el de su padre, para que siempre tuviera una segunda carrera a la que recurrir. Dado que Pablo era un teólogo de formación, tal vez en su juventud había sido aprendiz de fabricante de tiendas, lo que le dio los conocimientos y la experiencia que necesitaba para mantenerse.

Sin duda, otros pasajes indican que no hay ningún problema en que un misionero trabaje para mantenerse a sí mismo, a su familia, a sus asociados y a su ministerio. Algunos sugieren que, como Pablo trabajaba, no recibía apoyo de las iglesias. Esta suposición no es correcta. En II Corintios 11:7-9, escribió,

"¿Acaso he cometido una ofensa al rebajarme a mí mismo para que vosotros podáis ser exaltados porque os he predicado el evangelio de Dios gratuitamente? He robado a otras iglesias, tomando un salario de ellas, para haceros un servicio. Y cuando estaba presente con vosotros y me faltaba [económicamente], no era responsable [deudor] ante nadie, porque lo que me faltaba lo suplían los hermanos que venían

de Macedonia; y en todo me he guardado de seros gravoso, y así me guardaré [continuaré]".

En este pasaje Pablo menciona el apoyo de otras iglesias como su "salario" o sueldo. Y cuando sufrió necesidades, Dios envió representantes de la iglesia de Macedonia con una ofrenda de amor para él. Con toda esta evidencia bíblica, ¿por qué algunos siguen diciendo que está mal que un misionero trabaje si recibe apoyo de las iglesias de su país?

EXPONIENDO EL ENIGMA

La respuesta simple es porque a menudo construimos nuestras doctrinas en base a suposiciones en lugar de la Palabra escrita de Dios. Una vez que un predicador respetado dice algo, se convierte en doctrina y se abraza como tal hasta que algún día, alguien expone que "dicha doctrina" no tiene base bíblica. (Por lo general, el denunciante es tachado de hereje.) Permítanme compartir algunos ejemplos:

"La limpieza está al lado de la piedad".

"Todo sube y baja en el liderazgo".

"Si no defiendes algo, caerás por cualquier cosa".

Y mi favorito de todos los tiempos: "Tu caminar habla y tu hablar habla, pero tu caminar habla más fuerte que tu hablar".

Estos dichos pueden ser correctos, pero no están en la Biblia.

Otros supuestos han conformado nuestra comprensión occidental de las Escrituras y la de los países que nos imitan. Por ejemplo, la enseñanza de que los reyes magos (solo tres de las decenas que los registros históricos registran e identifican por nacionalidad o nombre) estuvieron presentes en el nacimiento de Cristo. La Biblia no dice eso; de hecho, dice que vieron la estrella, luego investigaron el significado (probablemente a partir de los escritos de Daniel), y luego emprendieron un viaje para encontrar al niño. Este proceso duró un año o más. Por eso Herodes no ordenó matar a *todos* los niños pequeños, sino a todos los menores de dos años.

Luego, en otros casos, construimos doctrinas basadas en nuestra cultura americana. He escuchado a predicadores decir: "Si el edificio de tu iglesia no tiene un campanario, entonces no es una iglesia". También he escuchado a predicadores decir, "Si el ganador de almas no estaba usando una versión Reina Valera de la Biblia [la cual yo uso] cuando él te testificó, entonces no estás salvado". (Si esto fuera cierto, entonces nadie vino a Cristo antes de 1611).

Uno de los malentendidos más significativos causados por nuestra cultura americana es que una iglesia es un edificio en lugar de una congregación. A menudo la gente cuestiona el número de nuevas iglesias que nuestro equipo inicia, hasta que yo señalo que son iglesias en casas. De repente, nuestros grandes números se vuelven aceptables cuando los detractores se dan cuenta de que no se compró ninguna propiedad, ni instalaciones, ni bancos, ni sistemas de megafonía, ni platos de ofrendas. Tristemente, la mayoría de las "nuevas iglesias" iniciadas en América son, en realidad, nuevas corporaciones compuestas no por creyentes recién salvados y bautizados, sino por miembros de la iglesia reubicados y descontentos. Y a propósito, mientras despotrico, permítanme decir que el edificio de la iglesia no es "la casa de Dios"; los creyentes individuales lo son. Cuando decimos continuamente que el edificio es la casa de Dios, los creyentes maduros pueden saber lo que queremos decir, pero los niños y los nuevos conversos no. Para ellos, nuestras palabras se convierten en doctrina.

He aquí otro ejemplo. En algún momento, alguien sugirió (predicó o enseñó) que era incorrecto que un misionero fuera otra cosa que un predicador a tiempo completo, sin un horario de trabajo manual. Incluso se dice que tener un trabajo externo es una prueba de su falta de fe. Eso suena espiritual y es sin duda deseable, pero no es un requisito bíblico. Después de todo, casi la mitad de los pastores en América hoy en día también tienen otro trabajo.

Históricamente, en los primeros siglos, muy pocos pastores servían a tiempo completo. La mayoría de las iglesias se reunían en pequeñas casas, mercados, tiendas o bajo los árboles. Por lo tanto, sus congregaciones típicamente no habrían sido lo suficientemente grandes como para sostener a un pastor a tiempo completo, al igual que no lo son hoy en día en las naciones en desarrollo, donde a menudo se reúnen en los hogares. Históricamente, el primer edificio erigido como lugar de culto (una "iglesia") no se construyó hasta el siglo III de nuestra era. Por lo tanto, podemos decir con certeza que ni Jesús, ni Pablo, ni Pedro, ni Esteban, ni Santiago, ni Juan, ni Felipe, ni Natanael, ni Mateo, ni Tomás, ni Bernabé, ni Silas, ni Timoteo, ni Tito, ni Apolos, ni Clemente, ni Ignacio, ni Policarpo predicaron nunca en lo que llamaríamos un edificio de iglesia. Nunca. Ni siquiera una vez.

Pero aún así, algunos creen que es incorrecto o desaconsejable que un misionero sea un fabricante de tiendas. ¿Cuáles son las razones de su creencia?

ARGUMENTO:

Un misionero productivo necesitará eventualmente dedicar todo su tiempo al ministerio por motivos de supervisión. Después de todo, ¿cómo puede mantenerse al día con los programas de la iglesia y capacitar a los pastores y estudiantes si está trabajando en otro lugar a tiempo completo?

REFUTACIÓN:

Tal vez debería permitir que los hombres que ha ganado para Cristo, discipulado y entrenado, manejen la administración mientras él se ocupa de producir más de ellos. A Pablo le funcionó, y nadie diría que no fue un misionero productivo.

ARGUMENTO:

No se puede plantar una iglesia mientras se trabaja a tiempo completo.

REFUTACIÓN:

Miles de ejemplos en todo el mundo se levantan en oposición a esa teoría. Incluso en Estados Unidos, la mayoría de los hombres que plantan iglesias también trabajan para ganarse la vida. Algunos continúan con su trabajo externo después de que la iglesia es grande y floreciente debido a la oportunidad que les da de relacionarse con sus miembros que trabajan muchas horas y aún así se espera que den tiempo a las funciones de la iglesia. También proporciona la oportunidad de conocer y hablar (evangelizar) con los empleados, los clientes e incluso los competidores. El pastor Robert York, de la Primera Iglesia Bautista de Streetsboro, Ohio, es un excelente ejemplo.

Históricamente, los misioneros moravos en el Caribe sirven de ejemplo. Cuando se les prohibió entrar en las plantaciones de caña de azúcar para evangelizar a los esclavos, se vendieron como esclavos, lo que les permitió vivir con los esclavos y alcanzarlos para Cristo. Trabajaban a diario bajo el caluroso sol ecuatorial, pero eran libres de evangelizar y plantar iglesias por la noche. Al hacer esto, se convirtieron en "todo para todos los hombres".

Debo añadir aquí que mi padre, como laico, fundó tres iglesias. Se salvó cuando era joven. Una señora del pueblo daba una historia bíblica semanal en la clase de segundo grado de mi madre. Un día, después de la historia, mientras los niños se retiraban, mi madre se acercó a ella con preguntas y fue llevada a Cristo. Más tarde, ese mismo día, esperó en casa a que mi padre llegara del trabajo y le contó lo que había sucedido. Mi padre quedó tan impresionado por el mensaje que llamó a esta señora a su casa para saber más, y esa noche, ella llevó a mi padre a Cristo. Pronto se bautizaron y se involucraron en una iglesia bautista local. Sintiendo que era lo correcto, mi padre dejó de fumar y de beber alcohol y empezó a hablar a otros de Jesús.

En ese momento, estaba ascendiendo en las filas de su Logia Masónica local. A menudo, por las noches, conducía a otros pueblos pequeños para ayudar a los hombres a organizar una logia para su comunidad. Poco después de su conversión, mientras se dirigía a hacer precisamente eso, una voz interior le habló y le dijo: "Ahora que eres cristiano, deberías dedicar tus esfuerzos a fundar iglesias, no logias".

Esa noche, dio un giro de 180 grados en la carretera y se fue a casa. No volvió a asistir a una reunión de la logia en su vida, pero plantó tres iglesias con la ayuda de varios amigos, y una vez hecho esto, encontró hombres para pastorearlas. Fundó tres iglesias mientras trabajaba a tiempo completo en la Southern Bell Telephone Company y también servía activamente en su iglesia local. Tres de los cuatro hijos que él y mi madre criaron se convirtieron primero en pastores y luego en misioneros. Nuestro hermano mayor, Ben, no es un "ministro" oficial; se gana la vida trabajando. Mi padre, por cierto, fue finalmente ordenado como pastor a la edad de 71 años. Menos de medio año después, cuando apenas tenía 72 años, murió de un tumor cerebral.

Se puede trabajar a tiempo completo y seguir plantando iglesias y discipulando a los conversos.

ARGUMENTO:

Es ilegal que los misioneros trabajen, ya que están en condición de misioneros y no tienen permiso de trabajo.

REFUTACIÓN:

Es cierto, pero no tiene por qué serlo. El método preferible es adquirir un estatus de residente legal en el país, que es un proceso sencillo. Además, costará menos que los vuelos de entrada y salida del país para satisfacer los requisitos de los visados temporales.

Es cierto que los misioneros suelen entrar y vivir con un visado de misionero, pero ese estatus no es un requisito. También es la razón por la que no se permite la entrada de misioneros en muchos países, y su número va en aumento. Algunos sugieren que vayas bajo el disfraz de ser un hombre de negocios. Aun así, cuando se descubra tu actividad ministerial, es probable que te desalojen definitivamente, y la suposición general es que todos los misioneros (cristianos) son deshonestos.

Hace varios años, todos los misioneros de Marruecos fueron expulsados y se les dio entre 24 y 48 horas para abandonar el país. (Imagínate lo difícil que sería empaquetar tus pertenencias, cerrar las cuentas bancarias, vender artículos como los coches, y luego perder los depósitos de alquiler o las hipotecas de tu casa dado el poco tiempo que tienes para desalojar). La razón que se dio fue que la mayoría de estos misioneros estaban involucrados en ministerios de niños y supuestamente solo hacían trabajo social. El gobierno marroquí determinó que utilizaban su labor humanitaria como tapadera para sus fines evangelizadores y los expulsó. Los que se han "quedado" viven en una de las dos ciudades autónomas de la costa mediterránea, que son territorios de España, llamadas Melilla y Ceuta. Técnicamente no están en Marruecos, pero pueden entrar y salir.

La mejor manera de sortear estos obstáculos es ir con un visado de trabajo si se puede, y si no se puede, ir allí a vivir, conseguir una residencia -no un visado- y montar un negocio. En la mayoría de los casos, esto resuelve todos los problemas. Los gobiernos no quieren que un estadounidense le quite el trabajo a uno de sus ciudadanos. Sin embargo, saben que si abres un negocio, acabarás, si no automáticamente, contratando a sus ciudadanos y proporcionando nuevos puestos de trabajo. Muchos misioneros son profesores de inglés y les paga una escuela de acogida. Probablemente también necesiten un poco de apoyo extra. Todos los días tienen comunicación directa con decenas de alumnos y la oportunidad de visitar a sus padres y hermanos.

A mediados de la década de 1980, cuando hacía planes para mudarme a Tailandia, tres escuelas privadas diferentes de Bangkok se pusieron en contacto conmigo y me ofrecieron un puesto como profesor de inglés conversacional. Como resultado de mis negociaciones, se me permitiría utilizar cualquier "libro de texto" que quisiera, incluida la Biblia. Me ofrecieron un apartamento considerable para mi familia, un coche, un chófer, una asistenta y un sueldo tres veces superior al que pagaban a sus profesores tailandeses. Tenía entre cinco y siete horas de clase al día, en las que tenía a treinta o más alumnos de familias adineradas sentados a mis pies, aprendiendo a hablar inglés con acento sureño. Tenía libertad para conocer a sus padres, llevar a los alumnos al parque o tener el contacto que quisiera con ellos. ¡Qué oportunidad ministerial!

En ese momento, las puertas de China estaban abiertas de par en par, ofreciendo la misma oportunidad, y cientos la aprovecharon. Aún así, la misma oportunidad abunda en muchos otros países. También, o como empresa individual desde tu propia casa, podrías enseñar o dar clases particulares de inglés a los millones de personas que quieren aprenderlo.

No tienes que ser un especialista o un experto. Solo tienes que tener un oficio (el de fabricante de tiendas) que te permita cubrir tus necesidades. ¿Eres mecánico aquí? Sé mecánico allí. ¿Eres barbero aquí? Sé barbero allí. ¿Eres profesor, banquero, jardinero, músico, contable, manitas o enfermero aquí? Pues sé uno allí. Y cada día, puedes invitar a tus nuevos conversos a un almuerzo de discipulado o a una comida evangelizadora con su familia y la tuya. Todo el tiempo estás desarrollando amistades y asombrándolos con tu respuesta a la continua pregunta: "¿Por qué estás aquí cuando podrías quedarte en Estados Unidos y ganar mucho más dinero?" ¿La respuesta? Que tu amor por su gente te llevó allí con un mensaje de Dios. El mensaje es que Él demostró su amor por la humanidad enviando a su Hijo para ser sacrificado por nuestros pecados.

ARGUMENTO:

Un misionero que hace tiendas pasará demasiado tiempo en su negocio y no tendrá tiempo para el ministerio.

REFUTACIÓN:

Puedo ver que eso sucede, y lo he visto suceder. Incluso me pasó a mí durante un tiempo. Pero si tu corazón está bien con el Señor, no tardarás en darte cuenta de que has equivocado tus prioridades y encontrarás el camino a casa. Pero yo le preguntaría, ¿cuánto tiempo es demasiado tiempo? Esperamos que los pastores bivocacionales (y los laicos) en Estados Unidos trabajen cuarenta horas a la semana y luego prediquen o enseñen, vayan de visita, etc. Si nosotros podemos hacer eso aquí, ¿por qué un misionero no puede hacerlo allí?

He visto a muchos misioneros trabajando duro, pasando enormes cantidades de tiempo en su oficina en casa, desarrollando el currículo de un instituto bíblico. Al mismo tiempo, se pueden encontrar miles de ellos en línea, ya preparados y doctrinalmente sólidos. ¿No es eso una pérdida de tiempo?

La mayoría de los misioneros optan por conseguir apoyo yendo a la diputación en lugar de trabajar como fabricante de tiendas; ¿cuánto tiempo está perdiendo en sus dos, tres, cuatro o más años de diputación?

Por último, tenemos que preguntarnos por qué tendemos a separar el trabajo del ministerio. ¿Crees que mientras Pablo hacía tiendas, no estaba también discipulando a sus trabajadores, testificando a los clientes, etc.? Tendemos a pensar que el "trabajo" del misionero es solo la predicación. Por eso la mayoría de los miembros de la iglesia piensan que su pastor solo trabaja los domingos y los miércoles por la noche. No entienden todo lo que implica el ministerio. En mi experiencia, mezclarse con el público todos los días, todo el día, da muchas más oportunidades de ministerio que estar enclaustrado en su oficina escribiendo lecciones de instituto bíblico.

ARGUMENTO:

La Biblia dice que un hombre de doble ánimo es inestable en todos sus caminos.

REFUTACIÓN:

Sí, lo dice. Supongamos que cuando Santiago escribió esas palabras se refería a los misioneros que trabajan en empleos seculares. Si vamos a colar ese mosquito, traguemos el resto del camello. También dijo que la religión pura y sin mácula es cuidar de las viudas y los huérfanos. ¿Estamos haciendo eso? La verdad es que no es para nada a lo que se refería cuando mencionó el ser de doble ánimo. De nuevo, no construyamos doctrinas sobre suposiciones.

Antes de continuar, permítanme darles dos palabras que les ayudarán a entender por qué creo que un misionero puede ser (aunque no necesariamente debe ser) un fabricante de tiendas y al mismo tiempo ser un misionero exitoso. Esas dos palabras son *ocupación* y *avocación*. Una *ocupación* es un trabajo que pone comida en la mesa y paga la cuenta. Una avocación es lo que haces en las horas que no trabajas y que te da alegría y satisfacción. En resumen, tu ocupación es lo que haces *para vivir*, y tu avocación es lo que vives *para hacer*.

La ocupación de Pablo, cuando era necesario, era ser fabricante de tiendas. Su avocación en todo momento fue ser un proclamador del evangelio, un discipulador de conversos y un plantador de nuevas iglesias (congregaciones).

EN UNA NOTA PERSONAL:

He estado en el trabajo misionero por 35 años, y durante ese tiempo, he vivido por períodos significativos en muchos países y he sido residente de Honduras por veintitrés años. ¿Funciona la construcción de tiendas? Por supuesto. Incluso ahora, nuestro ministerio Toca una Vida está registrado como una corporación hondureña, y tenemos muchas personas trabajando con nosotros. Les ayudamos a crear su propio negocio de subcontratación para dirigir un centro de alimentación. Les proporcionamos todo lo que necesitan para hacerlo correctamente (instalaciones, mesas, sillas, cocinas, hornos, utensilios de cocina, ollas, sartenes, platos, cuencos, comida semanal e incluso las facturas de la luz). Nuestra formación y provisión les proporciona un ingreso para sus familias y los miembros de la iglesia y ofrece un servicio a la comunidad. Como tal, ¿se imaginan lo bien que se respeta y se recibe al "Hermano Jon y la Hermana Nolin" en esas comunidades? Nadie en nuestra región no sabe quiénes somos, qué hacemos y dónde vivimos (mientras estamos en el país). Puesto que todos los hombres nos leen y nos conocen, debemos vivir públicamente vidas ejemplares de servicio, sacrificio, hospitalidad y ejemplo para la gloria de Dios y el beneficio de la humanidad.

Debido a nuestro servicio, he conocido a los últimos cinco Presidentes de Honduras y he tenido reuniones privadas con tres de ellos. He conocido a varios presidentes del Congreso (su equivalente en la Cámara de Representantes, que es el tercero en la línea de sucesión para la presidencia). El último que ocupó ese cargo fue en su día empleado mío. Por desgracia, falleció hace dos años. Nuestro nombre y nuestro ministerio se han hecho tan conocidos que hace unos años me propusieron presentarme al Congreso. Lo habría hecho, de no ser porque la ley establece que solo los hondureños nacidos en el país pueden ocupar cargos públicos. Habría sido el último puesto en la tienda de campaña. Dicho esto, creo que un misionero debería tener la capacidad de servir a tiempo completo; pero la falta de ello no debería ser una excusa para impedirle ir.

Los críticos suelen decir que los pastores nacionales solo trabajan gracias al dinero que les damos. Sin embargo, cuando un misionero estadounidense le dice: "Ahora estamos en un 'x' por ciento de nuestro apoyo, y tan pronto como consigamos el otro 'x' por ciento, nos iremos", en realidad está diciendo que sin suficiente apoyo, no se irá.

Probablemente ha escuchado eso en cada presentación de un misionero en su iglesia. Pero, ¿cuándo fue la última vez que escuchó a un hombre preparado decir: "Dios nos llamó, y aunque tenemos poco o ningún apoyo, puedo blandir un martillo allí tan bien como aquí, así que nos vamos en un mes, con o sin apoyo"? Lo creas o no, he conocido a algunos que han hecho precisamente eso.

Así que, si algún día escuchas a un misionero decir eso -y luego cumplirlo-, te recomiendo que lo apoyes. Puede que sea el próximo Pablo.

ELIMINANDO EL ENIGMA

Sugerencias para los Misioneros:

- Nunca ocultes tus planes a las iglesias que te apoyan. Si ser un fabricante de tiendas es parte de su "plan de negocios", entonces hágalo saber a sus iglesias de apoyo. *"Procura ser honesto ante todos los hombres"* (Romanos 12:17).

- He conocido parejas que escucharon el llamado en un servicio de la iglesia, y en pocas semanas estaban en el campo. En algunos lugares, eso es posible, pero no en todos. Haz tu tarea, averigua legalmente lo que puedes y no puedes hacer. Puede que tengas que viajar allí y contratar a un abogado para saberlo, pero si tienes un oficio que puedes ejercer en otro lugar, es probable que te permitan trasladarte allí y abrir un negocio. Probablemente te exigirán que demuestres que puedes hacerte cargo de tus propias necesidades financieras y no convertirte en una carga para su economía. Si estás jubilado, es mucho más fácil, y no tienes que tener 65 años o más para conseguir un visado de jubilado, que también te permitirá trabajar. Si cobras la Seguridad Social, tus prestaciones pueden ser suficientes para satisfacer sus demandas de ingresos garantizados.

     •   Asegúrate de que te guías por Dios y no por tus propias emociones o deseos. Puede que te salgas con la tuya si otros te apoyan, pero si dependes de ti mismo, los tiempos serán difíciles, y si estás ahí por algo menos que una llamada de Dios, no durarás. Las cargas pueden desaparecer y cambiar, pero una llamada es permanente.

     •   Asegúrate de no dedicar demasiado tiempo al negocio. Quieres crecer y tener éxito, pero recuerda que tu propósito es plantar iglesias. He conocido a varios misioneros que fueron plantadores de iglesias que eventualmente dejaron de ver el ministerio y se concentraron en el dinero. Demas fue el primer misionero de este tipo que conocemos. No seas un Demas.

     •   Si tu oficio implica costos de inicio, puedes considerar pedir a las iglesias que te ayuden con eso en lugar de un apoyo continuo. También pueden considerar la posibilidad de apoyarte durante el primer o segundo año mientras tu negocio crece. Para mí, esto es sabio y admirable. Su apoyo contractual también podría ayudarte a verificar que tienes suficiente respaldo financiero para mantenerte en el país extranjero.

     •   Sé realista sobre el negocio que quieres hacer, y no hagas nada con lo que no estés familiarizado. (Una vez conocí a un creador de tiendas pionero que quería recaudar fondos para abrir un lavadero de coches automático en un país determinado. Pensé que tenía una gran idea, pero no un gran plan. Si la memoria no me falla, necesitaba una cantidad que hoy equivaldría a más de 100.000 dólares, solo para comprar y enviar el equipo al extranjero. Además, tendría que comprar o alquilar un terreno en una zona urbana congestionada y construir una instalación de lavado de coches. Le desaconsejé este plan, pero no conseguí convencerle. Su idea era que, como no había ninguna en esa ciudad y todo el lavado de coches se hacía a mano, tendría garantizado un gran negocio. Tenía dos preocupaciones: 1) La cantidad de dinero que necesitaba recaudar solo para empezar, y 2) Si la gente está sentada en sus coches mientras pasan por el lavadero automático, ¿cuándo tendría la oportunidad de evangelizarlos? Al final, al no poder recaudar ni siquiera una fracción significativa de lo que necesitaba, siguió el camino tradicional y empezó a hacer diputaciones.

     ⊛   Por último, consigue un visado de trabajo si es necesario y date cuenta de que los visados de misionero se están convirtiendo rápidamente en algo del pasado. Mi recomendación es que solicites la residencia. Una vez aprobada, tendrás todos los derechos de un ciudadano, excepto el de votar. Y no tendrás el gasto y la pérdida de tiempo de salir del país cada tres meses, seis meses o cada pocos años para satisfacer las exigencias de visado del país. Vivirás en tu casa legal y adoptada y tendrás derecho a quedarte y tener tu(s) propio(s) negocio(s).

Sugerencias para las Iglesias:

     ⊛   No descartes la validez de que un hombre siga el modelo de ministerio del apóstol Pablo. Claro que Demas fracasó, pero Pablo no lo hizo. Ha apoyado a otros hombres que nunca llegaron al campo. Por lo tanto, revisa su plan y ve si es factible. Si crees que lo es, entonces dale una oportunidad.

     ⊛   Si conoces a un hermano en esta posición, tal vez quieras ayudarle a empezar. Le sugeriría que se reúna con empresarios de su iglesia y que ellos determinen si tendrá éxito o fracasará, basándose en sus conocimientos y experiencia. Si es posible, ayúdale a obtener formación y experiencia adicionales en el campo que ha elegido, incluso un certificado o diploma. Hace tiempo que digo: "Si puedes cortar el pelo aquí, puedes cortarlo en cualquier sitio". Sin embargo, hay una diferencia entre ser un verdadero peluquero con habilidad y experiencia y cortarle el pelo a tu hijo con una ensaladera y tu maquinilla genérica de 20 dólares en el garaje (como hacía mi padre para sus cuatro hijos, ahorrando mucho dinero).

     ⊛   ¿Qué pasa con Santiago y Pedro? Buena pregunta, pero ahora estamos hablando de manzanas y naranjas porque no eran principalmente misioneros. Santiago fue pastor en Jerusalén, y Pedro, aunque estoy seguro de que plantó algunas iglesias, no se le conoce por eso en las Escrituras. En los Hechos, Pedro es presentado como un evangelista, un predicador visitante, un anciano en la iglesia de

Jerusalén, y un "profeta" hablando a las iglesias establecidas, tanto judías como gentiles. Tenía un llamado general a "ir", pero un llamado específico a apacentar las ovejas. Cristo dijo a todos sus apóstoles que fueran, y Pedro lo hizo, pero tres veces le encargó: "Apacienta mis ovejas".

    •   Siempre hay tendencias en las misiones; algunas perduran, otras no. Apoyemos cualquier método que ayude a cumplir la Gran Comisión. Permítanme tomar prestado al poeta, Alfred, Lord Tennyson: "Es mejor haberlo intentado y haber fracasado que vivir la vida preguntándose qué habría pasado si lo hubiera intentado [la construcción de tiendas]".

    •   En una ocasión, una iglesia me retiró el apoyo porque estaba haciendo un trabajo secular en paralelo. Me pareció interesante porque el pastor de la iglesia tenía su propio negocio paralelo con el que había hecho una fortuna, y los miembros de su iglesia estaban al tanto. Al principio, me irritó la contradicción, pero al final me di cuenta de que no me estaban juzgando; simplemente tenían la política de no apoyar a los hombres que trabajaban como fabricantes de tiendas. Así que, pastores, tienen el derecho de determinar sus políticas de apoyo a los misioneros. Simplemente, háganlas saber para que los hombres a los que apoyan no infrinjan accidentalmente sus políticas.

    •   Ya sea que estés de acuerdo o no con el concepto de hacer tiendas, las iglesias deben ser conscientes de que esta es una tendencia creciente entre los misioneros, especialmente los que se dirigen a países cerrados y entran en ellos. Considera qué políticas planeas para guiarte, así que cuando te enfrentes, estarás preparado.

Algunas reflexiones finales en defensa de los hacedores de tiendas:

La construcción de tiendas proporciona fondos adicionales para la familia del misionero, ya sea a tiempo completo o parcial. Tal vez críen pollos, tengan un jardín, posean un pequeño mercado de comestibles, una barbería o un salón de belleza, un camión de helados, una tienda de ropa usada, conduzcan un taxi, enseñen en una escuela o den clases particulares. Cualquiera de estas vías puede ayudar a aliviar sus crecientes gastos sin tener que volver a Estados Unidos a pedir ayuda a más iglesias o pedir a la suya que dé más. Y si todavía crees que les quitará demasiado tiempo, considera esto: puede evitar que tengan que ir de permiso para recaudar más ayuda. Solo eso les ahorra un año de cada cinco de estar alejados de su ministerio, además de todos los gastos adicionales de viaje que conlleva. Si tiene éxito, no restará tiempo al ministerio, sino que lo aumentará.

Nadie puede decir que no le quitará tiempo al ministerio, pero si un hombre puede llegar al campo en unos pocos meses como fabricante de tiendas, eso le ahorrará de dos a cinco años de tiempo de deputación, donde no está haciendo ningún ministerio. Tengan en cuenta también que el 43% de los misioneros que comienzan una diputación nunca la terminan. Renuncian y se quedan en casa. La deputación también puede ser una pérdida de tiempo, que aleja a un hombre de todo el ministerio.

Otra consideración es que podrás dejar de apoyarlo por completo en algún momento porque el misionero ya no lo necesitará. Esto libera tu apoyo para ayudar a otros misioneros.

Una última ventaja es que este concepto intrigará a los empresarios de su iglesia y los llevará a involucrarse más en las misiones, tal vez incluso haciendo viajes para visitar a los misioneros o servirles como consultores o proveedores. Eso les ayudará a ellos, ayudará al misionero y ayudará al presupuesto de sus misiones.

SECCIÓN DOS

LOS ENIGMAS DE LA GRAN COMISIÓN EN MATERIA DE POLÍTICA

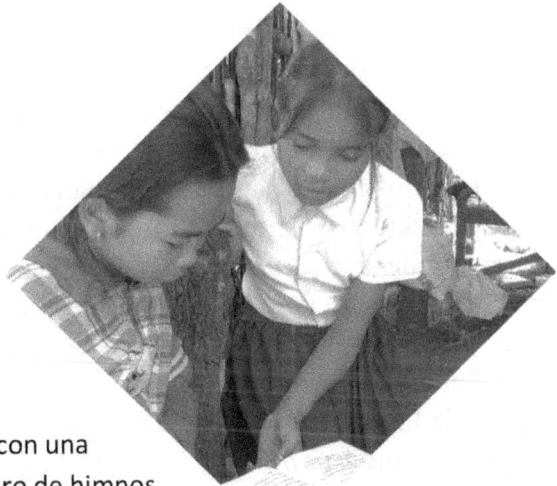

Huérfanos camboyanos con una
Biblia y un libro de himnos

#6

SI ESPERAMOS QUE LAS IGLESIAS NACIONALES APOYEN A SUS PROPIOS PASTORES NACIONALES, ¿POR QUÉ NO ESPERAMOS QUE APOYEN A SUS PASTORES MISIONEROS QUE SIRVEN DURANTE AÑOS O INCLUSO DÉCADAS COMO PASTORES DE IGLESIAS NACIONALES?

EXPLICANDO EL ENIGMA

LA RESPUESTA CORTA es la ignorancia o la parcialidad, y ambas son inexcusables. Ahora, echemos un vistazo no tan corto a este enigma. La naturaleza humana parece exigir que vivamos con un doble rasero. En ningún lugar es más obvio que en la esfera política, donde las mentiras del candidato contrario son descaradas y deben ser expuestas. Pero las mentiras de nuestros propios candidatos son excusables y deben ser justificadas.

Por alguna razón, la mayoría de la gente siempre ha parecido creer que la financiación de las misiones es para *apoyar al mensajero* y no para difundir el *mensaje* (véase el enigma nº 2). Hemos vivido durante mucho tiempo con la idea de que debemos apoyar a nuestros misioneros (la mayoría de los cuales están pastoreando iglesias, no plantándolas), mientras que los pastores que producen no deben ser ayudados en absoluto ya que son nacionales. Algunos dirían que es lógico; yo diría que es ilógico y que se basa en la ignorancia o en la parcialidad.

EXAMINANDO EL ENIGMA

Ignorancia

La mayoría de nosotros no ha pensado nunca en esto, y por eso seguimos haciendo las misiones como siempre las hemos hecho, como si no hubiera otra manera. El cambio, al parecer, se trata como una palabra sucia, de cuatro letras, que por alguna razón, resulta que tiene seis letras.

En 1986, cuando empecé este viaje para persuadir a las iglesias de que apoyar a los predicadores nacionales es viable, lógico y bíblico, la respuesta más común que recibí fue: "Así no se ha hecho siempre". Me apresuré a señalar que no hacemos nada como siempre se ha hecho. No nos calentamos ni nos enfriamos como siempre se ha hecho. No cocinamos como siempre se ha hecho. Y no nos transportamos como siempre se ha hecho.

Ve a cualquier iglesia, y encontrarás coches, no calesas. Entra, y encontrarás luz eléctrica, no faroles de queroseno. Los baños están dentro con agua corriente, no fuera con un catálogo de *Sears and Roebuck* o *Montgomery Ward*. La calefacción central ha sustituido a las estufas de leña, y el aire acondicionado ha reemplazado a los omnipresentes ventiladores de mano, patrocinados por la funeraria, con el gigantesco mango depresor de lengua. (Si puede recordar aquellos, ha sido bendecido con una larga vida y una memoria aguda).

Piénsalo: cuando tenemos hambre, sacamos una cajita de cartón congelada de una gran caja metálica y la ponemos en una cajita de encimera, pulsamos unos botones y en tres minutos tenemos una comida caliente. Mi abuela nunca cocinó así; probablemente lo habría llamado brujería.

El hombre primitivo escribía en papiro, luego milenios más tarde en vitela (pieles), después en pergamino y finalmente en papel.

Yo ni siquiera hago eso. Estoy escribiendo en la nada, ordenando unos y ceros imaginarios que no existen en realidad, pero que de alguna manera forman lo que parecen ser palabras en una pantalla de cristal. Nunca antes se había hecho así, ni siquiera se había imaginado.

La verdad es que no hacemos nada como siempre se ha hecho, excepto la obra de Dios, y eso es inexcusable. Jesús mismo nos dio el mandato de evangelizar al mundo, bautizar y enseñar los preceptos de Dios, expandiendo así su reino profético por todo el mundo. Hoy en día, la mayoría de nuestras iglesias siguen relegando ignorante e intencionadamente esa gloriosa tarea que sacude la tierra a los métodos del siglo XVIII.

Sesgo

Nuevamente, pensando en 1986, el segundo rechazo que recibí contra el apoyo a los predicadores nacionales fue que "los nacionales no son estadounidenses y por lo tanto no se puede confiar en ellos". ¿En quién no se puede confiar, en ellos o en nosotros? Me pregunté si se habían olvidado de Jim Bakker, el predicador *estadounidense* que fue encarcelado por utilizar fondos del ministerio para cubrir sus pecados; y de Jimmy Swaggart, el evangelista *estadounidense*, que estaba hundido en el pecado y la desgracia. Habiendo estado en la iglesia toda mi vida, podría darles una larga lista de predicadores y pastores "americanos" que han caído en el pecado, y desafortunadamente, la lista sigue creciendo. Puedo recordar que a principios de los años 90 hablaba con algunos amigos sobre las repetidas noticias de pastores que caían en el adulterio. Parecía tan común en ese momento que comenté: "Todos lo han hecho, y probablemente todos lo haremos", lo que provocó risas involuntarias de algunos de mis amigos. Afortunadamente, mi sarcasmo basado en la decepción no fue una expresión profética.

Mi punto es que el pecado emana del corazón del hombre, que es "engañoso sobre todas las cosas y desesperadamente malvado" y no tiene nada que ver con el color de la piel de una persona o su nacionalidad. Nuestros cinco sentidos deberían llevar todo lo que encontramos a la alabanza de Dios; en cambio, nos llevan a anhelar los deseos del corazón siempre malo del hombre. Aquí, en nuestros corazones, la codicia, la envidia y la lujuria gobiernan de manera suprema, a menos que sean impedidas por el Espíritu de Dios. Que tus ojos sean negros o azules, tu pelo castaño o rubio, o tu piel polvorienta o blanca no hace ninguna diferencia; todos los hombres son pecadores, y *todos somos nacionales* de un país u otro.

¿Te has dado cuenta de que todos nuestros antepasados se llamaban así por el pigmento de su piel? Noé no era racista, pero fue el padre de todas las razas actuales. Nombró a sus hijos en función de la pigmentación de su piel. *Shem* significa "polvoriento" (polvo de la tierra, de aspecto algo beige); *Jafet* significa "rubio" (como la tierra arenosa, ni claro ni oscuro); y se cree que *Ham* significa "negro" (como en la tierra negra y fértil). Llamó a sus tres hijos con nombres de tres tonos de tierra. Esto no debería sorprendernos, ya que todos estamos hechos de polvo, "y al polvo volveremos todos" (excepto los participantes en el rapto, Enoc, Elías y, con suerte, nosotros). Tómate el tiempo de estudiar la Tabla de las Naciones. Descubrirás que las principales regiones a las que emigraron los descendientes de estos hermanos siguen estando habitadas mayoritariamente por personas de ese color de piel.

Las Escrituras no revelan ninguna diferencia en los tres hermanos en cuanto a sus intelectos, habilidades, talentos, personalidades o comportamientos separados; todo lo que sabemos es que tenían un color de piel diferente, de alguna manera, y por alguna razón, aún desconocida para nosotros. La raza no se basa en el color de la piel, sino en los grupos de personas. Hay muchas razas negras, blancas y beiges diferentes, y cada una de ellas puede remontarse a un hermano en particular, todos los cuales tenían el mismo padre, Noé, y presumiblemente la misma madre. Por lo tanto, solo hay una raza: la humana.

Todos los niños creen que su padre es el más fuerte, su madre la más guapa, su bicicleta la más rápida y sus músculos los más grandes... y su hermano pequeño el más tonto. No todos podemos tener razón, y así nacen los conflictos con los que no están de acuerdo con nosotros. Como creyentes, todos somos hermanos, y ninguno debe ser espiritualmente infantil, sino maduro. Y ya que nos consideramos creyentes maduros, debemos ser conscientes de que estamos en una batalla espiritual en todo el mundo. Como tal, deberíamos estar deseosos de ayudar a cualquier hermano en el frente que necesite cuidados, ánimo, suministros o financiación para sus refuerzos mientras hace retroceder al Enemigo, ganando terreno para nuestro Rey.

EXPONIENDO EL ENIGMA

He planteado el enigma de esta manera, incluyendo tanto a los pastores nacionales como a los misioneros extranjeros (que suelen pastorear iglesias nacionales) porque hacer menos sería una doble moral injusta. Es una especie de juego de ganso-ganso.

Cuando comencé a apoyar a los predicadores nacionales en 1986, antes de que el concepto se pusiera de moda, muchos pastores estadounidenses me preguntaban por qué los pastores nacionales no pueden o no apoyan a sus propios pastores. Mi respuesta era que deberían hacerlo y, en la mayoría de los casos, lo hacen, aunque sea parcialmente. Sin embargo, en Estados Unidos, miles de pastores no cobran a tiempo completo y muchos otros ni siquiera a tiempo parcial. A nivel internacional, en muchos casos, la congregación es demasiado pequeña, el cristianismo es demasiado nuevo, y los puestos de trabajo son demasiado escasos como para proporcionar un salario del que poder diezmar. Algunos dirían que si la iglesia tiene diez familias y cada una de ellas diezma, entonces el pastor tendría un salario igual al ingreso promedio de los miembros de su iglesia. Es cierto. Ahora bien, esta es mi pregunta: ¿cómo funciona eso en tu iglesia? Los pastores son como los misioneros y los miembros de la iglesia; algunos reciben menos de lo que merecen, otros reciben más de lo que merecen, pero ninguno está recibiendo lo que creen que merecen o necesitan.

En muchas sociedades, la gente vive del trueque, sobre todo si se sale de la capital, donde suelen vivir muchos misioneros, y se va a las zonas rurales. He visto muchas ofrendas de arroz, huevos y verduras por todo el mundo en iglesias rurales. La gente era campesina y no tenía ningún cultivo comercial, pero daba fielmente el 10% de su cosecha para su ofrenda. Aunque el pastor tenía arroz y huevos para comer, no se puede llevar un huevo, y no se puede caminar sobre huevos. Se necesita dinero en efectivo para cubrir esas necesidades.

En algunos casos, la congregación tiene hasta un 70% de desempleados (o más). El pastor utiliza sus ofrendas para atender a los hambrientos y a las viudas, a los huérfanos y a los maltratados, y no le queda nada para él. Otros, sintiendo que el diezmo es para la obra del Señor, lo utilizan para comprar folletos o Biblias para regalar o comprar un billete de autobús para viajar al siguiente pueblo a evangelizar. Van con la esperanza de que Dios guíe a alguna familia para que les dé comida mientras están allí. Estos hombres trabajan en el campo y el bosque para ganarse la vida para sus familias. No están sentados en el despacho de un clérigo, esperando un sueldo; como Pablo, trabajan con sus manos para ganar el alimento para sus hijos. ¿Dónde está el crimen en ayudar a un hombre así, un hermano en Cristo que está haciendo lo que nosotros no podemos hacer en un lugar al que no nos atrevemos a ir? ¿Dónde está el mandato bíblico de no compartir nuestra riqueza para ayudar a un siervo de Dios necesitado? El apóstol Juan, en su tercera carta, nos ordenó hacer exactamente eso.

Hay que tener en cuenta que al menos un tercio del mundo (en 2020) sigue viviendo con menos de 2 dólares al día. Y muchos de ellos viven con menos de 1 dólar al día. En algunos países, los alimentos representan hasta el 70% de sus ingresos. Gran parte del mundo se acuesta habiendo ingerido menos de 500 calorías ese día. No tienen dinero en efectivo para diezmar, solo un poco de producto. Los pastores viven de ese producto, vendiendo lo que no pueden comer. Lógicamente, cuando la cosecha de arroz está en marcha, es posible dar ofrendas de arroz. Pero hay que tener en cuenta dos puntos:

1) Todo el mundo tiene arroz para vender en esa época, por lo que el precio baja, y la mujer del pastor puede obtener muy poco por su oferta.

2) ¿Qué ocurre cuando la temporada de arroz ha pasado y, de nuevo, no hay nada que dar?

De nuevo, volviendo al enigma tal y como está redactado, otro comentario/queja que recibía a menudo era: "Si les das (a los predicadores nacionales) dinero, los arruinarás". Yo replicaba que no son niños que necesiten ser supervisados por cristianos estadounidenses más educados y, supuestamente, más avanzados espiritualmente; son predicadores veteranos que servían a Dios cuando yo aún mojaba los pañales. *¿Por qué, me pregunté, si le doy a un predicador nacional 35 dólares al mes para ayudarle a cuidar de su familia, eso le arruinará; pero si le doy a un misionero 7.000 dólares al mes, no le afectará? ¿Es esto ignorancia o parcialidad o ambas?*

Tenemos que entender que si un hombre es un misionero tradicional, es decir, uno que toma una iglesia, no planta una iglesia, y es sedentario en esa iglesia año tras año, década tras década, no está cumpliendo el mandato bíblico o la descripción del trabajo de un misionero. Sin embargo, está cumpliendo con la clasificación de trabajo de un pastor. Yo digo "bravo" por él. Pero si está haciendo el *trabajo de un pastor*, ¿por qué se le apoya como *misionero*? Anteriormente, muchas personas consideraban que un pastor solo debía ser apoyado por su congregación, utilizando ese razonamiento para justificar que no se apoyara a los predicadores nacionales, sabiendo que los misioneros que apoyan también están pastoreando iglesias locales. Siguen dándoles, permitiendo que reciban ingresos que probablemente superan los ingresos combinados de su congregación nacional. ¿Es esto ignorancia, parcialidad o ambas?

En otros enigmas, he escrito sobre las excusas que dan muchos respecto a por qué las iglesias siguen apoyando a "misioneros" que en realidad son "pastores". No quiero dedicar tiempo a golpear ese caballo de nuevo. Mi punto es la igualdad, que si podemos apoyar a un estadounidense como pastor de una iglesia mexicana, ¿por qué entonces está mal apoyar a un mexicano que es el pastor de una iglesia mexicana? Y si te hace sentir mejor, cambia mexicano por pakistaní, brasileño, keniano, ucraniano, o el país que prefieras.

He visto muchas cosas extrañas en mi vida cuando se trata de misiones. En 1977, cuando tenía 21 años y estaba en un equipo de plantación de iglesias en White Plains, Nueva York, apenas nadie quería ayudarnos. Sin embargo, cuando varios amigos que hacían lo mismo en Brooklyn y Queens se unieron a juntas misioneras, imprimieron "tarjetas de oración" y se presentaron como "misioneros" en la ciudad de Nueva York, las iglesias hicieron cola para apoyarlos.

Yo trabajaba muchas horas en el mundo secular y hacía el ministerio por la noche. Caminaba cuando mi coche se estropeaba y a veces comía de los contenedores de basura que había detrás de los restaurantes. No sé hasta qué punto tuvieron éxito, pero nuestra iglesia sigue llegando a la zona y apoya las misiones 44 años después. ¿Por qué tuvimos éxito? Sabíamos que si íbamos a comer, teníamos que trabajar. Teníamos que depender de Dios y de nosotros mismos, y teníamos que enseñar a la gente su responsabilidad de cuidar a sus pastores. Sin esa presión, es fácil volverse perezoso.

Otra dificultad para muchos misioneros es que no es fácil enseñar el diezmo a los nuevos conversos que pueden ganar una centésima parte de lo que ganas, y saben que tu diezmo no se utilizará para mantenerlo. ¿Cuál es su motivación para dar? ¿Qué patrón han aprendido a seguir una vez que tú te retiras? Por lo general, tratan de conseguir otro misionero o un pastor nacional sin pagarle un salario; después de todo, el misionero nunca lo recibió.

Otra lección que aprendí durante ese tiempo fue que una iglesia hermana con la misma doctrina se desvivía por recaudar fondos para su ministerio, pero no daba un céntimo para ayudarnos en el nuestro. Ambos éramos bautistas y del mismo "campo", pero no había ninguna inclinación para ayudarnos a hacer lo que ambos estábamos llamados a hacer: llegar a Nueva York. ¿Por qué fue así?

La mente estadounidense diría que la mentalidad es normal, recta y justa, pero ¿qué dice la mente celestial? Decimos arrogantemente que Dios sin duda bendeciría su ministerio si el pobre pastor supiera lo que está haciendo. Pero incluso Pablo dijo que había pasado por tiempos de abundancia y de abajamiento. ¿Acaso Dios solo lo bendecía en los tiempos de abundancia? ¿Solo sabía lo que hacía cuando abundaba?

Me pregunto si el pastor exitoso tiene alguna responsabilidad de ayudar a enseñar a su contraparte no exitosa, o es cada pastor por sí mismo. En mi vida he estado y servido en muchas iglesias grandes, prósperas y florecientes. ¿Qué es lo que todas tienen en común? Sus congregaciones no eran nuevos conversos. La gran mayoría de sus miembros eran familias que venían de otras iglesias.

Hace unos años, me senté con un amigo que forma parte del personal de una mega-iglesia. Al principio del servicio, se inclinó hacia mí y me dijo que al menos el 75% de sus miembros presentes esa noche no eran originarios de esa zona. Se habían trasladado allí para asistir a un instituto bíblico y nunca se habían marchado. Los exitosos y dotados pastores de esa iglesia no construyeron su colosal congregación. La construyeron pastores desconocidos y supuestamente insignificantes (y padres) de todo el país que habían enviado allí a lo mejor que tenían para formarse. La megaiglesia se ha beneficiado de su trabajo, de su asistencia y de sus diezmos. (Y para aquellos que creen conocer mi historia lo suficiente como para saber de qué estoy hablando, no me juzguen; solo creen saberlo).

Esto ocurre a menor escala en muchas ciudades de Estados Unidos. No hace falta ser una megaiglesia para beneficiarse de los miembros flotantes. En el pasado, construíamos iglesias ganando almas; ahora las construimos reubicando a los miembros. Cuando una familia de una iglesia hermana se acerca para ser miembro, mi pastor primero pregunta por qué quieren unirse a nosotros. Si detecta algún problema, les anima a que hagan las paces y resuelvan las cuestiones conflictivas con su iglesia actual antes de unirse a nosotros. Creo que eso es 100% admirable y honra a Dios. Mi pastor entiende que su trabajo no es construir un "granero más grande", sino alimentar y cuidar a las ovejas de su rebaño. Si están bien alimentadas y sanas, producirán más ovejas. Si una oveja de otro rebaño se mezcla con el nuestro, no la marca, sino que ayuda, si es posible, a devolverla a su pastor.

Ponemos de relieve nuestra política de misiones abusando y avergonzando a los predicadores nacionales y prohibiéndoles el apoyo. Cuando decimos que no podemos permitirnos o nos negamos a ayudar a uno de "esos" predicadores nacionales con un simple dólar o dos al día, exponemos nuestra parcialidad. Porque al mismo tiempo, enviamos a uno de "nosotros" a través de cuatro años de colegio bíblico, tres o cuatro años de diputación, varios años de escuela de idiomas, y prácticas, y todo esto mientras somos conscientes de que más del 85 por ciento de los misioneros que enviamos nunca servirán un segundo mandato. Miramos nuestros programas misioneros, nos damos una palmadita en la espalda por un trabajo bien hecho, y exaltamos nuestra buena administración por financiar a los misioneros que son realmente pastores, mientras ignoramos que el costo de financiar a uno solo de "nosotros" podría haber apoyado a 75 o 100 pastores nacionales. Vuelvo a preguntar: ¿se trata de ignorancia, de parcialidad o de ambas cosas?

La maravillosa verdad es que muchos misioneros comparten su apoyo con los hombres que han entrenado y con otros que han conocido que necesitan ayuda financiera. Al hacerlo, enseñan genuinamente los principios bíblicos a las iglesias nacionales, que son conscientes de que su pastor no podría sobrevivir sin la ayuda del misionero. Estos misioneros son ejemplos del creyente. Deben ser elogiados y puestos como ejemplo para que otros los emulen.

Debemos esperar y enseñar a las iglesias nacionales a dar obedientemente, sin importar lo poco que tengan. Pero también debemos estar dispuestos a intervenir y ayudarles hasta que ya no necesiten nuestra ayuda. Un simple seguimiento y una rendición de cuentas resolverán eficazmente cualquier posible problema que pueda surgir.

En 1992 comenzamos a apoyar a los predicadores nacionales en Vietnam y, con el tiempo, nos convertimos en el segundo ministerio más grande del país, apoyando a más de 130 hombres. Varios años después, empezamos a ayudar a un grupo de Camboya y acabamos apoyando, creo, a unos 84 predicadores. Me encantaban esos hombres y me sentía orgulloso de ayudarlos.

Hace unos seis o siete años, recibimos una carta del grupo de Vietnam y otra similar del grupo de Camboya varios meses después. Aunque no se conocían y hablaban idiomas diferentes, ambas cartas decían básicamente lo mismo; era algo así

Estimados miembros de Final Frontiers,

Queremos agradecerles toda la ayuda que nos han prestado durante estos años. Esa ayuda nos ha dado tiempo

para llegar a nuestra gente, establecer iglesias y capacitarlos para el diezmo. Ahora nuestra economía está creciendo, y nuestra gente tiene empleo y puede mantener a sus propios pastores. Por esta razón, le escribimos para decir que ya no necesitamos su ayuda y le pedimos que transfiera nuestro apoyo a otros predicadores de todo el mundo que todavía necesitan su ayuda.

Puedes decidir por ti mismo si el doble rasero en cuanto al apoyo es desde el punto de vista de la ignorancia o la parcialidad. Sin embargo, debes saber que estoy tratando de hacer dos puntos:

1) No estoy sugiriendo que dejemos de apoyar a los misioneros.

2) No estoy sugiriendo que empecemos a apoyar a los nacionales al mismo nivel que reciben los misioneros.

Deberíamos reflexionar sobre lo que estamos haciendo, por qué lo estamos haciendo y cómo lo estamos haciendo - o peor, no lo estamos haciendo. Entonces deberíamos hacer los ajustes apropiados para la gloria de Dios y para el avance de su reino.

Para nosotros, en Final Frontiers, todo esto es discutible. Primero, no apoyamos a los misioneros americanos, y si lo hiciéramos, serían misioneros (plantadores de iglesias) y no pastores. Muchos misioneros nos ayudan o se afilian a nosotros, lo que nos permite apoyar a sus hombres que necesitan ayuda, y a su vez, nos proporcionan la responsabilidad necesaria.

En segundo lugar, no apoyamos a los predicadores nacionales simplemente porque son pastores. Nuestra política es que solo apoyamos a los plantadores de iglesias (misioneros bíblicos). El plantador de iglesias puede ser un pastor, un evangelista, un predicador itinerante o incluso un laico cualificado. Sin embargo, para poder recibir apoyo, debe haber fundado al menos dos iglesias sin ningún tipo de apoyo y haber formado al menos a un hombre para el ministerio. Además, para mantener el apoyo, debe estar "activa y consistentemente involucrado en la plantación de iglesias y el discipulado". Nos asociamos con estos hombres. Ellos hacen el trabajo, y nosotros recogemos y enviamos su apoyo. Ellos compilan informes para sus patrocinadores y nos los devuelven. Nosotros los registramos y los enviamos a los patrocinadores para que rindan cuentas. Ellos tienen su papel, tú tienes el tuyo y nosotros el nuestro: un solo cuerpo haciendo la obra de Dios, a la manera de Dios, sin ignorancia ni prejuicios.

ELIMINANDO EL ENIGMA

Sugerencias para los Misioneros:

- Sigue el ejemplo de Pablo de apoyar a los hombres que son sus Timoteos. Él declaró en Hechos 20 que con sus propias manos trabajaba para proveer sus necesidades y las de los hombres que viajaban y servían con él. Si esto no era un ejemplo a seguir por otros, ¿por qué lo hizo? La cuestión más crucial para apoyar a los nacionales es la responsabilidad, pero si están trabajando contigo, tienes una responsabilidad absoluta tanto por parte de ellos como para sus partidarios.

- Muchos misioneros se sienten mal por la disparidad entre su "riqueza" y la "pobreza" de los predicadores nacionales. Compartir su apoyo sería una bendición para ellos. No estoy sugiriendo una cantidad igual, ya que tienes gastos que ellos no tienen, pero aliviar su carencia sería una gran bendición y te haría querer tanto a ellos como a las iglesias locales. ¡Qué testimonio tendrían ustedes!

- Recuerda que si tu ministerio es solo pastorear una iglesia, no eres un misionero bíblico, sino que eres el pastor extranjero de una iglesia nacional. Si eso es lo que Dios le llamó a ser, entonces hágalo. Pero si nuestro llamado fue a las misiones, entonces sé un misionero. Lleva a algunos de los tuyos a evangelizar una zona no alcanzada y planta una iglesia en casa. Aliméntala. Envía a tus hombres a tener tiempos de estudio bíblico semanales y observa como la planta madura en una iglesia activa. Luego repite el proceso una y otra vez hasta que el Señor regrese, entrenando a cada nueva iglesia a hacer lo mismo. ¿Necesitas ayuda? Llámame.

Sugerencias para las Iglesias:

⊛   Es de esperar que la intención de su programa de misiones no sea la de tener "misioneros" que solo pastoreen y no planten iglesias. Pero si lo era, ahora podría considerar ajustar su programa de misiones tanto para el apoyo a los misioneros como para un fondo ministerial para todo el resto del personal y los proyectos del ministerio. Haga que cada hombre en cada categoría sea responsable de cumplir con lo que estás financiando para hacer.

⊛   Entiende esto. Cuando un misionero solo sirve como pastor por un período prolongado, hace varias cosas:

1) Enseña con su ejemplo que los misioneros son pastores, así que si el misionero no sale a plantar iglesias, ¿por qué deberían hacerlo?

2) Tiende a absorber las facturas de la iglesia local, pagando los servicios públicos, la factura del agua, pintando el auditorio, comprando los instrumentos musicales, añadiendo el salón de la confraternidad, etc. A lo largo de los años, la iglesia depende de él para hacerlo todo sin recibir un salario de ellos. Cuando se va, lo primero que esperan es que el nuevo pastor nacional haga lo mismo, pero, por supuesto, no puede. A menudo, la iglesia se disuelve o prescinde de las necesidades y mejoras. No se les enseñó su responsabilidad de fundar iglesias, y nunca practicaron el diezmo porque él se encargaba generosamente de todo por ellos.

3) Hay ocasiones en que un misionero sí se queda en una iglesia por décadas y tiene éxito porque sí planta otras iglesias. Se queda en una, culturalmente porque esa es la manera americana, pero desde ella, se extiende para plantar más, llevando a su gente con él y permitiéndoles pastorear esas nuevas iglesias. Este patrón de gran éxito enseña a los pastores nacionales que tienen la responsabilidad, mientras pastorean un rebaño, de crear otros rebaños para que otros pastores los pastoreen.

#7

¿POR QUÉ LAS IGLESIAS ESTADOUNIDENSES ENVÍAN TANTOS MISIONEROS A UNOS POCOS PAÍSES Y TAN POCOS O NINGUNO A OTROS?

EXPLICANDO EL ENIGMA

¿QUÉ PASARÍA SI LA Gran Comisión fuera la *Comisión Mediocre* que no ordena sino que solo sugiere que vayamos a "una parte del mundo, concentrándonos en unos pocos lugares deseables, evitando los lugares peligrosos e inhóspitos, y predicando el evangelio a los que se reúnen semana tras semana en nuestras instalaciones? Basándonos en lo que las iglesias americanas están haciendo y logrando con sus programas misioneros, ese parece ser el rumbo que hemos tomado. ¿No nos pedirá cuentas nuestro Maestro?

La mayoría de las iglesias americanas tienen un pasillo en un área predominante de sus instalaciones, donde exhiben las tarjetas de oración de los misioneros que apoyan y una carta reciente y trimestral de ellos. Cuando voy a una iglesia a hablar, como soy un compañero de misión, intento leer todas las cartas expuestas, lo que a veces requiere bastante tiempo. En treinta y cinco años de hablar en cientos de iglesias como misionero, he leído muchos miles de cartas. Como es de suponer, he notado un patrón que nunca ha dejado de ocurrir y que rara vez se enfrenta.

En cualquier iglesia, en cualquier domingo, casi todas las cartas mencionarán algunos o todos estos componentes:

- Necesidades personales, generalmente para artículos como neumáticos nuevos, reparaciones de automóviles, aparatos dentales, etc., que deberían haber previsto en su presupuesto mensual basado en su apoyo mensual
- Planes para próximos permisos o nuevos ministerios, como un instituto bíblico.
- Proyectos para los que se necesita ayuda, como un autobús de la iglesia, un nuevo edificio, etc.
- Información sobre la familia, como cumpleaños, vacaciones, un nuevo miembro de la familia, cómo les va a los niños en la escuela, etc., porque la carta se envía a todos sus padrinos. Algunos destinatarios solo los conocen sobre el papel, y otros los conocen personalmente y tienen un gran interés en la familia.

Al mismo tiempo, casi siempre se excluyen de las cartas otros componentes vitales. Basándome en mi vasta experiencia en el examen personal de las cartas trimestrales, enumeraré estas áreas y estimaré la frecuencia con que se mencionan.

- Tal vez el 15 por ciento mencionará haber llevado un alma a Cristo en los tres meses anteriores.
- En el mejor de los casos, el 5 por ciento mencionará haber discipulado a un nuevo converso o haber entrenado a un hombre para el ministerio en el último trimestre.
- Posiblemente el 1 por ciento mencionará haber iniciado una nueva iglesia/estación misionera/estudio bíblico en el hogar/iglesia en casa (como quiera llamarlo).

Los escucho. Algunos de ustedes están diciendo: "Jon, ahí vas de nuevo siendo negativo sobre los misioneros". Entiendo que pueda parecer así, pero me han juzgado mal. Mi motivación es doble. En primer lugar, espero hacer que las iglesias sean conscientes de que aparentemente no tienen ninguna responsabilidad ni preocupación por los misioneros que apoyan. (Si lo hicieran, ¿por qué permitirían tales fracasos ministeriales año tras año?) En segundo lugar, quiero animar a los misioneros a aumentar el 15%, el 5% y el 1% a cifras más altas. Cuando lo hagan, les garantizo que las iglesias que los apoyan lo notarán y consolidarán su apoyo para toda la vida.

Cuando mi médico me dijo que tenía una enfermedad hepática en fase 2 a 3 e insuficiencia renal crónica, no me criticó personalmente, sino que me advirtió y motivó para que tomara las medidas necesarias para ralentizar e incluso detener la progresión. (Lo hice. Ya he perdido 65 libras y me siento muy bien). Si crees que estoy hablando de forma crítica de los misioneros, te equivocas. Estoy señalando la enfermedad espiritual que les permite continuar un ministerio infructuoso año tras año mientras no tienen vergüenza de publicarlo en sus cartas trimestrales.

En tercer lugar, el muro misionero me dice que la mayoría de las iglesias cargan el apoyo misionero en algunos países y no tienen parte en alcanzar otros países, continentes y bloques enteros de personas. Este es el enigma en cuestión. Nadie puede negar la verdad que ha creado y perpetuado esta preocupación, por lo que debemos echar un vistazo más de cerca para ver por qué lo hacemos y cómo podemos corregirlo.

EXAMINANDO EL ENIGMA

Algunas cuestiones lógicas, prácticas y espirituales han causado y perpetúan este enigma. Examinémoslas una por una.

Lo lógico

Nuestra exposición. Como seres humanos, nos sentimos agobiados, atraídos e influenciados por aquello a lo que estamos más expuestos.

Yo nací en Augusta, Georgia, a solo dos horas de la ciudad de Atenas, sede de la Universidad de Georgia y de los excelsos y gloriosos Georgia Bulldogs (pronunciados *Bull Dauwggs*). Entonces, ¿a qué equipo de fútbol americano creen que animo? En realidad, nunca asistí a la escuela, mi padre nunca fue allí, y mi madre solo asistió durante unos años para obtener un título de maestría en educación.

En su mayor parte, crecí en Atlanta, a solo diez millas del campus de la infame Georgia Tech y de los mundialmente famosos perritos calientes de *The Varsity.* Debido a la proximidad, uno pensaría que los Yellow Jackets tendrían mi lealtad, pero no. El hecho es que si vives en cualquier lugar de Georgia, y si tienes un coeficiente intelectual más alto que un tocón, eres un fan de los Bulldogs. (Si eres un humilde estudiante de ingeniería, se te permite considerarte, con comprensible vergüenza, un fan de los "Yellow Jackets"). La realidad es que si eres de Georgia, y no hay nada malo en ti, es lógico que seas un fanático de los Bulldogs, y más que eso, es cultural y en cierto modo obligatorio. (Mis disculpas al pastor Charles Blackstock y a los otros doce fans de los Yellow Jacket. No pueden evitar haber sido expuestos al equipo equivocado, pero alégrense: hay misericordia y perdón).

Por la misma razón, mientras crecía en los años sesenta, la mayoría de los misioneros que venían a nuestra iglesia parecían centrarse en ir a México. ¿Por qué? En esa época, la mayoría de las iglesias le daban a un misionero unos 25 dólares de apoyo mensual, y la mayoría de los misioneros solo necesitaban entre 300 y 500 dólares mensuales; por lo tanto, no tenían que recaudar apoyo de muchas iglesias para tener su "apoyo completo" (de 12 a 20 iglesias). En aquellos días, los misioneros del sur recaudaban el apoyo principalmente en las iglesias del sur y los del norte en las iglesias del norte. Dado que México limita con el ilustre estado de Texas, nuestros misioneros del sur tenían más *exposición* geográfica a México que a cualquier otro país. Esta realidad hizo que los viajes hacia y desde México, tanto durante las diputaciones como durante los permisos, fueran fácilmente accesibles. En aquel entonces, la mayoría de los misioneros iban aparentemente a México, Brasil, Alemania o Filipinas, por lo que estábamos *expuestos* principalmente a México, Brasil, Alemania y Filipinas.

Se puede ver el impacto de la *exposición* en los patrones migratorios de los misioneros. En el siglo pasado, después de la Segunda Guerra Mundial, los misioneros fueron principalmente a Filipinas y Alemania. Sin embargo, Japón fue ignorado en su mayoría, probablemente debido a su ataque agresivo y no provocado contra los

Estados Unidos en Pearl Harbor, así como a las noticias de sus infames marchas de la muerte en el sudeste asiático. Japón sufrió una falta de carga por parte de la mayoría de los misioneros, así como de nuestras iglesias. Nuestras tropas no estaban expuestas a ellos como pueblo en la medida en que lo estaban a los filipinos, alemanes, etc. Como país, estábamos resentidos y poco expuestos y, por lo tanto, no teníamos carga por los japoneses. Esta actitud fue demostrada por los comparativamente pocos misioneros que fueron allí a ganarlos para Cristo.

En cambio, Filipinas recibió la mayor parte de los misioneros debido a que los que regresaron habían servido allí en la guerra. (Una vez más, la influencia de la *exposición*.) Cincuenta años después, los pastores nacionales formados por los misioneros estadounidenses han evangelizado eficazmente su patria. Durante décadas, han insistido en que ya no necesitan misioneros; solo necesitan recursos que les ayuden a seguir alcanzando a su pueblo con mayor eficacia.

Después de la Segunda Guerra Mundial, el general Douglas MacArthur pidió misioneros para Japón y Filipinas. Los misioneros respondieron a su llamada a Filipinas, y como resultado, se benefician de una gran exposición al evangelio. En cambio, a Japón fueron empresarios, no misioneros. Como resultado, disfrutan de su estatus como uno de los principales centros financieros del mundo con poca exposición a Cristo y al cristianismo.

Después de la Guerra de Corea, la exposición volvió a crear una considerable migración de misioneros a Corea del Sur. Como resultado, ahora es, per cápita, el país más "cristiano" de la Tierra. Las cinco iglesias más grandes del mundo están en Seúl, Corea, al igual que otras 20.000 iglesias.

Vietnam es diferente. Como fue una guerra que no se nos permitió ganar, el resultado afectó negativamente a la difusión del cristianismo. El Partido Comunista, que aún controla el país, no permitía la entrada de misioneros. Hubo y sigue habiendo una carga en los corazones de algunos que han encontrado una forma de entrar, pero casi cincuenta años después, sigue faltando el permiso para ir.

En un momento dado, Final Frontiers era la segunda misión más grande de Vietnam. En un momento dado, teníamos más de 140 predicadores apoyados allí, por no hablar de los miles de jóvenes en formación. Sé por experiencia que los plantadores de iglesias vietnamitas que eran apoyados recibían su ayuda principalmente de veteranos estadounidenses de la guerra de Vietnam. Habiendo servido allí, habían desarrollado una carga para alcanzar al pueblo vietnamita para Cristo (*exposición*).

Como apenas había misioneros, apoyaron a los plantadores de iglesias vietnamitas a través de nuestro ministerio. Por cierto, a petición suya, ahora apenas apoyamos a predicadores vietnamitas. Grupos que suman más de 220 predicadores en Vietnam y Camboya nos escribieron agradeciendo todo el apoyo, declarando que les daba tiempo para ganar a su gente, discipularla y enseñarle a diezmar. Este nivel de madurez espiritual, unido a sus crecientes economías, les llevó a informarnos de que ya no necesitaban nuestro apoyo y nos pidieron que lo transfiriéramos a los predicadores de otras tierras que aún necesitaban nuestra ayuda. (Hasta aquí la opinión de los que dicen que los nacionales solo están en esto por el dinero).

Esta misma "carga por exposición" beneficia ahora a Oriente Medio. Decenas de miles de veteranos tienen el deseo de ver la tierra de la Biblia evangelizada. Como los misioneros no pueden ir allí, los veteranos ayudan apoyando a los plantadores de iglesias nacionales que viven (y mueren) allí. También financian nuestro ministerio de Contrabandistas de la Biblia, que lleva decenas de miles de Biblias cada año por las regiones del mundo controladas por los islámicos.

Como ves, los misioneros suelen ir a aquellos lugares a los que han estado expuestos. Esto es lógico, pues como dice Lamentaciones 3:51, *"Mi ojo afecta a mi corazón...."*. Por lo tanto, si queremos que los misioneros tengan una carga por otros lugares, tenemos que exponerlos a otros lugares, otras culturas y otros pueblos. Es así de simple. También es una buena razón para que las familias e iglesias envíen a sus jóvenes en viajes misioneros a campos misioneros en lugar de la ciudad de Nueva York, Nueva Orleans y Nuevo México.

Lo práctico

Como ya se ha dicho, a menudo enviamos misioneros donde nuestros soldados los han precedido. Gran Bretaña, Francia, Alemania y Holanda han hecho lo mismo. Históricamente, para nuestra vergüenza, los misioneros protestantes tienden a seguir a los ejércitos de sus países, mientras que los católicos tienden a precederlos. En cualquier caso, hay un punto que permanece constante: solo podemos enviar misioneros si se sienten llamados a ir, y por la razón que sea, los nuestros suelen ser llamados después de que la lucha haya cesado.

Si esta observación resulta ofensiva, permítanme demostrar mi punto de vista. ¿En cuántos de los 59 países musulmanes su iglesia apoya a un misionero? Probablemente en ninguno. Y si su iglesia no está apoyando a un misionero en el mundo musulmán a través de Final Frontiers, probablemente no esté apoyando a ninguno. Y sin embargo, nuestra comisión fue "ir a TODO el mundo". ¿Por qué? Ir allí no es práctico debido a sus leyes, restricciones, prejuicios y problemas de seguridad. Los que van deben ser profesionales de negocios o estudiantes-no como misioneros o predicadores. Y, por cierto, no tenemos que enviar a los predicadores nacionales; ya están allí. Y en las pocas tierras musulmanas a las que puede ir un misionero, aunque con otro título profesional, debe vivir en una comunidad no musulmana y tiene estrictamente prohibido dar testimonio a los musulmanes.

Otro ejemplo de esta realidad ocurrió en Rusia. Cuando el Muro de Berlín cayó en 1989, nuestra carga largamente reprimida de ganar a nuestros antiguos enemigos para Cristo hizo que un número abrumador de familias fueran a Rusia como misioneros. Alabado sea Dios por ello. Como Final Frontiers ya estaba sirviendo detrás de la Cortina de Hierro, esta repentina y colosal afluencia de misioneros me hizo preguntarme por qué Dios no había llamado a otros allí antes de que cayera el muro. Coincidentemente, ahora que el comunismo está de nuevo en el asiento del conductor, me hace preguntarme por qué hoy, probablemente el 95 por ciento de los que fueron a Rusia se han ido.

La verdad es que nunca encontramos un caso en la Biblia en el que los predicadores se hayan retirado debido a la persecución o a la existencia de un gobierno hostil. Supongamos que Pablo hubiera abandonado todos los lugares oprimidos por el imperio a los que fue, no habría tenido a dónde ir. Hoy en día, rara vez encontramos un caso en el que los misioneros permanezcan después de que un gobierno hostil haya tomado el control o entren en una tierra que un gobierno hostil ya controla. ¿Por qué?

Tal vez la respuesta sea que ya no es práctico servir allí. Las escuelas ya no están abiertas a las visitas de los misioneros, los visados para misioneros ya no se tramitan y las iglesias se cierran o pasan a la clandestinidad. El gobierno está confiscando las tierras de las iglesias no registradas, y la mayoría de los ministerios de radio y televisión están ahora obstaculizados o eliminados.

Otras tierras, las libres, han eliminado o restringido la afluencia de misioneros cambiando sus leyes de visado. En el pasado, un misionero podía ir por un período de cuatro años y renovar fácilmente su visado. Ahora algunos países, como Panamá, han adoptado lo que se llama "el modelo europeo". Permítanme explicar en qué consiste. Cuando la visa de un misionero expira, la familia del misionero debe salir del país, no por un día o una semana, sino por el tiempo equivalente al que estuvo allí. Si el visado caducado era por cuatro años, entonces deben salir por cuatro años.

Además, para que se les permita volver a entrar como misioneros, deben comprobar que han regresado a su país de origen mientras esperan su esquivo visado de renovación. (Por supuesto, convertirse en residente permanente de ese país evitaría todas las molestias y los gastos, pero las juntas misioneras no suelen enseñar al misionero a hacer eso. Además, entrar como hombre de negocios y tener un visado de trabajo o de residencia también aliviaría este problema).

Este inconveniente y la interrupción del ministerio han tenido un efecto práctico en los lugares que los misioneros elegirán para servir en el futuro. Por ejemplo, ¿por qué ir a Panamá y tener obstáculos cuando se puede ir al lado, a Costa Rica, y servir sin obstáculos?

El resultado es que los misioneros acabarán abandonando Panamá y no podrán volver. Mientras tanto, en 2010, más de 25.000

musulmanes vivían en Panamá, y su número está creciendo. Mientras nosotros nos vamos, ellos vienen. Porque no entran como "misioneros" musulmanes, sino como empresarios que compran casas, abren negocios, echan raíces, construyen mezquitas, financian la educación de los pobres y los convierten casualmente. Como los cristianos americanos y occidentales nunca saldremos de nuestros cómodos hogares y seguiremos ese patrón, es esencial que los misioneros se dupliquen fiel y activamente para que los predicadores nacionales puedan seguir sin su dirección o presencia. Y ya que podemos dar a los panameños nuestro evangelio, nuestros misioneros, nuestra cultura, nuestra música, nuestros edificios y nuestros estilos de vestir, ¿por qué no podemos y por qué no debemos darles fondos para que alcancen a los suyos?

Lo espiritual

Dios llama donde Dios llama, pero no siempre entendemos su llamado.

A medida que me hago mayor y tengo más experiencia, soy menos propenso a creer que Dios nos llama tanto a un lugar como a un pueblo. Y, por supuesto, generalmente encontramos a esas personas en un lugar. El hombre de Macedonia instó a Pablo a venir a un lugar (Macedonia), pero ¿con qué propósito? Era para "ayudarnos", y ¿quiénes eran los "nosotros"? El llamado de Pablo no era el *lugar* sino la *gente* de Macedonia. En la visión de Pablo, vio a un hombre de Macedonia, no un *mapa* de Macedonia.

Dios trasladó milagrosamente al evangelista Felipe al desierto porque allí había un eunuco etíope hambriento de la verdad, que necesitaba que alguien le explicara la Palabra de Dios para que él pudiera, a su vez, explicarla a su pueblo que vivía en Etiopía. La historia nos dice que lo hizo con bastante eficacia.

Dios envió a Jonás al pueblo de Nínive, pero para encontrarlo tuvo que ir al lugar donde se encontraba y se concentraba. Jonás no fue enviado a predicar a los edificios sino a la gente. Nínive era la capital del Imperio Asirio que gobernaba la región en ese momento. Mosul, una ciudad que aparece en las noticias de hoy, es la actual

Nínive (un suburbio, en realidad). Tal vez Dios esté preparando a otro Jonás para otro acto de arrepentimiento en la ciudad, incluso ahora.

Misioneros, deberían pedirle a Dios que les muestre las personas que ha elegido para que las conquisten y las saturen con el conocimiento de su gloria y su gracia. Encuéntrenlos dondequiera que estén y vayan a ellos, especialmente si un número de ellos ya vive en su ciudad, estado o cerca. Luego enseña a tus convertidos a hacer lo mismo para que puedas pasar al siguiente pueblo o región, donde la gente aún espera escuchar las buenas nuevas. Si eres un misionero, eso es lo que Dios te creó para hacer. No has sido comisionado para ser el pastor de un rebaño; has sido creado para convertir cabras en ovejas, para iniciar rebaños, y entrenar a los pastores para que cuiden de ellos para poder seguir adelante y crear más rebaños. Tienes una vocación muy especializada. Un pastor, por la naturaleza de su llamado y sus deberes, debe ser un médico general espiritual, pero un misionero no es un misionero a menos que sea un especialista en la plantación de iglesias y en la formación de pastores. Por lo tanto, ocúpate de fundar nuevos rebaños porque la hierba siempre será más verde del otro lado para ti y para mí. ¡Disfrútalo!

EXPONIENDO EL ENIGMA
Las misiones están en un punto crítico.

Alrededor de 2010 el misionero Gil Anger presentó un cuestionario a muchas agencias misioneras bautistas independientes. De ellas, veintitrés respondieron. Sus respuestas, junto con los datos del sitio web Reaching Beyond Borders, revelan un panorama sorprendente de nuestro alcance misionero actual.

¿Cuál es el número actual de misioneros?

En 1950, unos 100.000 misioneros protestantes y evangélicos de Estados Unidos servían en todo el mundo.

- Desde entonces, cada año se pierde un promedio de 1.000 misioneros por muerte, jubilación o cambio de carrera.

- Estos 1.000 misioneros experimentados están siendo reemplazados por una media de solo 50 misioneros sin experiencia al año.

En 2012, solo 29.000 misioneros servían en el campo; de ellos, unos 5.000 eran bautistas independientes.

- De ellos, 2.628 (53%) servían en el extranjero (como pastores, predicadores, maestros, trabajadores infantiles, mecánicos, secretarios, etc.)
- 2.372 (47%) sirvieron en los Estados Unidos en diversos puestos ministeriales o de apoyo (como impresores, miembros del personal, evangelistas, cuidadores de terrenos, etc.)

Mi primer libro, *La Gran Omisión*, fue escrito principalmente para exponer y discutir este problema de llamar a todos misioneros (en lugar de hacer una distinción entre las misiones y el ministerio) y dio formas significativas y fácilmente alcanzables para remediarlo. Muchas iglesias han adoptado las políticas que abordé y han visto crecer su alcance mundial y aumentar sustancialmente sus donaciones a las misiones. Esto se debe a que la gente da más cuando sabe a qué y para qué está dando.

¿Dónde están sirviendo la mayoría de los misioneros hoy en día?

Existen 195 países en la actualidad, pero un asombroso 30 por ciento (unas 1.500 familias misioneras) están, por alguna razón, sirviendo en solo cinco de estos países:

- 253 están en Brasil.
- 206 están en México.
- 112 están en el Reino Unido (Inglaterra, Escocia, Gales e Irlanda del Norte).
- 118 están en Filipinas.
- 104 están en Canadá.

¿Y los otros 190 países? ¿Debemos creer que el mismo Dios que nos encargó (ordenó) ir a TODO el mundo se ha olvidado de alguna manera de las otras 190 tierras?

Basta con echar un vistazo a los cinco países favorecidos para ver que al menos el 30 por ciento de todos los misioneros están persiguiendo a aquellos que ya han escuchado el evangelio o tienen acceso sin obstáculos para escucharlo. ¿Por qué? ¿Por qué seguimos enviando hombres a las tierras que tienen el evangelio e ignoramos las que no lo tienen?

Sé que algunos dirán que a pesar de su acceso al evangelio, no todos han escuchado. Eso es cierto, y ellos también necesitan ser evangelizados. Siendo así, ¿por qué los misioneros tienden a agruparse en la capital u otra ciudad principal de su país en lugar de extenderse para alcanzar las áreas no evangelizadas? En Honduras, por ejemplo, probablemente el 80 por ciento o más de los misioneros viven y ministran en la capital, Tegucigalpa, o en San Pedro Sula, la capital comercial de la costa norte; sin embargo, miles de pueblos y aldeas aún no tienen alcance del evangelio.

¿Por qué? ¿Quién está enseñando a nuestros misioneros a ignorar las masas periféricas en favor de alcanzar a los ya alcanzados? ¿No hemos aprendido nada de Hudson Taylor, David Livingstone y otras leyendas misioneras? ¿Qué parte de la Gran Comisión hace que esta actitud y práctica sean aceptables, y por qué nuestras iglesias las apoyan? ¿Apoyarían a un hombre para que fundara una nueva iglesia a media milla de la suya? Lo dudo. Entonces, ¿por qué apoyan a los hombres para que pastoreen una iglesia encima de una iglesia en otras tierras? Nuestro Señor era un 1%. Dejó a las 99 para ir tras la única oveja perdida. ¿Por qué hacemos lo contrario? Lo pregunto sinceramente porque no lo sé.

Livingstone escribió: *"Si tienes hombres que solo vendrán si saben que hay un buen camino, no los quiero. Quiero hombres que vengan si no hay ningún camino"*.

Mientras realizaba un estudio demográfico sobre Tailandia en 1986 con la expectativa de mudarme allí, me enteré de que el 80% de todos los misioneros vivían en la ciudad norteña de Chiangmai. En aquella época, solo tenía medio millón de habitantes. Bangkok, la capital, tenía más de 8 millones oficialmente y 13 millones extraoficialmente, y solo tenía un puñado de misioneros. ¿A qué se debe esto? Todos los misioneros a los que pregunté me dieron la misma respuesta: "La temperatura es mucho más fresca aquí que en Bangkok". La verdad es que los misioneros denominacionales (asalariados) van donde están sus sedes o donde se les dice que vayan, y los misioneros de fe tienden a seguir su rastro.

Sé que algunos dirán: "Nuestras iglesias apoyan a los que van a campos misioneros ya arados y plantados porque no conocemos a ningún misionero en tierras cerradas o restringidas, así que ¿cómo podemos apoyarlos?" La respuesta es simple, Final Frontiers y una serie de otros buenos ministerios sí conocen a estos hombres; los hemos encontrado, investigado y tenemos la capacidad de hacerlos responsables ante ti y tu iglesia. Ponte en contacto con nosotros. Podemos darte inmediatamente un predicador para asociarte con quien ya está sirviendo sin apoyo financiero y ayudarte a llenar esos enormes espacios en blanco en tu mapa misionero.

¿Qué pasa con la próxima generación de misioneros?

Si continúas leyendo, probablemente comenzarás a desanimarte. Pero aguanta porque hay una cura para esta enfermedad misionera. Una vez más, mi intención no es criticar a los misioneros que están tan dispuestos y deseosos de servir, pero por el bien del paciente (las misiones mundiales), voy a decirles lo que la resonancia magnética y los rayos X revelan.

Recuerdo estar sentado en una oficina con un especialista en hígado en el Hospital Piedmont de Atlanta en el otoño de 2015. Sus respuestas, interrumpidas por mis preguntas, fueron algo así. "Señor Nelms, usted tiene una enfermedad hepática, y es grave... Usted está en la etapa 2 y al borde de la etapa 3... Si no conseguimos controlar este problema, tendremos que incluirle en una lista de trasplantes, y con su tipo de sangre (AB negativo), las expectativas de un donante no son muy buenas... Tal y como están las cosas, le quedan probablemente tres años de vida, tal vez cinco... Haga lo que le he recomendado, y tendrá una oportunidad... Vuelva a casa y ponga su casa en orden".

Por supuesto, fue una noticia devastadora. Pero al decirme la verdad sobre mi estado, el médico no me estaba criticando; simplemente me informaba del problema, la solución y el resultado probable. En realidad, me hizo un gran favor al informarme de cuáles eran mis problemas, explicándome la causa y la cura, y enseñándome a tomar medidas para remediar el problema. Me complace decir que inmediatamente empecé a poner en práctica sus sugerencias (me dijo que perdiera el 10% de mi peso, y hasta ahora he perdido el 20% y sigo adelante). Pasaron tres años, y todavía estaba aquí, luego pasaron cinco años, y sigo siendo fuerte y saludable - alabado sea el Señor.

Ahora estoy en condiciones de jugar al médico y decir a las iglesias cuáles son sus problemas misioneros y cómo solucionarlos. Lee con atención porque no sabemos cuántos años nos quedan para cumplir la Gran Comisión.

Como miembro de la iglesia, cuando escuchas a los misioneros que visitan tu iglesia para compartir su ministerio contigo, algunos son ciertamente aburridos, pero otros que tocan tu corazón, encienden el deseo de ayudarlos. Pero al hacerlo, ¿a qué/quién estás ayudando realmente? Considera las siguientes estadísticas.

- El 43 por ciento de los que actualmente están en deputación lo dejarán antes de alcanzar su objetivo de tener suficiente apoyo para salir a su campo y comenzar su primer mandato (normalmente cuatro años).
- El 75 por ciento de los que llegan al campo lo dejarán en sus primeros tres años de servicio.
- El 55% de los que logran pasar el primer período y comienzan su permiso (su quinto año como misionero) no regresarán al campo misionero. La mayoría permanecerá en Estados Unidos, sirviendo en el personal de una iglesia o como fieles familias laicas.

Estos síntomas de nuestra enfermedad misionera han sido tratados en profundidad en mi libro, *La Gran Omisión*, por lo que no quiero detenerme en ellos aquí. (Los síntomas, la enfermedad y la cura se examinarán con más detalle en un libro que estoy escribiendo para las iglesias sobre cómo hacer y mantener una política de misiones, así que por ahora, permítanme hacer estas pocas observaciones).

Para llegar a ser un médico, hay que tener una cierta cantidad de educación, comenzando con una licenciatura, luego cuatro años en la escuela de medicina, y tres años de residencia, entonces se gana el título de "Doctor". Incluso entonces, se requiere una formación continua anual para mantener la licencia para ejercer la medicina.

Otra realidad es que las enfermeras, por muy esenciales y subestimadas que estén, no son médicos. Mi padre murió de un tumor cerebral en 1995. Unos diez años después, yo también me convertí en huésped de un tumor benigno. Los medicamentos que tomé redujeron el tumor y le impidieron crecer. Tuve grandes enfermeras durante el descubrimiento y el tratamiento, pero si hubiera sido necesaria la cirugía, habría preferido la habilidad de un médico a los tiernos cuidados de una enfermera.

Si quieres ser piloto, tienes que ir a la escuela de pilotos y acumular cientos de horas de experiencia de vuelo, con y sin un piloto certificado que te supervise. El tiempo y los gastos que conlleva son tremendos, y por eso muchos pilotos recibieron su formación y certificación en el ejército. Sin embargo, no basta con ser piloto, sino que hay que estar certificado para cada tipo de avión que se vuela. Un piloto certificado solo para una hélice, la Cessna 180, no puede volar un 747 o incluso un pequeño avión monomotor, ¡y desde luego no un helicóptero! ¿Entiendes lo que quiero decir?

He volado alrededor de 2 millones de millas en mis viajes misioneros. Aprendí rápidamente que los auxiliares de vuelo tienen personalidad y encanto. Entregan rápidamente almohadas, mantas y comida caliente. Son maestros de la gestión de multitudes, la seguridad y la paciencia. Pero aunque son empleados valiosos de la misma aerolínea que los pilotos, no son pilotos. Si insistieran en pilotar el avión, ocurrirían dos cosas: primero, habría un caos en la cabina, y segundo, el avión se estrellaría al despegar.

Entonces, ¿qué tiene que ver esto con los misioneros?

La mayoría de los miembros de la iglesia piensan que todos los misioneros que hacen presentaciones en su iglesia son, de hecho, misioneros. La realidad es que la mayoría de ellos nunca han estado más cerca del campo misionero que tú. En el mejor de los casos, han pasado dos semanas allí en un viaje de reconocimiento, viviendo con una familia misionera, observando su trabajo. No tienen experiencia, no conocen el idioma, la cultura o las costumbres, nunca han fundado una iglesia y nunca han entrenado a un hombre para el ministerio. Muchos no tienen planes de ser mentorizados por un misionero experimentado cuando lleguen allí.

Siendo así, ¿por qué los llamamos *misioneros*? Bueno, el pastor los llama misioneros porque así es como el misionero se llama a sí mismo. Pero, ¿por qué reclama ese título si nunca ha pasado tiempo en el campo o ha hecho el trabajo de un misionero? Es nuestra cultura, nuestra tradición, no las Escrituras. Su junta lo certificó como misionero y le dijo que ahora era un misionero. Presto, ¡lo era! ¿Pero por qué lo hicieron? Porque siempre se ha hecho así, al menos durante los últimos cincuenta años.

¿Sabías que la mayoría de los miembros de las juntas directivas de las organizaciones misioneras nunca han servido un día como misioneros? No tienen experiencia en hacer juicios relacionados con la misión y ni siquiera saben bíblicamente lo que es un misionero. Piensan que es un predicador o un pastor que deja su país para ir a otro lugar a predicar o pastorear. Eso es como decir que un jugador de béisbol profesional es alguien que juega al béisbol en otras ciudades y gana mucho dinero. En ese caso, todos los miembros de los equipos corporativos de Google, Apple y Microsoft son jugadores profesionales de béisbol. (Tal vez eso explique las constantes caídas y actualizaciones).

¿Por qué están estos hombres inexpertos y sin conocimientos en la junta directiva, y por qué se les permite asignar el título de misionero a un hombre que tiene poco o ningún conocimiento y ninguna experiencia? Porque "así se ha hecho siempre". Y francamente, cuando las congregaciones siguen apoyando a predicadores novatos sin experiencia, que en el mejor de los casos pretenden ser un misionero, los hace culpables. Por favor, déjenlo.

¿Hay esperanza para el futuro?

Si miras solo la superficie, puedes pensar que no la hay. Considera que menos del 1% de los estudiantes de colegios bíblicos hoy en día están estudiando para ser misioneros. Sin embargo, hay esperanza porque la cura no es la cantidad; es la calidad. Déjame explicarte.

Como estadounidenses, siempre pensamos en números - cuanto más, mejor (a menos que hablemos de pandemias o impuestos). Sin embargo, mira el ejemplo de nuestro Señor. Comenzó con solo un puñado de discípulos (seguidores diarios reales, no solo asistentes a la iglesia), y aumentó su número a doce, luego a setenta, luego a ciento veinte. Luego comenzó a reducirlos, buscando la calidad sobre la cantidad. Finalmente, aunque tenía una gran cantidad de seguidores, su grupo de liderazgo, cuando partió de la tierra, se redujo a once. Qué fracaso, ¿verdad? Sí, si eres americano. Sin embargo, cincuenta días después, había más seguidores de los que se podían contar, y desde entonces, ha habido miles de millones.

Verás, como americanos, queremos saber cuántos árboles tenemos en nuestro huerto cuando lo importante no es el número de los árboles sino la cantidad de fruta que produce cada uno. Nos gusta tomar el árbol improductivo, poner una hamaca debajo de él y disfrutar de la sombra, dándole un nuevo propósito. Nuestro Señor dice que lo cortemos y lo sustituyamos por un árbol productivo y fructífero. Si tu objetivo es la relajación y la sombra, este es un gran plan. Pero si tu objetivo es el objetivo del Señor, la predicación del evangelio a cada grupo de personas y a cada persona, entonces tú y tu árbol están desperdiciando un terreno.

Hacemos lo mismo con nuestros misioneros improductivos. Disfrutamos de la sombra que nos proporcionan al darnos un número más en nuestra lista de misioneros. Descansamos en la sombra y el consuelo de que estamos apoyando obedientemente a un misionero, pero por principio bíblico, deberíamos cortar su apoyo y dárselo a un misionero productivo.

Tal como yo lo veo, la esperanza es enseñar en nuestras iglesias y universidades lo que se supone que es un misionero e insistir en que nuestros dólares misioneros financien solo a aquellos calificados y probados. No es un jardinero, ni un piloto, ni un impresor, ni un maestro, ni un pastor, ni un trabajador infantil, ni un jurista. Es una máquina de plantar iglesias y de formar pastores que va de un lugar a otro, nombrando pastores que él ha formado para que tomen lo que ha producido y lo hagan crecer hasta la madurez y la multiplicación.

Si nuestras escuelas hicieran eso, solo se necesitaría una década para cambiar la situación. Si nuestras iglesias apoyaran a tales hombres, entonces la siguiente generación sabría lo que se espera que hagan para ganar y mantener el apoyo. En menos de una generación, podemos volver a poner el mundo patas arriba.

Yo me enfrenté a los mismos retos en 1986, cuando nadie había oído hablar de un predicador nacional ni había pensado en apoyarlo. Se dice que inicié el primer ministerio bautista en América dedicado exclusivamente a ese propósito, y ahora, cientos de otros en muchas denominaciones hacen lo mismo. Tomó menos de una generación para que las iglesias regresaran a los protocolos de las misiones que se encuentran en el libro de los Hechos, esperando que hombres nacionales capacitados hicieran el trabajo en lugar de depender de los refuerzos de "Jerusalén", y apoyándolos al igual que al misionero extranjero al hacerlo. Creo que en menos de una generación, podemos recuperar la definición bíblica de lo que se supone que es un misionero y exigirle que cumpla con su descripción de trabajo para obtener y mantener su apoyo.

ELIMINANDO EL ENIGMA

Sugerencias para los Misioneros:

* No busques dónde van los demás para unirte a ellos; ve donde nadie ha ido antes. Recuerda que Pablo no construyó sobre cimientos puestos por otros; él despejó el terreno y echó sus propios cimientos y los que le siguieron construyeron sobre ellos. Los cimientos son el trabajo del misionero; la construcción es la tarea del pastor.

* Trabaja con un equipo, para que tengas fuerza y compañerismo. No importa quién se quede con el título o quién

predique. Comparte. Todo equipo tiene más de un jugador (excepto el tenis y el ajedrez). Incluso el golfista depende de la sabiduría del caddie que conoce el campo. Bernabé tenía a su Pablo. Así es, relee los Hechos. No eran Pablo y Bernabé; eran Bernabé y Pablo. Cuando ya no pudieron trabajar juntos, ambos formaron nuevos equipos y continuaron su llamado.

 No modifiques tu ministerio según los patrones contemporáneos; sigue el libro de los Hechos en cada detalle. Cuanto antes deje predicar a un líder de la iglesia capaz, sólido y con base doctrinal, mejor. Sin Timoteo, Filemón, Tito, Aristarco y otros, Pablo habría tenido un ministerio increíblemente limitado y probablemente sería desconocido hoy. Compartir el ministerio hace crecer el ministerio. Guardarlo para uno mismo lo matará.

 Cuando envíes tu carta misionera trimestral a tus patrocinadores, diles lo que estás haciendo-no cómo te sientes. Muestre el fruto que está produciendo-no sus sueños de lo que planea producir.

 Cuando decidas a dónde ir, date cuenta de que hay una diferencia entre una carga y un llamado. Si Dios te llama a México, entonces ve, pero date cuenta de que hay más que mexicanos viviendo allí. Diecisiete millones de indígenas viven en México en 78 tribus diferentes con sus propias lenguas, costumbres y tradiciones. Cualquiera puede ir a México, pero hay que destacarse dirigiéndose a un pueblo/tribu específico en lugar de a un lugar. Infórmate a ti mismo y a tus potenciales donantes sobre la necesidad de llegar a ellos. Por cierto, Brasil tiene 188 grupos de personas, y Filipinas tiene 100. No tienes que limitarte a Ciudad de México, São Paulo o Manila.

 Recuerda que estamos aquí para ayudarte. Puedes ser mejor, y puedes hacerlo mejor. A veces simplemente necesitas a alguien que no esté perdido en el bosque para que venga y te indique el camino hacia los campos fértiles. Llámenos.

Sugerencias para las Iglesias:

 Una vez más, déjame decir que las profesiones que he mencionado antes, que son funciones de apoyo a los misioneros, son nobles y dignas de apoyo. Pablo ciertamente apreciaba a Lucas. Es solo que nos hemos desequilibrado, y ahora la mayoría de los que apoyamos como "misioneros" no son plantadores de iglesias; ni siquiera son predicadores. Ellos realizan servicios ministeriales y deben ser ayudados, pero no a expensas de apoyar a los misioneros con nuestro apoyo misionero designado. Nuevamente, considera tener un *presupuesto misionero* y un *presupuesto ministerial* (*o sub-presupuesto*) y no financies uno a partir del otro.

- Analiza dónde estás y dónde no estás apoyando a los misioneros. ¿Está tu alcance fuera de balance? Si es así, puedes hacer cambios fácilmente. El desequilibrio puede no resolverse de la noche a la mañana, pero puede comenzar algunas políticas nuevas como:

  - Apoyar a un predicador nacional por cada dos, cinco o diez estadounidenses apoyados.
  - La próxima vez que un misionero sea dado de baja, la vacante será reemplazada por un nacional.
  - En lugar de añadir más misioneros que vayan a los mismos países, comience a apoyar a los misioneros que vayan a lugares a los que antes no se llegaba.

Tu objetivo no es saber cuántos puedes apoyar, sino tapar los agujeros de tu alcance. Dirígete a lo que no está dirigido.

- Observa la productividad. Asigna a un miembro del personal para que haga una hoja de cálculo de todos tus misioneros. Retrocede los últimos dos años, cinco años, o lo que quieras. Registra lo siguiente en esos trimestres o años:

  - ¿Cuántas almas reportaron haber llevado a Cristo?
  - ¿Cuántos bautismos tuvieron?
  - ¿Cuántas obras nuevas comenzaron o ayudaron a comenzar?
  - ¿Cuántos hombres están entrenando para el liderazgo o para el ministerio?
    - Añade cualquier otra calificación que consideres necesaria.

Con un vistazo, podrás ver qué misioneros son productivos y cuáles no. Tu propósito es verificar que están haciendo lo que les estás apoyando a hacer. Luego pregúntate a ti mismo (y a ellos), si no lo están haciendo, ¿por qué no? Le recomiendo que una vez que haya recopilado esta información, la actualice cada trimestre a medida que lleguen las nuevas cartas.

- No juzgues a un misionero por el tamaño de su obra, sino por el número de sus obras. ¿Está pastoreando una sola iglesia, o está iniciando nuevas iglesias?

- Recuerda que todos los campos no son tan productivos como otros, así que no uses eso como excusa para un mal desempeño. Si el campo es totalmente improductivo, puede ser el momento de sacudir el polvo y seguir adelante.

- Pastores, como administradores principales de los fondos de la iglesia y para cumplir con su parte de la Gran Comisión, desarrollen una política utilizando un análisis estratégico para determinar quién, dónde y cómo utilizar mejor tus donaciones. Si todas las iglesias riegan el mismo terreno, no se nutrirá el campo; al final se producirá un agujero de barro rodeado de un desierto.

8

¿PERMITE LA BIBLIA QUE LAS MUJERES SIRVAN COMO MISIONERAS? SI NO, ¿POR QUÉ LAS APOYAMOS?

EXPLICANDO EL ENIGMA

CUANDO RECIBÍ este correo electrónico de un amigo de toda la vida en 2016, di la respuesta en este capítulo:

"Oye, estoy escribiendo una lección para una clase de educación en casa en línea, y es sobre las mujeres en las misiones. ¿Cuál es tu opinión? Pienso que las mujeres misioneras enseñan a las mujeres y a los niños y hacen cosas así: ministerios de niños y mujeres. Pero tal vez eso no es técnicamente lo que es un misionero. ¿Se supone que es estrictamente plantar iglesias, o es compartir el evangelio? ¿Es bíblico que las mujeres sean "misioneras"? ¿O depende de la definición que se utilice? Estoy seguro de que no quieren nada de eso en la lección, pero leí algo en Internet y ahora me estoy preguntando. Sé que no es bíblico que las mujeres prediquen, pero nunca pienso en mujeres haciendo eso cuando pienso en mujeres misioneras.

"El punto principal en el que quieren centrarse es cómo ser una mujer misionera hoy en día es diferente de, por ejemplo, cuando se fundó la China Inland Missions".

La Palabra de Dios es absoluta e inmutable. Pero en cada época, nuestra comprensión de las Escrituras se ve afectada por la cultura. Por eso los creyentes de un continente difieren de los de otro. Si todos hubiéramos vivido en los tiempos bíblicos, habláramos las mismas lenguas y comprendiéramos las mismas culturas, nuestra comprensión sería más uniforme. Pero, por desgracia, somos lo que somos. Por lo tanto, debemos estudiar la Palabra de Dios en su contexto y dejar que diga lo que dice.

Sé que algunos de ustedes estarán automáticamente en desacuerdo conmigo y ya han determinado que estoy a punto de enseñar una herejía. Alabo su preocupación y precaución. Sin embargo, tal determinación prematura es un acto de juicio que nuestro Señor condenó en el capítulo siete de Mateo. Juzgar es ponerse en lugar de Dios, que es el único que puede leer los corazones de los hombres. Satanás se juzgó a sí mismo superior a Dios y mira a dónde le llevó eso.

Mi propósito es abordar este enigma que se ha presentado a menudo basado en mi comprensión de las Escrituras y la experiencia. Mientras leen, sean pacientes, denme tiempo como un fiscal para presentar todo mi caso; luego, como un jurado, saquen su conclusión. Creo que encontrarán que estamos totalmente de acuerdo.

En relación con este enigma, y tras mucho meditarlo antes de adentrarme en este campo minado, ésta fue mi respuesta:

EXAMINANDO EL ENIGMA

Compartir el evangelio no es una misión; es evangelizar, y todos deberíamos hacerlo.

El trabajo misionero es plantar iglesias, lo que, por supuesto, incluiría testificar, pastorear por un tiempo y discipular, dejando la iglesia en manos capaces y luego pasando a repetir el proceso una y otra vez, como hizo Pablo. Cada hombre que trabajaba con Pablo no era un misionero. Él los entrenaba para cumplir con el llamado específico de Dios en sus vidas.

A medida que avanzaba, Pablo llevaba a algunos hombres y mujeres con él y dejaba a otros atrás para no retrasar su proceso de plantación continua de iglesias; esa es una de las razones por las que viajaba con un séquito.

Como discípulos y miembros del equipo, algunos, como Filemón, se quedaban donde vivían. Otros, como Juan Marcos, se trasladarían con él. (Sí, el mismo Marcos que más tarde se reincorporó al equipo a petición de Pablo porque bajo la tutela de Bernabé y, según algunos, de Pedro, se había vuelto provechoso en el ministerio). A veces, cuando Pablo seguía adelante, uno que se había quedado atrás, como Timoteo, era convocado más tarde para dejar el lugar donde estaba y reunirse con él en otro lugar. Luego hubo algunos como Tito, que fue enviado a otro lugar para iniciar más iglesias y cuidar de las obras establecidas anteriormente en la región. Finalmente, al menos uno se quedó casi exclusivamente con Pablo, no como predicador, sino para cumplir su propósito, Lucas, el médico, autor e historiador.

Al igual que los señores Aquila y Priscila, los laicos también formados por Pablo viajaban con él de forma intermitente, discipulando a los conversos y formando a los pastores.

¿Por qué entonces es un problema?

A lo largo de los tiempos, nunca se ha permitido que una mujer pastoree una iglesia. Las calificaciones para un pastor y un diácono por sí solas muestran que las mujeres están excluidas, al no ser "marido de una sola mujer". Sin embargo, el hecho de que uno sea un predicador no significa que sea un pastor. Esa interpretación común es muy incorrecta. ¿Crees que tu pastor es un pastor porque predica? La predicación es probablemente menos del 10 por ciento de su ministerio. Él es un pastor y está de guardia las 24 horas del día, los 365 días del año, pero solo predica algunas horas a la semana. Los evangelistas predican, pero no son pastores. Los laicos pueden predicar y no ser pastores.

Predicar es un verbo; *pastor*, como título o posición, es un sustantivo. El acto de predicar es una advertencia bíblica y no tiene nada que ver con un esquema, un púlpito o un título. Si creemos que la Gran Comisión nos fue dada a *todos*, debemos reconocer que a *todos* se nos dice que "prediquemos el evangelio" en todo el mundo. Hacer esto es evangelizar obedientemente.

EXPONIENDO EL ENIGMA

Creo que es lógico que las mujeres puedan participar en la plantación de iglesias. Bíblicamente, no están excluidas de ningún servicio, excepto el de ser diácono o pastor. Felipe fue un evangelista, y las hijas de Felipe también fueron designadas como *evangelistas* por la iglesia primitiva y por la inspiración del Espíritu Santo. Un *evangelista* es el tercero de los cuatro dones de Dios mencionados en Efesios 4, que Él dio/da a sus asambleas de llamados (la iglesia). Una lectura cuidadosa muestra que estos dones de Dios fueron dados a la iglesia para su madurez y expansión. Probablemente no tomarían un papel de liderazgo ya que la nueva iglesia todavía estaría siendo "pastoreada" por el misionero fundador, pero siempre estaban allí para ayudar y enseñar-pero no solo para enseñar a las mujeres y los niños.

Recuerda que Apolos, que fue uno de los más grandes oradores teológicos de todos los tiempos y arrancó la devoción de los seguidores tanto de Pedro como de Pablo, fue discipulado por Aquila y su esposa Priscila. El Espíritu de Dios, a través del esfuerzo, el plan de negocios y los escritos de Pablo, se esforzó por mencionar ese hecho en las Escrituras. ¿Por qué supones que es así? En efecto, no será para que lo ignoremos o lo tergiversemos para que encaje en las pequeñas cajas de nuestras opiniones teológicas. Debemos dejar que la Palabra de Dios diga lo que dice, aceptarla y no tratar de cambiarla para que encaje en la caja de nuestro dogma personal o denominacional.

Y no olvidemos que varias porciones del libro de Proverbios se identifican como instrucciones de la madre del autor, en particular el capítulo final. Además, Miriam, la hermana de Moisés, escribió y cantó una canción para alabar a Dios por su liberación, que nos ilumina e instruye a todos. Aunque estas mujeres no hayan estado siempre delante de los hombres cuando enseñaban, sus enseñanzas han sido leídas, no obstante, por maestros y pastores de todo el mundo durante miles de años.

Creo que, en gran medida, la participación de las mujeres en el "ministerio" (no en el pastoreo ni en la diaconía) depende de la cultura. Supongamos que una cultura, al estar solo infundida y aún no saturada del evangelio, no permite o alienta fuertemente a las mujeres en el liderazgo o en el servicio público (Islam, hinduismo, budismo, etc.). En ese caso, tal vez sea mejor que las mujeres no ocupen puestos de liderazgo público. Para mí, no me importa que una mujer *predique* (y con ello me refiero a "exhortar" o "animar"); recuerda que el tema específico en las Escrituras no es predicar sino pastorear o ser *diácono*. Aún así, ciertamente evangelizaron y enseñaron a hombres como Apolos y a otras mujeres también. Hacerlo era conveniente y servía de ejemplo para las mujeres más jóvenes. Después de todo, ¿qué puede tener un hombre para enseñar a una mujer? (Cualquier marido puede responder a eso, y la respuesta es un rotundo "¡Nada!")

Puede existir la mínima posibilidad de que hayamos permitido que nuestra cultura defina nuestra doctrina. Permítanme darles un ejemplo. En el mismo pasaje que utilizamos para insistir en que las mujeres no pueden predicar, también dice que ni siquiera se les permite hablar. Por alguna razón, insistimos en lo uno e ignoramos lo otro. Las mujeres hablan en la iglesia, cantan y enseñan. Incluso en nuestras congregaciones eclesiásticas más estrictas (o campamentos, como suelen llamarse), las mujeres siguen sirviendo como profesoras en los colegios bíblicos, las escuelas dominicales, etc. Pueden animar a la congregación antes de cantar. Incluso pueden participar en el discipulado de los nuevos conversos. Para mí, impedir que se comparta la sabiduría de las mujeres piadosas no es sabio. Los pastores y los misioneros dependen en gran medida de la sabiduría de sus esposas. Si creemos en la Palabra de Dios, entonces no debemos cambiar las definiciones.

Excluir a las mujeres estaba restringido solo a los oficios de pastor y diácono. Algunos argumentan que era una restricción implícita a la iglesia de Corinto. A ellos, respondo (no argumento) que ninguna de las epístolas de Pablo fue escrita a una mujer que dirigiera una iglesia, solo a los hombres. Pablo las saludó y las honró, pero nunca se dirigió a ellas como pastor o líder, aunque la iglesia bien pudo haberse reunido en la casa de una mujer, como Lidia en Filipos.

No puedo reescribir las Escrituras, pero prefiero escuchar a una mujer perspicaz que a un hombre ignorante. Si se me permite usar una analogía, no me importa quién cocinó la comida; lo único que me importa es cómo sabe y si es nutritiva. Tal vez me equivoque. Aguanta conmigo porque quizá podamos ponernos de acuerdo en una solución.

Creo que sería difícil para una mujer estar simultáneamente en una posición de liderazgo espiritual públicamente y seguir demostrando una actitud de sumisión, pero eso es probablemente más debido a mi educación bautista que a las Escrituras específicas. De nuevo, estoy distinguiendo entre proclamar la Palabra de Dios como *testigo* y pastorear un rebaño de creyentes como *pastor*. Aunque en nuestra cultura a los pastores se les llama a menudo predicadores, se trata de dos llamamientos distintos. Los pastores predican, pero los predicadores no son necesariamente pastores.

De nuevo, no podemos ignorar la Biblia cuando se refiere a las hijas de Felipe como evangelistas. Podemos decir que el término solo significa un ganador de almas, pero Dios usa el término para definir uno de los dones que ÉL dio para enriquecer el cuerpo en Efesios 4. Se necesita la participación de todos estos dones para llevar al creyente y por lo tanto a la congregación a la madurez espiritual. En nuestra cultura también se rechaza la idea de que una mujer sea *evangelista* porque pensamos que un evangelista es un hombre, típicamente un pastor retirado, que va por ahí predicando en las iglesias. Esa es una definición cultural que está lejos de ser bíblicamente correcta. Nuestro malentendido de lo que es un evangelista bíblicamente hace que restrinjamos a las mujeres de ser lo que Dios les permitió ser, así como nuestro malentendido de lo que es un misionero limita el número de misioneros bíblicos que están sirviendo. El presidente Obama dijo: "Las elecciones tienen consecuencias". Lo mismo ocurre con la redefinición de las definiciones bíblicas -más sobre esto en un momento-.

Creo que ayuda mirar no lo que el misionero es (hombre o mujer) sino lo que hacen bíblicamente, y luego determinar qué género es naturalmente más adecuado para ese llamado. En el Nuevo Testamento, hay tres etapas principales en el desarrollo de una iglesia (congregación): inicio, madurez y reproducción. Para lograr esas tres etapas, Dios le dio a la nueva iglesia cuatro dones para permitir este proceso que se enumeran en el capítulo 4 de Efesios.

1) *Apóstoles*, de donde se deriva la palabra *misionero*, que significa "un mensajero especial con un mensaje especial". El apóstol era el pionero. No iban, como costumbre, a predicar donde la gente conocía a Cristo, salvo para visitarlo; en cambio, iban donde Cristo era desconocido e innominado. Por eso Pablo dijo que no construyó sobre los cimientos de ningún otro hombre. Otros (los que le siguieron) construirían sobre los cimientos que él y otros misioneros habían puesto. El que pone los cimientos es el misionero. Va con valentía donde nadie ha ido antes (declaración de las misiones de Final Frontiers).

Ser apóstol no tiene nada que ver con la autoría de las Escrituras. Esa es una idea errónea fácilmente comprobable; a Bernabé se le llama apóstol, pero no escribió nada del Nuevo Testamento. Por otro lado, Lucas escribió dos libros (Lucas y Hechos), pero *no* se le llama apóstol.

Pedro fue el que estableció los criterios y las calificaciones para ser un apóstol. Pero algunos apóstoles, como Bernabé (hasta donde sabemos), nunca conocieron a Jesús (hasta donde llega el registro bíblico). Algunos hombres lo conocieron, viajaron con Él y fueron testigos de su ministerio después de la resurrección que no fueron llamados apóstoles. Esto incluiría a la mayoría de los 120 testigos a los que Cristo discipuló y a otros como Lázaro, los del camino de Emaús, Nicodemo, José de Arimatea, y los miles que vieron al Cristo post-resurrección.

Dios aparentemente desechó los requerimientos de Pedro al establecer a Pablo como apóstol. Al igual que todos los supuestos Pedro (papas) que le siguieron, Pedro no hablaba necesariamente en nombre de Dios.

Algunos de los apóstoles mencionados en la Biblia comenzando con Jesús mismo en el capítulo 3 de Hebreos incluyen a los hombres judíos, Pablo, Bernabé y Santiago, el hermano de Jesús. También hubo apóstoles gentiles, incluyendo a Apolos, Epafrodito, Andrónico, Junias (que algunos creen que es una mujer pero no se puede asegurar), Silas, Timoteo, Silvano y dos apóstoles sin nombre.

Sabemos de estos porque la mayoría de ellos son conversos gentiles a los que se refiere Pablo. ¿Pero fue Pablo el único apóstol que produjo otros misioneros (mensajeros/apóstoles)? Creo que no, ya que el mandato dado por Cristo no era solo ir sino producir más mensajeros que hicieran lo mismo.

Recordemos que la definición de la palabra *apóstol* es "mensajero". No hay duda de que los discípulos elegidos y formados por Cristo eran superiores a cualquiera de nosotros. Sin embargo, somos mensajeros llamados por Dios para entregar el mismo mensaje que ellos entregaron. En pocas palabras, todo presidente no es George Washington, pero todo presidente sigue siendo un presidente.

Por alguna razón, en algún momento de mi vida, la definición de *apóstol* cambió para los bautistas, y ya no usamos el título. Huimos de él y lo rechazamos. Sin embargo, si se dedica un mínimo esfuerzo a la investigación, se descubrirá que hasta mediados del siglo XX, los primeros misioneros a una región específica eran llamados "el apóstol a ....". Así nos referimos a Hudson Taylor, David Livingstone, David Brainerd, Adoniram Judson y otros.

Las Escrituras están completas, pero nuestra Gran Comisión aún no ha sido completada por ninguna generación desde que Cristo la dio. Si tan solo utilizáramos el patrón de evangelismo global que se nos ha dado de que cada uno de nosotros haga su parte, podríamos finalmente honrarlo cumpliendo Su mandato.

2) Los *profetas* eran predicadores itinerantes. La tercera epístola de Juan se refiere a ellos (lo que hoy llamamos predicadores nacionales) y ordenó a la iglesia que los apoyara en su camino. Juan incluso amenazó con disciplinar al pastor santurrón que se negaba a hacerlo y expulsaba de la iglesia a los miembros que rechazaban su mandato, ayudándoles de todas formas. El pastor injusto quería toda la lana de las ovejas (donaciones financieras) para él. Estos profetas siguieron cronológicamente a los apóstoles y enseñaron más Escrituras a los nuevos conversos, fundamentándolos en la verdad.

Recuerda, el propósito del apóstol era romper la tierra para que otros pudieran recoger la cosecha. Pablo incluso dijo que algunos plantan, otros riegan y otros cosechan, pero Dios da la cosecha. El profeta no estaba allí para *predecir* el futuro, aunque algunos como

Agabus lo hicieron, sino más bien para *decir las verdades* de la Palabra de Dios. De acuerdo con sus ministerios, la mayoría de los ministros de hoy que llamamos *evangelistas* son en realidad, y más exactamente, "profetas". Permítanme explicarles.

3) Bíblicamente, los *evangelistas* no eran pastores retirados que iban de iglesia en iglesia celebrando avivamientos; eran hombres y mujeres que evangelizaban y tenían un don excepcional para hacerlo.

Durante mi primer contacto con las misiones del Nuevo Testamento, algunos predicadores nacionales en Asia me preguntaron: "En su país (Estados Unidos), ¿por qué un evangelista predicaría en una iglesia, ya que la gente allí ya es salva?" Buena pregunta. La verdad es que es un ejemplo más de cómo hemos alterado la definición de una palabra (como hemos hecho con el término *misionero*). Al haber cambiado todo el significado y, por tanto, la formación y preparación específicas necesarias, se han disminuido los resultados.

El evangelista era un predicador/proclamador/ganador de almas especialmente dotado que entraba en un campo que el apóstol ya había arado, y el profeta ya había regado (agua de la Palabra). Ha venido a recoger la cosecha. El evangelista es el cosechador que cosecha donde otros plantaron. Esto no quiere decir que el apóstol y el profeta nunca hayan ganado almas; es solo un ejemplo generalizado. Algunas personas en la aldea, pueblo o región ya eran salvas, pero la mayoría solo había escuchado un poco o solo había comenzado a escuchar y considerar el evangelio. Todavía tenían preguntas que necesitaban respuestas, preocupaciones doctrinales y temores de conversión. Dios dotó al evangelista para que respondiera a esas preguntas e inquietudes y cosechara al mismo tiempo que daba el incremento.

4) Los pastores siguieron naturalmente. ¿Por qué? Es natural que una vez que las ovejas y corderos dispersos están juntos, el rebaño aumenta. Si un pastor no viene, los lobos ciertamente lo harán. Su trabajo entonces era completar ("perfeccionar" en la RV) el trabajo que había sido comenzado por el *apóstol* ("misionero"), el *profeta* ("predicador itinerante, exhortador"), y el evangelista ("ganador de

almas en la vida real, agresivamente convincente"). La función del pastor era madurar a las ovejas manteniéndolas pastando en prados verdes y refrescadas por las aguas tranquilas. Debía madurarlas para que produjeran tanta lana como pudieran, no para su beneficio ni para su sustento, sino por el bien del reino, y para que se duplicaran pariendo más ovejas y creando más rebaños. Su tierno ejemplo ante ellos, su familiaridad con ellos, y su cuidado e instrucción para ellos produciría más misioneros, profetas, evangelistas y pastores a perpetuidad. Por eso existen hoy nuestras iglesias. Piénsalo, así como todos venimos de Adán y luego de Noé, cada congregación que ha existido o existirá proviene de las mismas primeras iglesias en Jerusalén y Antioquía. Ellas produjeron fielmente *misioneros* ("apóstoles"), profetas, evangelistas y pastores que son maestros de la Palabra. Las fichas de dominó nunca dejarán de caer.

Ahora que hemos preparado el escenario definiendo y elaborando las definiciones bíblicas, volvamos al enigma que nos ocupa.

Creo que hubo circunstancias particulares a las que Pablo se refirió en Corinto en las que amonestó tan fuertemente a las mujeres a guardar silencio en la asamblea. Creo que en Corinto, había razones culturales obvias, y para estar seguro, la iglesia allí tenía una multitud de pecados y dificultades para superar. Hay una razón por la que Pablo se quedó en Corinto más tiempo que en cualquier otro lugar.

Sin embargo, es significativo notar que nunca vemos a Pablo escribiendo a una pastora o apóstol, o predicadora. Sabemos con certeza bíblica que las mujeres eran evangelistas y maestras, incluso maestras de hombres y predicadoras. ¿No es interesante que los que predican más fuerte en contra de que las mujeres prediquen o enseñen a los hombres se sienten bajo las maestras en los colegios bíblicos? Creo que nunca tendremos una respuesta completa y aceptable a este enigma hasta que maduremos lo suficiente como para preocuparnos más por conocer la verdad que por encajar lo que consideramos la verdad en nuestras cajas culturales. Los que lleguen a ese punto antes que los demás serán etiquetados como herejes liberales durante muchas generaciones.

Hoy en día, el título de *misionero* ha perdido su significado bíblico y es utilizado por cualquier persona que haga ministerio y quiera recibir apoyo. Muchas iglesias apoyan a los misioneros en las prisiones, en el ejército (por alguna razón, solo a los militares estadounidenses), en las ferias del condado, a los camioneros en las paradas de camiones, en los hospitales, en las clínicas de aborto, e incluso a los misioneros en la industria de la confección en Manhattan. También hay *misioneros* en el ámbito jurídico, la construcción, los pilotos de avión, los mecánicos, los trabajadores de orfanatos y los maestros de escuelas cristianas. La lista podría ser interminable. Yo diría que la mayoría de estos ministerios son necesarios y dignos de apoyo, pero no son misioneros a menos que estén involucrados en la plantación de iglesias. Recuerda que Lucas ayudó a Pablo durante años, pero nunca fue llamado apóstol. La enfermera de cirugía ciertamente ayuda al cirujano; él/ella le da los instrumentos que necesita pero no realiza la cirugía. *Ayudar* y *ser ayudado* no es lo mismo.

Hace años, los misioneros vieron la validez de utilizar la influencia y la energía de las mujeres para hacer avanzar el evangelio en nuevas tierras, tal como hizo Pablo en el primer siglo. Sin embargo, sabían que el término *misionero* no podía aplicarse a ellas, aunque ayudaban a realizar esa función, simplemente por la subestimación común de las iglesias remitentes con respecto a las mujeres en el ministerio y porque estaban ayudando en el proceso, no realizándolo. Esto en sí mismo era un enigma. Las mujeres ayudaban y los misioneros necesitaban su ayuda, pero también necesitaban financiarlas y sabían que no podían utilizar el término *misionero*. ¿Qué hicieron?

La China Inland Mission, ahora conocida como la Overseas Missionary Fellowship International (OMF), y otros consideraron esta preocupación por las mujeres en el ministerio. Adaptaron un término no amenazante para describirlas, de modo que fuera posible nombrarlas como maestras y evangelistas y conseguir apoyo para ellas sin crear una controversia. Lo hicieron sabiamente, no argumentando el punto o la necesidad, sino simplemente creando un nuevo título que nadie había utilizado. Las llamaron "mujeres de la Biblia". No pastoreaban iglesias, sino que predicaban (evangelizaban y enseñaban) en hogares y pueblos, en un papel subordinado bajo el pastor y los líderes de la iglesia. Ejercían el ministerio como *mujeres de la Biblia*, que era, en esencia (sin el título), una pastora asistente, una misionera asistente, una predicadora asistente, una evangelista asistente, o una asistente de cualquier cosa que se necesitara. Y lo consiguieron sin herir la sensibilidad de las iglesias de su país. Como resultado, incluso hoy en día, las iglesias más estrictas de entonces y de ahora que nunca permitirían que una mujer predicara, enseñara o incluso orara en un servicio de la iglesia, apoyarán de buen grado a una mujer como misionera, que hará todo eso y más en otro lugar. Y, por cierto, cien años después de que Hudson Taylor inventara el término, todavía lo utilizan las mujeres que ejercen el ministerio en todo el mundo. El término solo empezó a caer en desuso con el auge del movimiento pentecostal, que anima a las mujeres a ser pastoras.

Hoy en día, la mayoría de las mujeres americanas que desean servir utilizan el término misionero, que ha sido ampliamente aceptado. Sin embargo, en realidad, la descripción de su servicio se ajusta más a la de una mujer bíblica, ya que no están plantando iglesias ni pastoreando. Sé que algunos de ustedes dirán: "Pero, Jon, eso no es bíblico; no hay un llamado en la Biblia para una *mujer bíblica*".

Aprecio su punto de vista y alabo su devoción a la Palabra escrita, ya que, sin eso, seguramente nos extraviaremos. Pero permítame recordarle algo, tan gentilmente como pueda: muchas funciones y posiciones en las iglesias de hoy no se mencionan en la Biblia, sin embargo les asignamos un título, una descripción de trabajo, e incluso un salario. Piense en estos títulos y descripciones como ejemplos: pastor principal, pastor ejecutivo, pastor asistente, pastor asociado, pastor de jóvenes, pastor de niños y pastor de ancianos.

Te oigo decir: "Sí, pero todos tienen la palabra pastor".

Es cierto, pero ¿qué pasa con estos: ministro de música o líder de adoración, secretario, director de autobús? Todos estos títulos se usan comúnmente en nuestras iglesias. Luego hay otras funciones ministeriales en la cristiandad fuera de la iglesia, incluyendo director de escuela cristiana, maestro, entrenador, profesor, director de campamento, padres de familia y administrador, para nombrar solo algunos. ¿Por qué entonces el título *de mujer de la Biblia* es inaceptable y todos los demás están bien?

¿Puedo resumirlo así? Hay una gran diferencia entre ser antibíblico (ir en contra de lo que enseña la Escritura) y no bíblico (cuestiones que no se mencionan en la Escritura). Sabemos por nuestra comprensión de las Escrituras que es antibíblico que una mujer sea pastora. Sin embargo, la Biblia nos dice que ellas pueden servir en el ministerio y da ejemplos de su servicio como evangelistas y maestras, incluso como maestras de hombres.

Sin duda, Lidia, la primera conversa europea, ayudó a Pablo a organizar la iglesia de Filipos. Se supone que utilizó su casa como lugar de reunión y posiblemente ayudó a financiar el trabajo de Pablo allí. Por lo que sabemos, fue anfitriona de los apóstoles, dándoles un lugar para vivir. La Escritura no confirma ni niega estas suposiciones, pero es una suposición lógica basada en los ejemplos de otros en la Escritura. Una cosa segura y sin excepción es que todas las iglesias de Pablo eran iglesias domésticas. Como todos, Lidia tenía o vivía en una casa, y fue la primera convertida y una convertida con medios.

ELIMINANDO EL ENIGMA
Sugerencias para los Misioneros:

• Al presentar tu trabajo y en tus cartas, sé específico sobre tu actividad. Explica qué incluirá y qué incluye, en qué iglesia estarás o estás sirviendo, y quién es el pastor al que estarás o estás asistiendo. Una nota ocasional de él explicando tu servicio y su rentabilidad para él y la congregación sería un excelente impulso para tu ministerio.

• Considera tus oportunidades. ¿Está permitido presentar el evangelio a un hombre? Por supuesto que sí. La Escritura lo ordena. ¿Y a dos hombres a la vez? ¿A tres? ¿Qué hay de un grupo de hombres sentados alrededor de una mesa o trabajando en la calle? ¿Cuántos hombres son demasiados para evangelizar a la vez? Es de esperar que no tengas ese número en mente. Recuerda que la Biblia nos dice que Felipe el evangelista tenía dos hijas, y dice que ellas también eran evangelistas. No importa si eres hombre o mujer, no tienes que ser un pastor para servir a Dios efectivamente.

• Por alguna razón en nuestra cultura, la predicación implica una congregación en una iglesia con una plataforma elevada y un púlpito. No dejes que la cultura occidental te impida servir en otras tierras, especialmente si no son países occidentales. A pesar de la influencia de nuestra cultura, predicar es simplemente declarar las verdades de Dios, nada más, nada menos, nada más. Sé sensible a la cultura en la que te encuentras y aprovecha todas las oportunidades que se te den para ser testigo. En la India, que un hombre hable a una mujer casada es inapropiado; por eso, los pastores siempre llevan a sus esposas cuando testifican. Hablarán con sus esposas a su lado, haciéndolo culturalmente aceptable, o harán que sus esposas hablen con las mujeres.

• Hombres, hagan uso de las herramientas que Dios les ha dado. Las mujeres pueden ser una ayuda increíble con consejos e instrucción, sin mencionar su capacidad de organización, su disposición y su deseo de servir al Señor.

Sugerencias para las Iglesias:

• Si esto es un problema para tu iglesia, y sabes de damas a las que les gustaría ayudar pero no pueden debido a la tradición o a la comprensión, trata de explicar y usar el término *mujer bíblica* y ver si sería aceptable.

• Recuerda que el que las damas sean evangelistas es bíblico, así que no les impidas hacer lo que Dios las hizo para hacer y ser.

• Estamos involucrados en una guerra espiritual, pero negamos el servicio activo a más de la mitad de nuestros soldados, basándonos solo en el género. ¿Es esa la intención de Dios? ¿No podemos permitir que las mujeres le sirvan sin tener la posición y el título de pastor? Ellas tienen energía, sabiduría y deseo ilimitados; tienen una fuerte motivación por las almas con una compasión conocida por pocos hombres. Déjenlas servir. Hay más en el ministerio que solo pastorear y predicar.

     ◉   Anima a tus damas y muchachas a participar en la actividad y el servicio de la iglesia. Las Escrituras rebosan de ejemplos de mujeres que poseen valor y sabiduría. Ellas guiaron al pueblo judío (Débora) y salvaron al pueblo judío (Ester), sin mencionar las muchas referencias de ellas atendiendo a las necesidades del propio Jesús y sus discípulos.

     ◉   Dios puso en el corazón de las mujeres el ser siervas comprensivas y benévolas (no esclavas). De niñas, servían a sus padres y hermanos. De jóvenes, sirvieron a su marido obstinado y a sus hijos revoltosos. Como ancianas, sirvieron al cuerpo de Cristo, como Ana sirvió en el Templo de Jerusalén. Dios puso un corazón de servicio devoto en las mujeres, ya sea como madre, médico, maestra o líder. Si les prohibimos servir a Dios, entonces encontrarán a alguien o algo más para servir. No quites las herramientas que Dios ha puesto en su caja de herramientas. Coloca más en ella.

PALABRAS FINALES

Habiendo dicho todo lo que he dicho, permítanme concluir con este valiente resumen: En cuanto al enigma, *"¿Puede una mujer ser misionera?"* Me remitiré a las enseñanzas de su pastor. Mi trabajo como misionera es limpiar el terreno para el pastoreo y hacer nacer a las ovejas; el trabajo del pastor es alimentarlas. Mi propósito no es convencerte, sino hacerte reflexionar. El Espíritu Santo es quien nos guía a toda la verdad. (¡Esto es una cómoda excusa por mi parte, sin duda!)

#9

¿DEBE UN MISIONERO SER ENVIADO POR UNA JUNTA MISIONERA O POR UNA IGLESIA LOCAL?

EXPLICANDO EL ENIGMA

UNA VEZ MÁS, me voy a meter en problemas no importa cómo responda a este enigma. Por lo tanto, trataré de hacerlo completamente desde una perspectiva bíblica usando la observación y el análisis y no mi interpretación y opinión personal. Al comenzar, casi puedo ver a los ejércitos opuestos de diversas opiniones reuniéndose frente a mí en el campo de batalla de mi mente, ansiosos de que suenen las trompetas y comience la batalla. Y para ser honesto, mientras estudiaba esta cuestión, mis propias opiniones fueron moldeadas y cambiadas por lo que descubrí.

Entre los bautistas, en los últimos años, esta cuestión ha pasado de ser una opción u opinión a una convicción. Es una de esas pocas cosas que garantizan al misionero la pérdida de apoyo o la pérdida de oportunidad de obtenerlo, dependiendo del lado en que se encuentre. La cuestión de quién "envía" se ha convertido, para algunos, en una doctrina. Por eso, para algunos se ha convertido en un terreno sagrado que no se atreve a invadir. Pero ya que se me ha preguntado, permítanme compartir mis pensamientos, que estoy seguro de que muchos de ustedes considerarán equivocados. A ustedes les pido que recen por mi ignorancia. Y si eres una de las iglesias que me apoyan y tienes fuertes sentimientos sobre este asunto, te ruego que te saltes esta discusión por completo (para que no pierda tu apoyo).

Por favor, tómate un momento para releer el enigma cuidadosamente.

¿Lo has hecho? Bien, ahora aquí está mi respuesta honesta. No, o mejor aún, tampoco.

Antes de que empieces a hervir el aceite y a desplumar las plumas, dame unos momentos para explicar mi punto de vista desde las Escrituras. Recuerda, también he hecho cambios en mi pensamiento sobre este tema basado en versos que nunca había estudiado cuidadosamente.

EXAMINANDO EL ENIGMA

¿Qué significa el término "iglesia enviadora"? A decir verdad, solo puedo adivinar, ya que técnicamente no aparece en las Escrituras. Sé que algunos no estarán de acuerdo ya que la iglesia envió a Pablo, pero ese verso se refiere al verbo (*enviar*) más que a un adjetivo de una iglesia (*que envía*). Antes de que las venas de su cuello estallen, me explicaré, y verás que no soy un hereje después de todo.

En décadas pasadas, la iglesia de origen de un misionero era lógicamente su iglesia de envío. Los dos términos "hogar" y "envío" eran sinónimos. En ese tiempo, *enviar* significaba que el cuerpo local estaba dando su respaldo al hombre y a su llamado. Como cuerpo, lo estaban enviando voluntariamente fuera, lejos de ellos, para hacer el trabajo de un misionero.

Con el tiempo, y según lo que he observado, con el aumento de los colegios bíblicos basados en las iglesias, los jóvenes (como yo hace cinco décadas) dejaron sus iglesias de origen para ser entrenados en escuelas basadas en otras iglesias locales. Durante sus cuatro años de estudio, esa iglesia se convertía en su iglesia "de origen". Cuando se preparaban para la deputación, prácticamente habían perdido todo contacto con su anterior iglesia de origen, y solo la visitaban una o dos veces al año durante las vacaciones. En muchos casos, como en el mío, la iglesia tenía un nuevo pastor al que nunca había conocido. Los candidatos a misioneros, que no querían abandonar su lealtad al hogar, a la familia y a los amigos, los incluían en su lista de *iglesias de origen* y luego en la de su universidad como *iglesia de envío.*

La capacidad de conseguir apoyo rápidamente depende de los contactos personales del misionero, de ahí la necesidad de asociarse con la iglesia de la universidad y su red de ex alumnos de pastoral, iglesias de apoyo y amigos. La idea que subyace es que la iglesia de origen podría proporcionar cierto apoyo, y el pastor también podría animar a sus amigos pastores a apoyar a este joven misionero que su iglesia ha producido. Por otra parte, la iglesia de envío con sede en la universidad puede exponer al misionero a un suministro interminable de pastores con los que contactar, junto con una carta de recomendación de peso del pastor de la iglesia de origen de la universidad, el jefe del departamento de misiones y el presidente de la universidad. Estas referencias duplicaron o aumentaron sus contactos de apoyo a la recaudación. Francamente, se trata de un gran acuerdo que ha demostrado ser una estrategia eficaz de captación de apoyos.

Por otra parte, las juntas misioneras a veces se consideran a sí mismas como *remitentes,* aunque no les gusta utilizar ese término. Los términos *de iglesia de origen* e *iglesia de envío* se han convertido así, *ipso facto,* en el dominio de las iglesias.

Es lógico preguntarse: *"¿Cómo se distingue la iglesia remitente de las demás iglesias de apoyo?".*

Este enigma presenta una buena pregunta, ya que casi sin excepción, ni la iglesia ni la junta directiva envían al misionero en su camino; solo ayudan a hacerlo porque técnicamente, hacerlo significaría que están pagando la cuenta y proporcionando todas las necesidades del misionero. La iglesia de origen se limita a respaldar al misionero y su intención de ir, pero rara vez lo apoya plenamente. De hecho, es probable que su apoyo sea menor que el de otras iglesias que lo apoyan. La junta nunca da apoyo financiero, solo credibilidad y respaldo. Entonces, ¿por qué la confusión? Después de todo, Pablo declaró enfáticamente que *"no fue enviado por un hombre, sino por Dios"* (Gálatas 1:1).

Lógicamente, uno pensaría que si una iglesia es la iglesia enviadora, eso significaría que lo están enviando literalmente - espiritual, física y financieramente. Sin embargo, el término se ha transformado para significar que apoyan su decisión y llamado y eligen reconocerlo públicamente. Triste y desafortunadamente, rara vez la iglesia de origen o la que envía da más a "su propio misionero" que a los extranjeros que apoya en otras tierras. En realidad, todas las iglesias que apoyan al misionero están haciendo técnicamente el mismo reclamo por sus acciones; por lo tanto, todas son *iglesias enviadoras*.

EXPONIENDO EL ENIGMA

Para hacer esto, primero tenemos que preguntar, *¿Es este un asunto doctrinal, o solo se ha disfrazado como uno?*

Según Gálatas 1:1 y Hechos 13:2, Pablo no fue enviado por una iglesia o por su iglesia de origen; en cambio, según las Escrituras, fue *apartado* o "liberado" por ellas. En otras palabras, un examen del verbo en este pasaje muestra por su propia definición que ellos liberaron a Pablo y Bernabé para hacer lo que el Espíritu Santo había informado colectivamente a los cinco (no a la iglesia en su conjunto) que quería que Pablo y Bernabé hicieran.

El acto de apartarlos no fue filosófico, como lo es hoy en día, ni de una asociación continua con esa iglesia. Más bien, fue un acuerdo, respaldado e informado por el Espíritu Santo, para liberarlos de sus deberes asignados en esa congregación. La Biblia define esos deberes pastorales como la predicación, la enseñanza, la oración y la supervisión de la congregación.

Es importante notar que la "iglesia" no los apartó; según Hechos 13:1, fueron los "profetas y maestros" quienes aparentemente pastorearon (pastorearon) conjuntamente la iglesia. Si no es así, entonces el pastor de la iglesia no estuvo presente durante este evento y no tuvo voz en la decisión. Estos dos oficios de profetas y maestros se refieren a dos de los cinco dones de Dios a las iglesias para su inicio: madurez y reproducción. (Ver el enigma #8 para más detalles.) Los pastores y maestros fueron los últimos dones que Dios dio a las iglesias, y la mayoría estaría de acuerdo en que el maestro no está separado del pastor. El oficio es a menudo debatido hoy como pastormaestro (posición y descripción de trabajo) en lugar de como pastor *y* maestro.

En ese tiempo, las iglesias tenían lo que algunos llaman una "pluralidad de ancianos". Hechos 13:1 enumera a los cinco ancianos de Antioquía de la siguiente manera

1) Bernabé
2) Simeón, también llamado Níger, que algunos especulan que vino de Nigeria
3) Lucio de Cirene (actual Libia)
4) Manaen, que fue criado con Herodes Antipas (Antipas, también llamado el Tetrarca, fue criado en Roma y era amigo de Druso, el hijo de Tiberio)
5) Saulo, ahora conocido como Pablo.

Esta decisión no se produjo en un servicio de la iglesia o en una reunión de negocios, sino cuando estos cinco hombres (y ningún otro que conozcamos) estaban sumidos en un tiempo de oración y ayuno. Entonces el Espíritu Santo les reveló su voluntad, no a la congregación. Podemos especular que más tarde informaron a la congregación de su sumisión a la guía del Espíritu sin pedir su aprobación o consentimiento.

Permítanme ponerlo de esta manera: Pablo y Bernabé formaban parte de un equipo pastoral de cinco hombres que dirigían la iglesia. Mientras buscaban la voluntad de Dios, el Espíritu Santo impresionó a los cinco para que liberaran a Pablo y Bernabé de sus deberes locales para que pudieran ir al extranjero a difundir el evangelio a los judíos y a los gentiles por igual (lea el contexto en el capítulo 12). Obedientemente los separaron (despidieron) sin que conste ninguna consulta o permiso de la congregación. (Al no haber una discusión y votación de la congregación, uno podría sugerir en broma aquí que no era una iglesia bautista).

Aquí hay algunos hechos para reflexionar:

• Los líderes de la iglesia en Antioquía, Siria (ahora el sur de Turquía, cerca de la frontera con Siria) eran de Chipre (Bernabé),

Libia (Lucio), Nigeria (Simeón), Jerusalén/Roma (Manaen) y Tarso (Pablo). Ninguno era de Antioquía, que en aquella época era una importante ciudad cosmopolita en una ruta comercial desde el norte de Persia (Frigia) hasta Roma. La iglesia de Antioquía evangelizaba principalmente a la población judía. Todos estos hombres eran judíos. Curiosamente, al ser de Tarso, Pablo se crió geográfica y culturalmente más cerca de Antioquía que los demás.

⊛ Aunque cuatro de los cinco hombres del personal pastoral eran de otros países, ninguno de ellos fue clasificado como *apóstoles* ("misioneros"). Fueron clasificados como profetas y maestros.

⊛ Por esta comisión del Espíritu Santo en Antioquía, vemos que la Gran Comisión dada por Jesús no era solo para sus discípulos basados en Judea (como algunos enseñan) sino para *todos* sus discípulos basados en todas partes.

⊛ Tanto Pablo como Bernabé ya habían viajado a Jerusalén, una ciudad en una región y territorio diferentes a los de Antioquía. Sin embargo, en ese momento, aún no se habían convertido en apóstoles. Eso no ocurrió hasta que fueron apartados y se aventuraron a salir. No era un título que recibían porque sentían una llamada; era una posición que se ganaban cumpliendo la llamada. En otras palabras, no le dijeron a la gente lo que planeaban hacer una vez que levantaran su apoyo; simplemente salieron y lo hicieron.

La palabra *separar* en el versículo 2 significa "apartar". En el contexto, significa apartar a Bernabé y a Pablo de su comunión local y de sus servicios obligatorios en y para la iglesia de Antioquía, permitiéndoles seguir la guía del Espíritu en zonas no evangelizadas. En ese momento, Pablo y Bernabé llevaban un año en Antioquía, sirviendo a la iglesia, tras regresar de un accidentado viaje a Jerusalén. Me explico.

La muerte de Santiago y el arresto de Pedro ocurrieron poco antes de que Herodes Agripa partiera hacia Cesarea, donde perecería. Y como era la época de la Pascua, Bernabé y Pablo probablemente estaban en Jerusalén cuando Santiago fue martirizado, y Pedro fue encarcelado. Por tanto, es posible, si no probable, que participaran en

ENIGMAS #9 | 153

la reunión de oración en casa de Juan Marcos, suplicando a Dios la liberación de Pedro. Si no estaban en Jerusalén durante estos acontecimientos, llegaron poco después. Pablo y Bernabé estaban sin duda en Jerusalén cuando Herodes Agripa (sobrino y cuñado de Herodes Antipas, y compañero de infancia de Manaen) fue abatido por Dios en Cesarea y murió. De allí partieron con Juan Marcos, el joven primo de Bernabé, y se trasladaron a Antioquía, donde se desarrolla esta historia.

¿Has entendido todo eso? Si es así, aquí hay otro enigma como mínimo y una aparente contradicción como máximo. El verso 3 dice que los líderes de la iglesia "los enviaron" (de aquí sacamos la idea de una *iglesia enviadora*), pero el verso 4 dice claramente que fueron "enviados por el Espíritu Santo". Dado que la Palabra de Dios nunca se contradice, debemos investigar un poco para entender lo que se dice; de lo contrario, en nuestra inocencia e ignorancia, podemos terminar creando una doctrina que Dios no pretendía ni inspiró.

El verbo enviado en el versículo 3 es la palabra griega *apelusan*, que significa "liberar o despedir libre y completamente", como en ser liberado o despedido de una obligación, un contrato o una relación. En resumen, los líderes de la iglesia de Antioquía *liberaron* y *despidieron* a Pablo y Bernabé de sus obligaciones ministeriales actuales, para que pudieran seguir la guía del Espíritu de Dios, que los estaba "enviando o mandando" (*ekpemphthentes*) a Chipre y más allá, para "predicar la Palabra de Dios". Aunque en español se utiliza la misma palabra "enviado" en ambos versículos, en el texto griego se dan dos significados distintos al utilizar dos verbos separados, uno para liberar y otro *para enviar*.

Obsérvese que el Espíritu Santo envió a hombres espiritualmente maduros y con experiencia ministerial, que llevaron con ellos a un joven novato, incapaz en aquel momento de soportar las dificultades de la labor misionera. Juan Marcos no fue "enviado" por el Espíritu Santo; fue reclutado como ayudante por Bernabé y Pablo.

Técnicamente, el acto de enviar a un misionero por parte de una iglesia es el reconocimiento y la sumisión al deseo de Dios de separar físicamente (por un tiempo al menos) al hombre de ese lugar en particular para servirle en otro lugar. Entonces lo liberan oficialmente de sus obligaciones ministeriales locales para hacerlo.

Sin darme cuenta, esto es precisamente lo que me sucedió cuando, como pastor, informé a mi congregación que sentía que Dios me había revelado su voluntad como misionero. Ellos sabían que ese era mi llamado y que les estaba sirviendo temporalmente como su pastor mientras esperaba la guía del Espíritu Santo. Esa guía se hizo evidente para los líderes de nuestra iglesia al mismo tiempo que se me imprimió a mí. Como resultado, al no querer perder a su pastor, la iglesia me pidió que permaneciera como su pastor, con la libertad de estar fuera hasta nueve meses del año haciendo trabajo misionero. Pero comprendiendo que Dios no llama parcialmente, sino que llama plenamente, sometieron su voluntad a Él y me *despidieron* y *liberaron* con lágrimas. Cuando lo hicieron, bajo la dirección de los pastores restantes, esta pequeña iglesia vació su cuenta de fondos de construcción para mantener a mi familia durante tres años. (Acepté los fondos con un descuento, pero nunca utilicé un céntimo para mi familia. Todo se destinó al ministerio. Al igual que Pablo, nunca fui a una diputación, sino que dediqué todo mi tiempo a su servicio).

En lo que respecta a ser llamado y enviado, también hay que señalar que Pablo enfatizó en Gálatas que él era un apóstol (de donde obtenemos la palabra *misionero*), no *de los hombres*, ni *por los hombres*, sino por Jesucristo y Dios Padre. En Romanos, I Corintios, II Corintios, Efesios, Filipenses y Colosenses, enfatiza que su llamado, envío y servicio no eran de los hombres, sino *por* y *para* Dios. Así que, en esencia, bíblicamente, la iglesia *despide* al siervo de su ministerio local y obligado para que pueda ser *enviado* por el Espíritu Santo a seguir su viento, dondequiera que sople.

Por lo tanto, ya sea que seas la iglesia de origen, la iglesia que envía, o la iglesia de origen y la que envía, ten cuidado de no pasar tanto tiempo en el "home plate" de la terminología que no dejes a tu misionero libre para hacer un grand slam para el equipo del Señor.

ELIMINANDO EL ENIGMA
Sugerencias para los Misioneros:

  ● Debes saber por quién ha sido enviado y luego debes ser liberado para hacer lo que Dios te ha llamado a hacer e ir a donde Él te guíe. El financiamiento nunca debe ser una barrera para su envío.

  ● Si no tienes obligaciones ministeriales válidas para que la iglesia te libere, considera que es más apropiado bíblicamente que vayas como recluta mientras te esfuerzas por ser un misionero. No hay vergüenza en ello.

  ● Ten en cuenta que entre tus viajes, Pablo pasó mucho tiempo en su iglesia de origen, sirviendo. No tienes que estar en el campo sin parar.

  ● Considera que no tenemos un solo ejemplo en las Escrituras de que Dios haya llamado a un misionero a un solo lugar y lo haya dejado allí. Su llamado es a "ir" e ir y ir, dejando atrás a los convertidos que ha ganado y discipulado y a las congregaciones que ha plantado y entrenado para continuar el mismo patrón de multiplicación. Quedarse en un solo lugar no es malo, pero no es un requisito.

  ● Imprime profundamente en tu conciencia que si eres enviado a ser un misionero, eres enviado a ser un plantador de iglesias y discipulador. Esto fue lo que hicieron Pablo y Bernabé juntos y después de su separación. Los otros tres hombres en el liderazgo de Antioquía eran extranjeros en Antioquía pero no eran plantadores de iglesias. Por lo que sabemos, permanecieron en sus puestos en una ciudad extranjera (Antioquía) porque esa es la naturaleza de los pastores. Ellos pastorean las ovejas, y no se puede hacer eso lejos del rebaño. Su ejemplo demuestra que se puede ser legítimamente un pastor extranjero sin ser un misionero. Un misionero no se ve afectado por su ubicación; se ve afectado por la descripción de su trabajo: un pastor transitorio, plantador de iglesias y discipulador.

Sugerencias para las Iglesias:

  ● No hay pecado en decir que eres una iglesia enviadora de misioneros. Puede que el término no se encuentre en un ejemplo bíblico, pero ciertamente no es anti o antibíblico. Es una semántica que, para la mayoría, no importa; sin embargo, para aquellos que, como yo, les gusta investigar, buscar respuestas y comúnmente preguntar "por qué", es interesante y significativo que en la Escritura haya una diferencia entre una *iglesia enviadora* y un *Espíritu de Dios enviador*. Es aconsejable entender el principio bíblico detrás del "envío" como *despedir* y *liberar* en lugar de enviar como la autoridad que aprueba y llama.

         •   Cuando se libera a un misionero, se libera la autoridad sobre él. Algunos dirán que eso no es cierto. Yo digo que demuestre que estoy equivocado con las Escrituras en blanco y negro-no con opiniones, "principios", o lo que dice fulano de tal. Si su madurez espiritual es tal que todavía necesita recibir órdenes de su personal pastoral en casa, entonces es demasiado inmaduro para ser un misionero. A veces he visto pastores en Estados Unidos que tratan de controlar e influir en el trabajo del misionero. Si haces eso, entonces estás pisando los pies del Espíritu Santo. Tu trabajo es liberarlo de las obligaciones locales en tu iglesia, orar por él, y si lo deseas, apoyarlo en sus esfuerzos por Cristo, pero no debes intentar controlarlo, refrenarlo o ser su amo.

         •   Debemos tener en cuenta la diferencia entre *consejo* y *control*. He aconsejado a misioneros que tienen que consultar con su pastor enviador para cambiar las horas de sus servicios, permitirme visitarlos, o comenzar un nuevo ministerio en su iglesia como un ministerio de autobuses. ¿Cómo podría un pastor que vive a miles de kilómetros de distancia en una cultura diferente, que nunca ha salido de su propia tierra, tener alguna discreción legítima para decirte qué hacer en tu ministerio, con tu gente, en su tierra y cultura? Es absurdo y soberbio. Una cosa es la sabiduría para aconsejar y otra la dominación para controlar.

         •   Tenemos que entender y enseñar que los misioneros no están subordinados a los pastores. Son un llamado distinto y un don distinto de Dios a la iglesia; de hecho, son su don principal. Sin el misionero, no hay iglesia y no hay necesidad de un pastor. El pastor de la iglesia de origen no llamará al misionero para pedirle permiso para dirigir su iglesia, por lo que el misionero no debería tener ninguna obligación de buscar la aprobación de su antiguo pastor de origen.

Como dije al principio, si después de leer esto sigues sin estar de acuerdo conmigo, entonces con mucho gusto (por el bien de tu apoyo) renegaré de todo lo que he escrito hasta que cambies de opinión. Entonces volveré a mis costumbres heréticas. (Es una broma.) En serio, sin embargo, espero que ninguna iglesia amenace el apoyo de un misionero porque no esté de acuerdo con ellos en enseñanzas o cuestiones no esenciales. Nunca encontrarás un hombre que esté de acuerdo contigo al 100%. Y si lo encuentras, comprueba la semana que viene si él o tú no han cambiado ligeramente de opinión.

Cuando pasé de la mera lectura al estudio contextualizado de la Biblia en profundidad y a la meditación sobre la misma, descubrí que muchas de mis antiguas opiniones cambiaron. En cambio, otras se afianzaron más en mi corazón y en mi mente. Este enigma del debate sobre ser enviado por una iglesia o una junta sirve de ejemplo.

#10
¿A QUÉ EDAD DEBES DEJAR DE APOYAR A UN MISIONERO? ¿A QUÉ EDAD SE DEBE COMENZAR A APOYAR A UN MISIONERO? ¿DEBES APOYAR A UN SOLO MISIONERO?

EXPLICANDO EL ENIGMA

ESTE ENIGMA es una cuestión de apoyo en relación con la edad y el estado civil. La mayoría de las personas no consideran estos factores cuando ofrecen apoyo a un misionero-los que lo hacen generalmente deciden a partir de una opinión personal en lugar de una base bíblica.

Si una persona está discapacitada mental o físicamente de manera que ya no puede funcionar como misionero, tal vez eso debería ser considerado, pero descalificar a un hombre porque es demasiado viejo, demasiado joven o soltero es una decisión imprudente. El ex presidente Donald Trump ilustró claramente que la edad no tiene nada que ver con la energía. Parecía funcionar mejor a sus 70 años que yo a mis 30. Si la edad ha de ser un factor de decisión, debe aplicarse individualmente y no de forma generalizada.

Voy a decir esto. Los que me apoyan personalmente obtienen "más beneficios por su dinero" ahora que hace treinta años. Mi nivel de logros y mi esfera de influencia han aumentado drásticamente debido a mi longevidad. La mayoría de nosotros disminuimos el ritmo cuando envejecemos porque nuestra cultura nos ha condicionado a ello. Otros lo hacen por aflicción. Pero algunos de nosotros tenemos la actitud que bien expresó el pastor Jack Hyles, quien era conocido por decir: "Prefiero quemarme a oxidarme".

La edad conduce el coche por la autopista del tiempo y, por problemas mecánicos o por quedarse sin gasolina, algunos nos vemos obligados a parar antes que otros. Pero mientras la edad conduce, la experiencia y la sabiduría van en el asiento trasero, advirtiendo de los baches y de los próximos desvíos. Nunca descartes a un misionero por ser demasiado viejo, demasiado joven o soltero si sigue cumpliendo con lo que fue enviado a hacer.

EXAMINANDO EL ENIGMA

Algunos antecedentes relevantes:

Comencé oficialmente mi vida en las misiones a la edad de treinta años. Nunca hice una diputación y a menudo rechacé el apoyo que se me ofrecía, pidiendo a la iglesia que lo diera a uno de nuestros plantadores de iglesias nacionales en su lugar. Mi decisión no me hace justo; de hecho, solo reveló que era ignorante.

Con el tiempo me di cuenta de dos cosas que ahora parecen tan constantes como la gravedad. En primer lugar, cuantas más iglesias me daban "a mí", más fondos tenía para hacer el trabajo del ministerio. En segundo lugar, cada vez que rechazaba la ayuda ofrecida, la iglesia rara vez se la daba a uno de nuestros hombres según mi petición. El resultado fue que mi familia sufrió innecesariamente durante muchos años. Después de todo, como la mayoría de los misioneros financian sus ministerios con su apoyo "personal", yo podría haber hecho lo mismo. Aunque todavía no busco activamente el apoyo personal, tampoco lo rechazo cuando me lo ofrecen (pista, pista).

Desde 1992, he obtenido el apoyo ministerial de aproximadamente el 98% de todas las iglesias en las que he hablado (de la iglesia o de una familia de la iglesia), mientras que mi "apoyo personal" apenas equivale al de un misionero novato en su segundo año de diputación. Pero no te alarmes, como Pablo, he aprendido tanto a "abundar como a rebajar". No tengo necesidades no cubiertas, lo que permite que cualquier nuevo apoyo designado para mí se destine al 100% al ministerio. Por la gracia de Dios, Nolin y yo vivimos con una abundancia perpetua (por ahora).

Cuando me convertí en misionero a la edad de treinta años, muchas iglesias consideraron que era "demasiado joven" para apoyarme. En aquella época, más de la mitad de los misioneros tenían más de cincuenta años y se esperaba que se jubilaran en una década. El "rostro" típico de un misionero tenía entre 45 y 50 años. Yo era un joven con cara de niño que pregonaba un concepto de misiones no probado (y supuestamente nuevo). (También tenía barba, y a mediados de la década de 1980 a la de 1990, muchos todavía consideraban que eso era un pecado).

Cualquier misionero te dirá lo difícil que es ir a una iglesia como un extraño y ganar su apoyo. Por lo general, si dan su apoyo, es por una de varias razones:

- El pastor conoce a tu pastor.
- El pastor ha sido alentado por un pastor-amigo en un acuerdo quid-pro-quo.
- Al pastor le gusta tu junta misionera.
- La iglesia tiene fondos disponibles, pero tú has hecho una excelente presentación y tienes una familia encantadora.

Por otro lado, al estar verde y ser ignorante, fui a las iglesias como un extraño, sin ninguna referencia (excepto una carta de Curtis Hutson). Les pedí que no me apoyaran a mí, sino a un extraño en otra tierra al que nunca conocerán. Mi plan de negocios era ridículo. Si hubiera pensado en ello, nunca habría empezado Final Frontiers. Pero Dios usó mi ignorancia para sus propósitos. Hoy en día, muchos de los nuevos candidatos a misioneros tienen alrededor de veinte años; por lo tanto, la "cara" del misionero "típico" es ahora mucho más joven de lo que solía ser. Es más fácil para los jóvenes hoy en día porque algunas iglesias prefieren la juventud y el celo sobre la experiencia y los logros.

En esa época, también empecé a ver a muchos misioneros de sesenta años que se retiraban y volvían a casa. Como pastor, a menudo me preguntaba por qué estos misioneros se retiraban de un ministerio de toda la vida, así que empecé a investigar el fenómeno. Me enteré de que los misioneros se retiraban, en su mayoría, no porque quisieran sino porque su junta misionera lo exigía. Por ejemplo, hasta la década de 1990, muchas juntas misioneras tenían una política obligatoria que exigía la jubilación a los sesenta y cinco años. Cuando el misionero llegaba a esa edad, esperando que obedeciera su política de jubilación, la junta enviaba avisos a las iglesias que lo apoyaban diciéndoles que el "misionero Smith" ya no formaba parte de su ministerio. La junta no ofrecería ninguna explicación o estímulo para continuar con su apoyo, solo el anuncio de su abandono de la afiliación con él. Por supuesto, esto arrojaría una sombra negativa sobre el misionero en las mentes de sus iglesias de apoyo, preguntándose por qué una junta rompería la comunión con un misionero. Y puedo decir por dolorosa experiencia que cuando circulan malas noticias, pocos pastores llaman para preguntar por qué o qué, asumen que "donde hay humo, hay fuego".

Como pastor, esa política me pareció ingrata, considerando todo lo que el misionero había logrado, rencorosa porque no se sometía a que lo llamaran a casa (cuando Dios lo llamaba allí), y malvada, que intencionalmente perjudicaran a un siervo y a una obra de Dios. El misionero Smith no había hecho nada malo. Ahora puede hablar el idioma mejor que nunca, conoce mejor a la gente y la cultura, tiene más contactos, puede formar a más predicadores o empezar una nueva obra, su casa está libre de hipotecas y su vida, durante los últimos treinta o cuarenta años, ha estado allí, no en los Estados Unidos. De hecho, en su mente, es estadounidense por nacimiento, pero forma parte del pueblo de ese país por elección. No hay ninguna razón lógica para que renuncie; al contrario, su ministerio es ahora más vital que nunca. Lo único que hizo mal fue vivir hasta los sesenta y cinco años. La última vela de su tarta de cumpleaños le envió a casa. ¿Y si decidiera quedarse y continuar donde Dios lo puso? No hay problema, salvo que la carta que envió su junta directiva suele hacer que pierda entre el 30 y el 50 por ciento de sus apoyos de la noche a la mañana. ¡Feliz Cumpleaños!

La buena noticia es que la mayoría de las juntas han reconocido que ahora vivimos más tiempo. Cuando la jubilación obligatoria pasó de 65 a 70 años en gran parte del mundo empresarial, las juntas directivas de las misiones también hicieron el cambio. ¿Por qué seguir a Dios cuando se puede seguir al hombre?

Para ser sinceros, si el misionero previera lo inevitable y se pusiera en contacto con todas las iglesias que le apoyan con antelación, probablemente salvaría su apoyo. Sin embargo, para las iglesias que lo abandonaron al enterarse de que planea quedarse, la probabilidad de recuperar su apoyo es extremadamente escasa porque los fondos ya han sido asignados a otro misionero, o al fondo de construcción.

EXPONIENDO EL ENIGMA
¿Cuándo se es demasiado joven?

No creo que la juventud deba ser un factor. Si estás de acuerdo en que un misionero no es un estadounidense que pastorea en otro país, sino un plantador de iglesias que inicia nuevas iglesias, entrena a hombres para que las pastoreen, y luego pasa a iniciar otra, el apoyo no debería tener nada que ver con su edad y todo que ver con su *actividad*.

En aras del argumento, respondo al enigma asumiendo que nos referimos a un misionero bíblico (un plantador de iglesias continuo) y no a un misionero "tradicional" (que pastorea en un país extranjero).

Todos estamos de acuerdo en que Timoteo era un hombre joven, al igual que Juan Marcos, y sin embargo Pablo estaba ansioso por tener a ambos en su equipo. Por supuesto, Juan Marcos fue despedido durante un tiempo, pero más tarde lo encontramos sirviendo junto a los compañeros de Pablo en las epístolas, y Pablo se refirió a él como un "compañero" en el ministerio. Tal vez, como joven, no pudo manejar los desafíos culturales o el estilo de liderazgo de Pablo, pero eso no se debe necesariamente a la edad. He visto a muchos hombres de poco más de veinte años que han demostrado su vocación plantando iglesias con éxito. Al mismo tiempo, también he visto a adolescentes que fueron vitales en un equipo de plantación de iglesias. Franklin Rivera, de quince años, hijo de un plantador de iglesias hondureño, es uno de esos jóvenes.

Cuando tenía quince años, asistí a la Iglesia Bautista Forest Hills en Decatur, Georgia. Curtis Hutson era el pastor, y en ese momento, todavía era "Pastor" y aún no "Dr." Hutson. Me impresionó la mano de Dios en él, y por mi emocionante recomendación, el domingo siguiente, mi familia asistió. El jueves siguiente, el pastor Hutson nos visitó en nuestra casa, y ese domingo nos unimos a la iglesia.

Inmediatamente después del servicio, el pastor del autobús, Johnny Stancil, se acercó a mí y me preguntó si quería trabajar en el ministerio del autobús. Mi respuesta inmediata fue "sí", aunque tuvo que explicarme qué era eso, ya que nunca había oído hablar de ello. Como vivía cerca de un capitán de autobús en particular y necesitaba que me llevaran a visitarlo cada semana, me asignó a trabajar en una nueva ruta de autobús que cubría las zonas de Grant Park y Cabbagetown en el centro de Atlanta.

El capitán de la ruta #5 era un hombre bajo, sonriente y calvo llamado Tommy Tillman. Dios lo usaría para cambiar mi vida. Él me enseñó el ministerio del autobús y la predicación en la calle. El hermano Tommy me enseñó a visitar todo el día y hasta la noche. Incluso llamábamos a las puertas a medianoche, despertando a la gente para invitarla a montar en nuestro autobús, ocho horas más tarde. Durante los meses de verano, él me recogía de camino al trabajo, y yo pasaba el día visitando y ganando almas en nuestra ruta de autobús. Después del trabajo, me buscaba y me llevaba a casa. Los días que no podía, mi hermano Ben ocupaba su lugar. Visitaba la zona todos los días, todo el día, a menudo con Ben a mi lado. Era mi ministerio, mi servicio para mi Señor, y se había convertido en el suyo también.

Si conocen a Johnny Stancil, pregúntenle cuál era mi apodo en la comunidad de molinos de Atlanta, y les dirá que era "Cabbagetown King". Algunos incluso lo escribieron en las paredes como grafiti.

Todavía me llama así, más de cincuenta años después. (La ruta tuvo tanto éxito que, según me dijeron, en pocos años se multiplicó en quince rutas).

Un día de verano, Tommy me dijo que había oído hablar de pueblos en México que formaban parte de la antigua nación azteca. Quería trasladarse allí para llegar a ellos y me preguntó si quería acompañarle como su "Timoteo".

Mi respuesta inmediata fue: "Absolutamente".

Hicimos planes para discutirlo con mis padres más tarde esa noche. (Era, creo, 1971, y yo tenía 15 años y estaba entre el décimo y el undécimo grado en ese momento). Cuando llegó a mi casa, entró a hablar con mi madre y mi padre. Ambos sabían que mi vocación eran las misiones, y estaban acostumbrados a que mis amigos y yo volviéramos a casa a las dos de la madrugada después de ganar almas en el centro de Atlanta entre alcohólicos, prostitutas y hippies. Los domingos, nuestra cena familiar era siempre alrededor de las 3:00 porque mi padre no dejaba que la familia comiera hasta que yo llegara a casa de la ruta del autobús.

Después de escuchar el plan de Tommy sin ninguna duda, mi padre dijo: "Sí, Jonny puede ir".

Yo hablé y pregunté: "¿Y la escuela?", a lo que mis padres respondieron: "Puedes ir a la escuela en México". A partir de ese momento, me fui a México, pero por alguna razón, los planes de Tommy cambiaron, y no se fue hasta dentro de unos años. Al principio, se trasladó a Leeds, Alabama, y fundó una nueva iglesia mientras yo estaba en la universidad. Luego volvió a dirigirse a esos mismos indios que vivían en Belice. Desde allí, evangelizó en los barcos del puerto de Nueva Orleans. Mientras hacía eso, unos hombres que servían en un barco le hablaron de los leprosos en Corea del Sur, así que se fue a evangelizarlos. Allí se enteró de la existencia de los leprosos en Tailandia y se trasladó a ese país, donde volví a encontrarme con él en 1986. Desde entonces, ha seguido trabajando y expandiendo el evangelio en Mongolia, ayudando a su hijo Mitch, un misionero. (Mitch y su hermana Paula fueron a la escuela secundaria conmigo, pero en diferentes grados).

¿Ya estás aburrido? Lo que quiero decir es que nunca se es demasiado joven para aprender misiones *ayudando* a un misionero de verdad. Sin embargo, es lógico que a una edad tan temprana, al igual que los mormones, la familia apoye a su joven hijo en el campo misionero, tal como lo harían si aún estuviera en casa. Mientras esté allí, podrá seguir haciendo sus tareas escolares e incluso obtener un título universitario en línea. Luego, si necesita apoyo, puede comenzar la diputación, no como un novato sin experiencia, sino como un joven misionero veterano con años de experiencia y logros significativos para verificar su valor y el valor del apoyo.

Durante todo este tiempo, el joven aprendiz ya ha aprendido el idioma, las costumbres y la cultura, y ha trabajado necesariamente con un equipo, aunque solo sea con otro hombre, y no se ha tambaleado por estar solo.

Una vez más, a *los misioneros tradicionales*, aunque solo sea por el ejemplo, se les enseña a trabajar en equipo, pero solos. Después de todo, uno no quiere que otro le diga lo que tiene que hacer. Los *misioneros bíblicos* siempre trabajan en equipo. Simplemente sigue la vida y el patrón de Pablo, y ese principio será evidente.

Mi opinión es que si un hombre va a servir como un misionero tradicional, es decir, un pastor en suelo extranjero, entonces necesita primero tener algunos años de experiencia pastoral en su propia cultura. Debe ser competente para enseñar y aconsejar a partir de las Escrituras sobre temas, como la crianza de los hijos, los dilemas de los adolescentes, las relaciones entre marido y mujer, las finanzas, etc., que requieren una experiencia y una madurez que aún no ha adquirido. Si aún no lo ha hecho en su propio país, cultura e idioma, ¿por qué esperamos que tenga éxito en otro? Sin embargo, si va como misionero bíblico, solo necesita realizar las habilidades que Dios le ha dado en conjunto con las habilidades y experiencias de los demás en el equipo. Es un plantador de iglesias, no un pastor; por lo tanto, la edad es irrelevante.

¿Cuándo se es demasiado viejo?

Mientras un hombre se sienta llamado y pueda realizar los requerimientos de la tarea, no es demasiado viejo. Tengo 65 años de edad. Hoy no puedo hacer lo que hacía a los 35 años. No puedo subir montañas; la diabetes no me deja pasar días sin comer, la artritis me grita si tengo que pasar una noche en un suelo duro o sentarme demasiado tiempo en un coche. Mi oído está fallando y mi memoria se ha vuelto desmemoriada. ¿Soy demasiado viejo para ser plantador de iglesias (misionero)? ¡Ni mucho menos!

Durante mi viaje de verano de 2018 a Honduras, ayudé a iniciar una nueva iglesia sin intención de hacerlo. Me detuve a lo largo de un camino de tierra que tenía una docena de casas que podía ver y comencé a hablar con algunas personas. Poco acostumbrados a eso, salieron a ver quién era yo y qué quería. No les "prediqué"; me limité a conversar con ellos, como hizo Pablo en sus primeros contactos, volviendo siempre al mensaje de la cruz. Ese día llevé a varios de ellos a Cristo, así que me ofrecí a volver a enseñarles y pregunté dónde podríamos hacerlo fuera del calor abrasador del sol.

Cinco familias ofrecieron su casa para nuestras reuniones. Cuando regresé, llevé conmigo a varios pastores hondureños y, con el tiempo, uno de ellos decidió dirigir servicios regulares para la creciente congregación. En dos años, esa iglesia había fundado otra en un pueblo cercano y estaba evangelizando otra comunidad para crear una tercera iglesia. ¿Podría haberlo hecho sin ayuda? Absolutamente, si viviera allí y tuviera tiempo, pero la tarea de un misionero es siempre formar, siempre motivar, siempre seguir adelante y siempre animar a los demás con su ejemplo, y dando un paso atrás para dejarles hacer lo que él ha estado haciendo durante décadas.

Cuando Pablo entraba en un pueblo, no era para hacer el trabajo; era para hacer su trabajo, plantar una iglesia, nombrar un pastor, y luego pasar al siguiente pueblo. ¿Pero qué pasa con los nuevos conversos? ¿No necesitan ser discipulados y cimentados? Así es, y alimentar a las ovejas mientras el misionero se mueve para producir nuevas ovejas es para lo que está el pastor. Es un esfuerzo de equipo que funciona bien y, cuando se hace correctamente, pondrá el mundo patas arriba.

A menudo enseñamos que el trabajo del misionero es reemplazarse a sí mismo. Eso es cierto, pero la motivación no es la jubilación, sino la multiplicación, la realización y el cumplimiento de la Gran Comisión.

Uno de mis amigos fue Randall Stirewalt, quien falleció en 2019. Hemos trabajado con este misionero en Kenia durante décadas. En su carta mensual de mayo de 2018, Randall y su esposa Phyllis mencionaron que ahora tenían casi 70 años. También escribió que en mayo habían iniciado dos nuevas iglesias. Randy pudo hacer esto porque entendió que la plantación de iglesias es un esfuerzo de equipo; es más como el voleibol que el tenis. Forma a los jóvenes para el ministerio, y luego los prepara para lanzar la pelota eligiendo una aldea, llevándolos con él a evangelizarla, arreando a las nuevas ovejas y nombrando a un pastor de entre sus tímulos. Luego pasa a repetir el proceso con el resto de sus hombres entrenados y los nuevos timothies que haya atraído.

No se puede hacer lo que Randy estaba haciendo si no se entrena a los hombres de forma activa y consistente, se dirigen a las aldeas, se evangeliza y... se sigue adelante. Ese es el verdadero trabajo misionero. Claro, también puedes pastorear una iglesia por un tiempo, pero no eres un misionero si eso es *todo* lo que estás haciendo; solo eres un pastor en un campo extranjero. Tener una iglesia enviadora no te hace un misionero. La aprobación de una junta directiva no te hace un misionero, tener un apoyo de $7,000 al mes no te hace un misionero, y tener una tarjeta de oración y una dirección en el extranjero no te hace un misionero. Entonces, ¿qué lo hace? Tus acciones son las que te convierten en misionero. Si su ministerio se limita a una iglesia o a una docena de iglesias, de modo que ya no está haciendo el trabajo de plantar iglesias y discipular, entonces no es un misionero, independientemente de su juventud o edad. Si te ves como un pato, te mueves como un pato y graznas como un pato, no eres un misionero.

Moisés no era un misionero, aunque Dios lo envió a ir a un pueblo para llevarlo a Él. Ya tenía 80 años cuando Dios lo llamó. Solo por eso, hoy no sería aceptado por una junta misionera. Pero fue el anciano Moisés quien conoció al Dios que podía separar los mares, dejar caer maná del cielo, hacer brotar agua de la roca y hablar con un hombre en el Sinaí. Por supuesto, el joven Josué tomó el relevo con el tiempo, pero él mismo tenía al menos 60 años cuando eso ocurrió y posiblemente cerca de los 70.

A decir verdad, la ventaja de la juventud es la propia juventud: la energía, el celo y la determinación. Pero esa misma juventud es también el detrimento: la falta de experiencia, las responsabilidades en el hogar, las tentaciones, el orgullo, el afán de conseguir logros a cualquier precio y la voluntad de recortar gastos. En las Escrituras, estos atributos juveniles son la razón por la que siempre se ve al joven, a pesar de su capacidad, sometido al liderazgo del hombre mayor, experimentado y exitoso. A menudo, los jóvenes no están dispuestos a hacerlo porque no conocen personalmente a ese hombre, o son cautivos de su ego y de su deseo de fama. Y todos sabemos lo que viene después del orgullo.

Nuestro problema continuo y generalizado, la incomprensión de lo que son las misiones bíblicas, nos ha llevado a muchos problemas. Los pastores enseñan mucho este modelo bíblico, y los colegios bíblicos enfatizan lo que un misionero debe ser y hacer. Hasta que no lo hagan, seguiremos enviando hombres bien intencionados pero no calificados que se conforman con pastorear los rebaños existentes en lugar de iniciar nuevos rebaños y formar nuevos pastores.

¿Qué pasa con el apoyo a los misioneros solteros?

Algunos insisten en que Pablo nunca estuvo casado. Otros dicen que Pablo había estado casado porque era un requisito que solo los hombres casados podían formar parte del Sanedrín. Si es así, ¿qué pasó entonces? ¿Murió? ¿Lo dejó ella por su nueva fe? ¿La abandonó él para dedicarse al ministerio?

No tenemos las respuestas a esas preguntas, así que lógicamente suponemos que, o bien nunca estuvo casado, o bien su mujer dejó de formar parte de su vida debido a la muerte o al abandono de ella tras su conversión. Francamente, creo que debemos suponer simplemente que su esposa había fallecido, al no tener pruebas de lo contrario. No hay ninguna razón lógica, histórica, tradicional o cultural para sospechar que nunca se casó. Desafía la lógica.

El requisito para apoyar a un misionero no debería ser la edad, la salud, la financiación o una presentación agradable. El requisito debería ser una vocación verificada por la experiencia. Y si piensas apoyar al hombre, hazlo hasta que deje de hacer lo que le estás apoyando. Con suerte, eso será toda su vida.

De la parte superior de mi cabeza, que se ha convertido en estéril en las últimas décadas, no puedo pensar en un solo apóstol o un compañero ministro de Pablo cuya esposa se refiere, aparte de la esposa de Aquila, Priscila. Sí, Pedro debió tener una esposa, ya que tenía una suegra, pero ¿cómo se llamaba?

Esta observación no desacredita a las mujeres ni rebaja su lugar en el ministerio. Las Escrituras están llenas de nombres de mujeres que lograron grandes cosas para Dios; es solo que la Biblia no menciona a las esposas de estos hombres. ¿Por qué no? Posiblemente porque hacerlo no era relevante para lo que se estaba enseñando. En nuestros días, es culturalmente típico y esperado que un predicador se refiera a su esposa. Pero esa no era la cultura de la época. Si examinas la cultura romana de ese tiempo, aprenderás que, salvo algunas excepciones, las mujeres eran relegadas a un estatus inferior. En muchos lugares, ni siquiera se les permitía salir solas de casa sin ser consideradas inmorales. En mi caso, disfruto teniendo a mi mujer conmigo cuando viajo a otras tierras. Me encanta ver la expresión de su cara cuando conoce nuevas comidas, vestidos y culturas. Sin embargo, debido al peligro, no la llevo a algunos países.

Estoy de acuerdo en que un hombre soltero tendrá que soportar tentaciones que un hombre casado puede resistir, pero eso no significa que se asuma automáticamente el fracaso por el estado civil. Puede soportar las tentaciones, la soledad, etc., porque tiene el afán de trabajar más tiempo y más duro. Además, está el hecho de que, a diferencia de nosotros hoy, los misioneros no trabajaban solos; trabajaban en grupos o equipos de hombres e incluso de mujeres. Lea en las cartas de Pablo cómo saluda a las damas que lo ayudaron, trabajaron con él y ahora asisten en esas iglesias domésticas locales. La

Biblia contiene múltiples ejemplos. Al misionero soltero no le faltaba compañía, y tenía pocas oportunidades para la interferencia de la tentación, siendo Demas la excepción.

Además de esto, en I Corintios 7:7, en el contexto, Pablo animó a los hombres a permanecer solteros para que pudieran dar más tiempo a la obra del ministerio, en lugar de tener que compartir el tiempo con la familia. Algunos dicen que no debemos apoyar a un misionero soltero; Pablo dijo que deseaba que todos los misioneros fueran solteros. Entonces, ya que Dios no ordenó ninguna de las dos cosas, ¿qué opinión debemos valorar más: la tuya o la de Pablo?

Ya que estoy conduciendo este carro, tengo derecho a dar otra opinión basada en mis décadas de observación. He conocido a muchos hombres solteros que sirvieron a Dios con gran celo y gran eficacia. Considero que un puñado de hombres -tanto casados como solteros- de nuestra generación son estrellas de las misiones. Sin embargo, para mí, hay un hombre que destaca por encima de todos los demás. Estoy muy orgulloso de él y, al mismo tiempo, muy celoso de todo lo que ha logrado. Cuando nos presentemos ante el Señor, espero recibir unas cuantas coronas para ponerlas a sus pies, quizá incluso una pequeña cesta llena. Sin embargo, en la celebración, espero un retraso mientras los ángeles descargan camiones de coronas para el honor de este hombre. Es bueno que devolvamos nuestras coronas a nuestro Señor después de recibirlas; de lo contrario, la mansión de este hombre se llenará de las suyas desde el suelo hasta el techo.

Me encantaría tomarme el tiempo para contaros por qué me siento así y presentaros a él, pero su trabajo es tan secreto que exponerlo le perjudicaría a él y a él. Sé que algunos de ustedes ya han concluido de quién hablo. Si no lo han hecho, pónganse en contacto conmigo personalmente, y compartiré con ustedes tanto su ministerio como su nombre. Y entonces, a menos que estén locos de remate, querrán apoyarlo también.

De hecho, si alguna vez ha habido otro Pablo, es él. Nos sentimos honrados de servir a este único misionero (por elección) mientras sirve a nuestro Señor.

ELIMINANDO EL ENIGMA

Sugerencias para los Misioneros:

• Has conseguido apoyo convenciendo a las iglesias de tu vocación. Ahora consérvelo demostrándoles que lo merece. Las iglesias a menudo tienen que dejar de apoyar a algunos de sus misioneros. Cuando esto ocurre, buscan razones para dejarte y no dejarte. Final Frontiers a menudo mantiene el apoyo cuando una iglesia ha dejado de apoyar a la mayoría o a todos los demás. ¿Por qué? Porque creen en lo que hacemos y porque demostramos que seguimos haciéndolo. A veces hemos pasado de ser uno de los ministerios que apoya una iglesia a ser el único. A medida que sus miembros se iban alejando, no tenían más remedio que dejar de lado a un misionero tras otro, pero debido a lo que hacemos, a cómo lo hacemos y al hecho de que no lo escondemos bajo un celemín, decidieron mantenernos apoyados mientras dejaban de lado a todos los demás. En varios casos, cuando su iglesia se disolvió o vendieron su propiedad, dieron los ingresos a nuestro ministerio, sabiendo lo que lograríamos con él. Hazte una reputación que atraiga a las iglesias a querer apoyarte y a seguir apoyándote.

• ¿Cómo se crea esa confianza? No bombardees a las iglesias que te apoyan con publicaciones diarias en Facebook de tu familia de vacaciones o con fotos del plato de comida que has comido ese día. Tampoco se entregue a debates políticos en línea. Evita los juicios de valor como los posts que dicen "si amas a Jesús, reenviarás este mensaje a otras diez personas". Haz publicaciones periódicas o correos electrónicos con contenido que acompañen a una fotografía o un video (un video corto, bien hecho y filmado sin parálisis ni cola de pescado). Solemos hacerlo una vez a la semana. Intenta que el contenido se pueda leer en una sesión de dos o tres minutos y asegúrate de que las fotos sean claras e interesantes.

• Recuerda que tus seguidores necesitan que les *recuerdes* lo que has hecho, que *veas* lo que estás haciendo y que *escuches* lo que piensas hacer. Los misioneros suelen cometer el error de hablar demasiado de sus planes y muy poco de sus acciones y logros. No des un resumen de tu sermón o un video de tu predicación durante una hora. Simplemente menciona a dónde fuiste, qué hiciste, cuáles fueron los resultados, cómo piensas hacer el seguimiento, y qué, si es que hay algo, pueden hacer tus seguidores para ayudarte.

 • Atrae y anima a los jóvenes y a los adolescentes a trabajar contigo durante el verano para que adquieran experiencia y aprendan lo que es la vida misionera.

Sugerencias para las Iglesias:

 • Recomiendo encarecidamente que todas las iglesias dejen de lado la edad y el estado civil como factores de descalificación. En su lugar, busquen *pruebas* de la vocación, la experiencia y los logros. Hacer lo contrario es arriesgarse. El hombre sabio nunca apuesta por un caballo de tres patas.

 • En cada caso, pregúntate *por qué hemos decidido apoyar a este misionero.* Si ves o sientes que se aleja de esa expectativa que motivó su apoyo, comparte con él tus preocupaciones. No te apresures a dejar de apoyarlo, sino a mejorar tu relación y tu comprensión de su trabajo. Al mismo tiempo, sé un buen administrador y haz lo correcto. Ningún misionero "merece" el apoyo; es su regalo para él. Se lo diste por una razón con una expectativa. Si él no cumple con las expectativas, entonces quedas liberado de tu obligación.

 • Asegúrate de que cada misionero sepa lo que esperas de él en sus logros y en sus informes. No seas indulgente con esta expectativa. Hágalo un contrato entre su iglesia y el misionero. Haz que lo firmen y que reciban una copia. Si rompen el contrato, se suspenden los pagos hasta que mejoren o se retiran por incumplimiento de contrato. ¡Despierten, iglesias! ¡Este es el negocio de nuestro Padre! Opéralo como un negocio espiritual. Si consideran que esto es demasiado duro o demasiado trabajo, necesitan reestudiar el significado y el propósito de la mayordomía. Recuerden que Pablo dejó caer a un misionero, Juan Marcos. Más tarde, cuando Bernabé lo había entrenado más (y sin duda también Pedro), y Juan Marcos había madurado y mejorado, Pablo lo invitó a regresar como miembro del equipo, diciendo que había llegado a ser "provechoso" para el ministerio de Pablo (II Timoteo 4:11).

* Cuando consideres iniciar el apoyo, pregunta:

1) ¿Alguna vez el candidato ha participado en la creación de una iglesia en su propia cultura? Si no lo ha hecho o no puede hacerlo entre su gente y cultura, ¿qué le hace pensar que puede hacerlo en otra?

2) ¿Puede el candidato presentarle a otro hombre al que haya ganado para Cristo, del que haya sido mentor, y que ahora esté sirviendo con éxito en el ministerio o como laico? Si no puede, ¿por qué lo apoyaría para hacer algo en el extranjero que nunca ha hecho en casa?

* Cuando consideres continuar con tu apoyo, hazte las mismas dos preguntas. ¿Está el misionero cumpliendo el propósito y el llamado de un misionero? Si lo está haciendo, hay que ayudarlo; si no lo está haciendo, hay que darle un tiempo de prueba para que mejore y exigir que lo haga o perderá su apoyo.

* Si estás apoyando a hombres, mujeres u organizaciones de tu cuenta misionera que no cumplen y probablemente nunca cumplirán con los requisitos básicos de un misionero, entonces considera formar una Cuenta Ministerial separada y apoyarlos como ministros del evangelio, no como misioneros.

* Considera enviar a tus jóvenes a trabajar un verano entero con un misionero exitoso. Hacer esto ayudará a los jóvenes a solidificar su llamado o a darse cuenta de que lo que sentían era una carga, no un llamado.

SECCIÓN TRES

LOS GRANDES ENIGMAS DE LA COMISIÓN RESPECTO A LA **RENDICIÓN DE CUENTAS**

Una leprosa, en la India

#11

¿CÓMO PUEDE UNA IGLESIA SENTIRSE SEGURA DE QUE LOS MISIONEROS QUE APOYA NO FRACASARÁN, Y QUÉ DEBE HACER SI FRACASAN?

EXPLICANDO EL ENIGMA

Es NECESARIO que una iglesia se sienta segura de haber tomado una decisión correcta después de elegir dar a un misionero un apoyo financiero mensual y un apoyo de oración continuo. Tal confianza entusiasma a la iglesia en cuanto a su influencia en el extranjero y la anima a dar y hacer aún más. ¿Pero qué pasa si hay un caso de fracaso misionero? Por ejemplo: ¿1) enfrentarse a él y corregirlo, o 2) negarlo y encubrirlo? Francamente, creo que la primera opción es la única respuesta, pero normalmente se prefiere la segunda, a menos que el fracaso tenga que ver con la doctrina o la moral. Así pues, ¿cómo se resuelve este dilema?

EXAMINANDO EL ENIGMA

Para empezar, hay que definir el término *fracaso*. Por lo general, se aplica a un misionero que tiene que dejar el ministerio debido a la inmoralidad. Algunos dirían que también se aplica si la esposa ha pecado. Sin embargo, un hombre que regresa a su casa permanentemente debido a una enfermedad no es un fracaso. Aun así, me preguntaría si los médicos no podrían haber tratado la enfermedad en esa tierra para que la familia pudiera permanecer allí sirviendo y formándose. No llamaría automáticamente fracasado a un hombre que renuncia voluntariamente a causa de la edad, pero sí me preguntaría por qué. He conocido a muchas parejas que "solían ser misioneros", pero que ya no lo son, y no puedo imaginar qué podría haberlos alejado de la tierra a la que, según ellos, Dios los llamó, los envió y que se convirtió en su hogar durante décadas. Sin embargo, es una gran bendición oír hablar de las esposas de los misioneros, que después de que sus maridos perecieron o fueron martirizados, volvieron al mismo pueblo en la misma tierra para seguir alcanzándolos para Cristo. No estoy juzgando a nadie, así que por favor no me juzguen a mí; simplemente estoy haciendo preguntas que en mi mente necesitan respuesta. Tal vez si el caso de cada uno es diferente, entonces el llamado de cada uno también puede ser diferente.

Por cierto, no soy un juez ni un jurado; soy un misionero curioso que busca aumentar nuestras fuerzas con candidatos cualificados, no diluirlas con aspirantes a misioneros ni reducirlas con la pérdida de los que aún son capaces de servir. Nadie debe responder ante mí, excepto yo.

Dios llamó a Pablo tanto a los judíos como a los gentiles. Eso incluía a todos los habitantes de la tierra. Pero normalmente nos sentimos llamados a alcanzar una *etnia* o grupo de personas más pequeño y específico para Cristo. Algunos se quedan con estos grandes grupos y evangelizan por toda su tierra, mientras que otros pasan a otra *etnia* que vive en otro lugar. Ambas cosas son bíblicas y legítimas.

Por lo tanto, sostengo que, dado que el caso de cada misionero es diferente, ¿quién puede definir el término *fracaso*?

Cada misionero y pastor probablemente puede y ciertamente debería ser capaz de responder a esa pregunta basándose en su comprensión y experiencia. Pero como soy el único que está sentado aquí frente al teclado, permítanme intentarlo.

Sugeriría que el fracaso puede ser, y en la gran mayoría de los casos, es mucho más que un cambio doctrinal o un acto inmoral. En referencia a fracasar como misionero, aquí está mi definición: el *fracaso* es "un patrón continuo de no cumplir con los deberes que se esperan de su servicio debido a la ignorancia, la incapacidad, la pereza, la mala conducta o el abandono".

Un carácter débil podría causar estas condiciones, como un problema familiar, un corazón lujurioso o envidioso, depresión, una incapacidad para adaptarse a la cultura (esta es la causa número uno dada), demasiada confianza en sí mismo y no lo suficiente en el Espíritu Santo, o cualquier otro número de cosas.

EXPONIENDO EL ENIGMA
Desde el punto de vista del misionero:

Antes de que una iglesia determine que un misionero al que apoyan está fallando, primero deben hacerle saber su propósito al apoyarlo. Él puede estar fracasando en el discipulado de hombres para el ministerio pero tener enormes multitudes cuando predica en la calle o tiene un vasto ministerio de autobuses en su iglesia. Lo que llamas fracaso, puede que él no lo sea.

Como misioneros, sabemos que nuestros partidarios esperan que "vayamos", pero aparte de una carta trimestral, no es lo que esperan una vez que llegamos. La mayoría de los miembros de la iglesia no tienen idea de por qué están apoyando a un misionero en particular; simplemente lo hacen. Tal vez sea porque su iglesia aún no apoyaba a nadie en ese país, tal vez sea por el instituto bíblico en el que se graduó, tal vez fue referido por un amigo de confianza, o es el sobrino de un miembro de la iglesia fiel (gran donante) al que nadie quiere ofender.

También puede haber otras razones. Tal vez el misionero tenía una esposa bonita con una personalidad burbujeante de la que los ancianos de la iglesia se enamoraron. Tal vez tienen un hijo discapacitado y la iglesia se compadece de ellos (como debe ser), pero se olvidan de que la compasión puede exigir una ofrenda pero no necesita apoyo. Después de todo, hay un hospital cercano con casos desafortunados a los que no prestan atención. Tal vez el misionero ha estado en la diputación durante cinco años y solo ha obtenido el apoyo de unas pocas iglesias y estaba desanimado; sintieron lástima por él, así que lo aceptaron para apoyarlo. He visto que se dan estas razones para apoyar a un misionero.

Como mínimo, la iglesia debería esperar resultados concretos, una actualización trimestral o incluso una llamada anual por Skype a la congregación. Si está dispuesto a pasar por el aro y luego no lo hace, está incumpliendo el contrato. En ese momento, la iglesia debería ponerse en contacto con él para recordárselo, ofrecerle una segunda oportunidad y ver si mejora. Si no es así, hay que dejar de apoyarle. Yo sugeriría que las iglesias pusieran todas sus expectativas por escrito y las hicieran firmar por el pastor y por cada misionero al que apoyen. De esta manera, al ir de iglesia en iglesia, no se olvida quién espera qué y acaba perdiendo el apoyo accidentalmente.

Desde el punto de vista de la Iglesia:

También sugeriría a las iglesias que no sean demasiado específicas al enumerar sus expectativas. La mayoría de los misioneros tendrán entre 50 y 150 iglesias de apoyo. Si solo la mitad exige "expectativas" específicas que no son de interés común para las demás iglesias de apoyo, el misionero se ve perjudicado por los acuerdos contractuales y no puede cumplir el propósito para el que está allí. Tendrá que dedicar gran parte de su tiempo a escribir 150 informes específicos diferentes cada trimestre.

Ten en cuenta que no es un pecado dejar de apoyar. Pero por otro lado, dejar de apoyar no debe hacerse a la ligera. Las iglesias a menudo dejan de apoyar a sus misioneros porque han adquirido un nuevo pastor, y éste tiene "favoritos" de su iglesia anterior a los que quiere ayudar. Justifica esta decisión declarando que como no conoce a los misioneros con los que la iglesia se ha comprometido, entonces cómo puede apoyarlos. Es como si solo él tuviera el discernimiento espiritual para saber a quién apoyar -no el pastor que inició la iglesia ni los pastores que le precedieron, ni sus diáconos, ni sus administradores, ni los miembros- solo él tiene ese conocimiento y ese derecho. Pero al mismo tiempo, no considerará la posibilidad de dejar de pagar la hipoteca o cualquier otro compromiso que la iglesia haya contraído antes de que él llegara.

El compromiso de apoyo de la iglesia debe ser tan vinculante como su compromiso de pagar las facturas de los servicios públicos y la hipoteca. La iglesia se comprometió voluntariamente a una obligación de por vida de la manutención de su familia a menos que el misionero incumpliera los requisitos para ello. Pero si la iglesia no dio requisitos ni expectativas, ¿cómo puede incumplirlos? No se deja de pagar la factura de la luz porque no haya suficiente dinero; se encuentra el dinero. Nadie le puso una pistola en la cabeza para que prometiera su apoyo (bueno, hubo esa vez en que...), así que cumpla su voto ante el Señor.

Los misioneros no son peones de ajedrez que hay que mover y descartar mientras jugamos a la evangelización mundial. Son (o deberían ser) siervos de Dios altamente capacitados, experimentados y dotados; después de todo, si el Señor debe equipar a un hombre para servirle en su propia cultura, cuánto más si está sirviendo a Dios en una tierra extraña y distante.

Por otro lado, un misionero que no está "misionando" y fracasa en su llamado no tiene derecho a esperar un cheque de asistencia social de por vida de 150 iglesias que buscan resultados. No le apoyan para que pueda vivir en un país que le encanta; comer comidas exóticas; disfrutar del clima, la cultura y la historia; y deleitarse con vacaciones no programadas. Cuando Juan Marcos fracasó, Pablo lo envió a casa, donde recibió más formación y se hizo "provechoso" para el ministerio. Hoy en día, nos compadeceríamos de él, diciendo que tenía buenas intenciones y continuaríamos con su apoyo. Si las iglesias que nos apoyan hicieran lo mismo que hizo Pablo, con el tiempo algunos de nosotros también podríamos ser grandes misioneros. Pero ciertamente liberaría el apoyo misionero desperdiciado -millones de dólares anuales- que podría darse a hombres que lo necesitan y lo merecen.

Pero me he desviado del tema. Permítanme volver a la cuestión de fracasar como misionero. Debo entender y reconocer que antes de empezar a fallar a una iglesia que me apoya en casa, debo haber fallado ya a mi Señor. El primer paso es arrepentirse, y luego hacer las obras del arrepentimiento. Haz tu trabajo. Haz lo que dijiste que Dios te llamó a hacer o vete a casa.

Si las iglesias apoyaran a los misioneros para que evangelizaran, plantaran iglesias, discipularan a los convertidos y produjeran más predicadores, un simple formulario de informe de dos páginas (como el que usamos para nuestros predicadores nacionales) serviría. Se mostraría a las iglesias de apoyo si el misionero fue un éxito o un fracaso.

Ya que lo mencioné, tal vez sientan curiosidad por saber qué abarca nuestro "Formulario de informe del misionero nacional" trimestral de dos páginas. Antes de responder a preguntas específicas sobre su familia, ministerio, salud, planes, etc., responden a las siguientes cuatro preguntas sencillas de una sola palabra:

> *En el último trimestre:*
> *1. ¿Cuántas almas has ganado para Cristo?*
> *2. ¿Cuántas has bautizado?*
> *3. ¿Cuántas nuevas aldeas (áreas, barrios, etc.) has evangelizado?*
> *4. ¿Cuántas iglesias nuevas has fundado?*

Ahora viene lo mejor: la siguiente frase dice: *Si la respuesta a alguna de las preguntas anteriores es "cero", explica por qué.* No es que esperemos que un predicador inicie una nueva iglesia cada tres meses; la mayoría nunca podría hacerlo. Pero es nuestra manera de recordarles cada trimestre que esperamos que estén trabajando, no sentados en su casa u oficina escribiendo lecciones de escuela dominical. (Puedes encontrar miles de ellas en Internet, de forma gratuita).

Ahora, sé lo que algunos de ustedes están pensando; *"¿Y si escribir lecciones de escuela dominical es su ministerio?"* Pregunta fácil, respuesta fácil. Si ese es su ministerio principal, entonces no está recibiendo apoyo de nosotros. Solo apoyamos a los hombres que están "activa y consistentemente involucrados en la plantación de iglesias y el discipulado". Todo lo demás es permisible, pero se considera un extra, una necesidad para el ministerio, no el propósito del ministerio.

Si la cola empieza a mover al perro, entonces Spot tendrá que buscar la cena en otra parte.

A estas alturas, ya sabes que creo que bíblicamente, las misiones son la plantación de iglesias y el discipulado. Sin embargo, la mayoría de las iglesias siguen considerando otros esfuerzos como "misiones" en lugar de "ministerio". Creo que una iglesia podría hacer ambas cosas, financiando cada una desde cuentas separadas, una para misiones y otra para ministerio. La iglesia puede decidir si quiere que sus donaciones se dividan al 50% o al 90%. De este modo, nunca se olvidarán "accidentalmente" de financiar una u otra cosa o se desequilibrarán demasiado. La cola nunca moverá al perro.

Muchas iglesias apoyan más sedes misioneras, hogares de niños, colegios bíblicos, fondos de defensa, centros de rescate, etc., en los Estados Unidos que a los misioneros en el extranjero. Sin embargo, todo ese apoyo proviene de su presupuesto de "misiones". ¿No ves que al cambiar la definición de "misiones" y "misionero", hemos destruido el alcance global de la Gran Comisión a cambio de financiar causas ministeriales locales, necesitadas y dignas? ¿Acaso esta financiación agrada a Dios?

Considerando el fracaso en las misiones, tal vez no sea tanto el misionero el que ha fracasado sino algunas de sus iglesias de apoyo.

Por el bien de este enigma, asumamos que estoy hablando con una típica iglesia estadounidense que cree que las misiones son cualquier cosa y todo lo que se hace fuera de la iglesia...

- Un viaje de jóvenes a la ciudad de Nueva York para repartir folletos mientras visitan el Empire State Building y la Estatua de la Libertad
- La misión de rescate del centro de la ciudad
- Reabastecer una despensa de alimentos
- Apoyar a predicadores estadounidenses que se autodenominan incorrectamente "misioneros" y no hacen más que pastorear una iglesia extranjera que ni siquiera han fundado
- Apoyar a los trabajadores de los orfanatos, al personal jurídico y a los abogados, a los maestros de escuela, a los

pilotos y mecánicos de aviones, a los directores de campamentos, a los cuidadores de los terrenos, al personal de las oficinas en el extranjero, a los hogares de ancianos, a los hogares infantiles, etc.

Si crees como yo, estás de acuerdo en que debemos apoyar a todas estas entidades, pero son *ministerios* y no misiones, ya que bíblicamente, un misionero es un plantador de iglesias como Pablo, no un pastor como Santiago. Siendo ese el caso, un simple "formulario de informe" como el que ya he detallado debería ser suficiente para ver si cada misionero está teniendo éxito o fracasando.

Sin embargo, si no puedo convencerte y crees que cualquier cosa y todo lo que está fuera de la propiedad de tu iglesia es misión, entonces tendrás que encontrar otra forma de determinar si tu misionero está fracasando o no.

Yo sostengo que con todos tus misioneros apoyados, considera que nuestro *progreso* es típicamente más crítico que nuestro *proceso*. Me explico. Tal vez apoyas a un misionero en Brasil. El proceso por el cual ella obtuvo su apoyo es que ella es una maestra en un orfanato. Te encantan los niños, así que esa necesidad despertó tu interés. Entonces, ¿cómo se desarrollan los criterios para determinar si es un éxito (digno de seguir apoyando) o un fracaso (que merece ser abandonado)? Yo llamo a esta determinación el *progreso*.

Normalmente, la respuesta es que mientras ella envíe cartas trimestrales, es suficiente. Pero, ¿cuál era el propósito de apoyarla? ¿Era para recibir cartas trimestrales o por su servicio? Una respuesta típica puede ser: "Trabaja en un orfanato; ¿no es suficiente?". Estupendo, también lo hacen la cocinera, el conserje y el administrador, pero tú no los apoyas. Entonces, sé más específico. ¿A cuántos niños cuida? ¿Qué les enseña? ¿Qué impacto tiene en sus vidas? ¿Cómo está ayudando a la iglesia local? ¿Ha entrenado o está entrenando a un estudiante-maestro (y si no, por qué no)? ¿Cuántos estudiantes-maestros ha formado o está formando? Estas cuestiones son más importantes que el plan de estudios que utiliza, si le gusta su compañera de cuarto, o si ya ha conocido a un joven. Estas cuestiones revelan el progreso de su ministerio, permitiéndote sentirte mejor a la hora de apoyarla y tal vez ayudar con un proyecto o llevar un equipo a visitar el campo donde trabaja.

Nota histórica: Muchos de los primeros misioneros británicos en África eran solteros y no tenían intención de volver a casa, y como habían dado su vida para llegar a esa tribu, se casaban con chicas locales.

He aquí otro ejemplo *del proceso*: tal vez estés financiando un pequeño instituto bíblico en Uganda que está formando pastores y plantadores de iglesias. ¿Cuál es el progreso por el cual determinas la continuidad del apoyo o el cese del mismo? ¿Qué es importante para ti: cuántos estudiantes tienen, qué cursos ofrecen, su calendario de vacaciones, si es un curso de dos, tres o cuatro años, si los edificios son de bambú o de bloques de hormigón, o si tienen un programa de becas? ¿O es mejor atender a las preocupaciones sobre el *progreso de tu ministerio*? ¿Cuál es su doctrina, cuántas iglesias han fundado sus graduados y cuál es la tasa de deserción de los "predicadores" que gradúan? (¿Qué porcentaje de sus graduados permanecen en el ministerio en comparación con los que obtienen un diploma y luego se van al mundo secular). ¿Pueden ayudar a otros pastores y misioneros en las regiones periféricas de su país abriendo campus satélite?

En conclusión:

Para responder al enigma, tú, como iglesia o familia, tienes que decidir primero dos cuestiones:

1) ¿Por qué apoyan las misiones en general?

2) ¿Por qué apoyan a cada misionero en particular?

Si su concepto de las misiones coincide con el mío, esta tarea es fácil. ¿Está el misionero/predicador nacional ganando almas, bautizando conversos, plantando nuevas iglesias y formando hombres como pastores para dirigir esas iglesias? ¿Le está enviando informes regulares (defines *regular*, pero trimestral debería ser aceptable)? Si está cumpliendo con estos criterios, es un éxito rotundo, sin importar lo que esté haciendo. Y si no lo está haciendo, es un fracaso que debería recibir una advertencia amorosa, algo de estímulo espiritual y una segunda oportunidad para ajustarse a la norma a la que, según él, Dios lo llamó: ser misionero. Puede beneficiarse de la visita de otro misionero que le ayude a entender su propósito y función y le ayude a encontrar formas de superar lo que le está impidiendo. Un pastor también puede hacer esto, pero significaría más viniendo de un compañero misionero. (Y yo me ofrezco para ello).

Puedes determinar si un misionero está teniendo éxito o fracasando simplemente definiendo el propósito de su apoyo y haciendo que te rinda cuentas con informes regulares. La lógica y la equidad dictan que si el misionero está haciendo lo que tú le estás apoyando, debes continuar con su apoyo. Si no está haciendo lo que le apoyas, primero hay que animarlo y luego motivarlo, y si sigues sin estar satisfecho con su rendimiento, hay que dejarlo.

En ese caso, te recomendaría ser indulgente con él, recordando que está fuera del país y que tiene pocos medios para sustituir tu apoyo. Tal vez quieras darle un año, para que se ponga en contacto con otras iglesias que ocupen su lugar o incluso esperar a que vuelva a casa de permiso. Es tu decisión, pero recuerda la Regla de Oro porque seguramente cosecharás lo que sembraste.

La siguiente es otra pregunta lógica: ¿qué pasa con los hombres que no producen porque están en países donde es más difícil ser productivo? Ya hemos establecido que el caso de cada uno es diferente. En algunos países, la evangelización es como dar leche a un bebé, acércalo lo suficiente y el niño encontrará el biberón y se pondrá a mamar. En otros, es como intentar alimentar a un niño pequeño que no quiere comer. Puede que una parte entre en su boca bajo protesta, pero la mayor parte quedará en su camisa, en el suelo y en ti.

Reconozco que cada campo es diferente. Sin embargo, a veces me pregunto sobre los hombres que no tienen ningún fruto después de muchos años. Dios nos ha puesto en la viña para que demos fruto. Si un misionero no tiene fruto, probablemente no ha sido bien formado. Incluso en una tierra hindú, musulmana o budista, se pueden ganar almas. El método puede ser diferente: no hay folletos, no se va de puerta en puerta, etc., pero el mensaje es el mismo. En las tierras más difíciles, debes primero desarrollar una amistad, y una vez lograda, la mayoría estará dispuesta o ansiosa de escuchar tu testimonio. Ya que la Palabra de Dios no vuelve vacía (sin resultados), si no tienes resultados, es probable que no estés plantando la semilla o no les estés dando agua y fertilizante. Construye relaciones con tus vecinos, empleados y contactos como tu barbero, el cartero, el lechero, los maestros de tus hijos, los padres de sus amigos, el encargado de la gasolinera, el carnicero, el panadero y el lector del medidor de electricidad, etc. Te garantizo que la gente quiere conocerte, pero en la mayoría de los casos son demasiado tímidos para dar el primer paso. Hazlo tú, y luego recoge la recompensa.

Incluso los hijos del misionero participan en el ministerio. Algunos misioneros insisten en tener educación en casa, pero ¿por qué? No está mal, pero aquí hay un pensamiento a considerar. Si pones a tus hijos en la escuela del barrio o incluso en una escuela privada, harán amigos y tendrán oportunidades de ministerio. Si no, se convertirán en esos niños raros de la cuadra que se ven diferentes, hablan diferente, se visten diferente y no tienen idea de lo que sucede a su alrededor. Los demás ni siquiera querrán jugar con ellos. ¿Dónde está el testigo en eso? No solo tienen que aprender el idioma, sino también la cultura. Si sientes que tus hijos son demasiado débiles espiritualmente para resistir la exposición a los niños que no son salvos, entonces vuelve a casa, enciérralos en una burbuja hasta que crezcan, y luego vuelve al campo misionero. Deja que esto se hunda profundamente en tu ADN. No puedes ganar a los nacionales o ser aceptado por los nacionales si no te conviertes en uno de ellos. O al menos eso es lo que dijo Pablo.

A la gente le gusta citar el hecho de que Adoniram Judson estuvo en Birmania durante seis años antes de tener su primer converso. Eso fue culpa suya, y más tarde lo reconoció. Sin embargo, en los seis años siguientes, tuvo una multitud de conversos. Le llevó tiempo aprender, aceptar y adoptar la cultura birmana, y solo así pudo aprender a comunicarse de forma eficaz y cultural. Una vez que aprendió, se puso en marcha, no solo produciendo conversos sino enseñándoles a hacer lo mismo. Durante sus primeros seis años, el mensaje no fue la barrera del éxito; fue su método. Me explico mejor.

Recordemos que todos los días, vestido con su atuendo americano del siglo XVIII, Judson se sentaba en su porche, predicando en birmano a los que se reunían para escucharle y rechazaban su mensaje. ¿Qué ocurrió? Un día, su único converso le dijo que las personas que estaban alrededor no eran birmanas; eran de la tribu Karen (pronunciado *karin*) y no podían entender lo que predicaba. Apenas hablaban la lengua birmana.

Cuando el converso, que conocía su idioma, les tradujo, le pidieron a Judson que fuera con ellos a sus pueblos, y él se negó. Aun así, su ayudante fue en un viaje de fin de semana que duró varios meses, yendo de pueblo en pueblo, ganando a miles de personas y plantando iglesias. Cuando Judson murió, había dedicado su vida al pueblo birmano, había traducido toda la Biblia a su idioma y había elaborado la cartilla birmana que, 250 años después, todavía se utiliza en sus escuelas primarias. Después de su muerte, mientras preparaba su biografía, creo que los registros de asistencia a la iglesia revelaron que más del 90% de los conversos en Birmania no eran birmanos; eran karen. Todavía hoy, en Birmania, se les conoce como la "tribu bautista" y han ganado para Cristo a muchas otras tribus, especialmente a los chin y los kachin. Tras la guerra de Vietnam, decenas de miles de karen que vivían en Vietnam y Laos emigraron a nuestra costa occidental y establecieron allí también iglesias karen.

Una de las zonas de conversiones más fructíferas del mundo es Andhra Pradesh, en la India. En la década de 1990, este estado se consideraba la región de más rápido crecimiento del cristianismo en el mundo. Pero hace 150 años, cuando los misioneros empezaron a ir allí, bueno, era un gran lugar para ir si querías enfermar, desanimarte, ser torturado y asesinado. Lo que quiero decir es que alguien tiene que abrir camino con el evangelio, arar la tierra de los corazones de los hombres y plantar las semillas para una cosecha posterior.

La iglesia siempre se refirió a tales hombres como "el apóstol a la _____". Hay que tener en cuenta que la palabra griega *apóstol* es de donde sacamos la palabra inglesa "*missionary*". Los misioneros siempre deben buscar a los que nunca han escuchado el evangelio porque nadie ha ido todavía a decírselo. Los evangelistas, predicadores, pastores y maestros siguen detrás de ellos (Efesios 4), construyendo sobre el fundamento por el que murieron.

América Latina es otro ejemplo clásico. América del Sur es una región relativamente difícil de evangelizar, impregnada de catolicismo romano, animismo y brujería antigua. Centroamérica tiene algo parecido a la lengua, la comida, la cultura, las costumbres y la gente, pero la evangelización allí es como recoger fruta madura de un árbol. La diferencia es que la Misión Centroamericana (iniciada por C. I. Scofield) se dirigió específica y agresivamente a Centroamérica. Sus misioneros eran sembradores de iglesias que ganaban almas y a menudo eran golpeados y asesinados. Incluso hace 40 años, los pastores bautistas y evangélicos seguían siendo encarcelados en Honduras, y hace 20 años, los predicadores mayas en Guatemala seguían siendo apedreados. (Todo esto ocurría por instigación de los sacerdotes católicos locales).

Sin embargo, hoy el evangelio cubre Centroamérica, no como una fina sábana de algodón, sino como una pesada manta de lana. América del Sur no recibió la misma atención (proceso-envío de misioneros) y no ha producido el mismo resultado (progreso). Así, mientras que hoy Centroamérica es mayoritariamente evangélica por elección y conversión (aunque sean católicos de nacimiento), la mayor parte de Sudamérica sigue siendo altamente católica.

Misionero, la cuestión es que, aunque sientas que todavía no estás recogiendo una cosecha que parezca exitosa, ¿estás al menos preparando el campo y sembrando la semilla para el cosechador que vendrá después de ti? Eso no es un fracaso. No se puede recoger una cosecha de un campo que no está arado y sembrado, y para ello, alguien debe primero "romper el barbecho". Puede que no veas la cosecha aquí, pero la verás allí: *"Bien hecho, siervo bueno y fiel...."*

ELIMINANDO EL ENIGMA

Sugerencias para los Misioneros:

• Recuerda que parte de nuestro ministerio es ayudar a las iglesias locales que nos financian y alimentan. Cualquier cosa que puedas hacer para ayudar al pastor a impulsar la conciencia, la participación y el financiamiento misionero de la misión debe ser priorizada. Los siguientes son algunos ejemplos:

    •   Asegúrate de enviar informes trimestrales, si no más a menudo. Yo produzco una revista trimestral de 24 páginas para todo nuestro ministerio, escribo una o más alertas de noticias semanales para Internet, y envío una carta trimestral a mis iglesias de apoyo y amigos. Además, edito las cartas de nuestros trabajadores extranjeros para que sus patrocinadores puedan entenderlas en inglés. Escribo mis propios libros; edito los de otros; y desarrollo y apruebo planes de estudio, materiales de podcast y guiones de enseñanza en video. También paso entre tres y cinco meses al año fuera del país y varios fines de semana (y semanas) hablando en iglesias y conferencias. También enseño como profesor adjunto de misiones en varias universidades e institutos de todo el mundo, aunque normalmente planto una o más iglesias al año. Estoy un poco ocupado, y a decir verdad, hago mucho de esto en las primeras horas de la mañana cuando no puedo dormir o ya no puedo dormir. Me estoy haciendo viejo y me estoy cansando, pero si puedo encontrar tiempo para hacer todo esto, puedes escribir una carta de una página cada tres meses. Si no, revelas que tus patrocinadores no son tu prioridad; solo lo es su dinero.

    •   Con la llegada de los smartphones, no tienes excusa para no hacer videos cortos y sin guión y enviarlos a tu lista de correo. Si hay una inundación, envíe un clip y cuente cómo está utilizando la calamidad para ayudar a otros y difundir el evangelio. Si visitas una escuela, envía un video. Si visitas un orfanato, habla de los niños y de ese ministerio y de lo que te gustaría hacer para ayudarlos.

    En 2019, mientras mi esposa y yo estábamos en la India, visitamos una colonia de leprosos y nos sentimos agobiados (no llamados) a iniciar un centro de alimentación para sus niños. Calculé que necesitaba 1050 dólares al mes (12.600 dólares para el primer año). No tenía un excedente suficiente, así que Nolin me enseñó a publicar fotos en Facebook, compartió lo que nos gustaría hacer y pidió ayuda. En 48 horas, tres personas habían comprometido los fondos. A mediados de 2020, descubrí que necesitábamos proporcionar alimentos y agua en todo el Oriente Medio islámico y el norte de África a 325 familias cuyos maridos fueron martirizados por predicar o contrabandear Biblias. Son más de 1.300 personas necesitadas. Son nuestra gente, así que preparé un breve video sin guión y mencioné que necesitábamos algo más de 15.000 dólares al mes durante los próximos cuatro meses como mínimo (62.000 dólares). En dos semanas lo teníamos todo y más. No soy un maestro de la recaudación de fondos; ojalá lo fuera. Francamente, soy un principiante comparado con otros. Pero he aprendido algunas lecciones a lo largo de los años que pueden ayudarte:

1) Sé lo más breve posible con las solicitudes (eso me resulta difícil) y lo menos frecuente posible. Recibo llamadas de todo el mundo casi todos los días, pero nunca respondo a algunas de ellas, las que solo llaman para decir "dame", y con las que tengo que esforzarme para conseguir una foto o un informe de seguimiento.

2) Sé honesto al explicar el problema, el proyecto, la necesidad, la solución y los pasos para llegar a ella (el mismo proceso que utilizo para abordar cada enigma).

3) Habla o escribe desde tu corazón. Somos misioneros; no somos políticos ni vendedores de coches usados (sin ánimo de ofender).

4) No te excedas con las peticiones constantes, o dejarán de abrir las cartas que envíes. Estoy seguro de que envío demasiadas, pero después de más de 35 años construyendo una red, hemos descubierto que todo el mundo tiene algo en lo que está interesado en ayudar, mientras que nadie quiere ayudar en todo. Pueden ser los niños y no los predicadores; pueden ser las Biblias pero no las bicicletas; puede ser la evangelización con películas pero no la distribución de tratados. Siempre hay alguien interesado en algo y que busca una oportunidad para ayudar. Esto es cierto tanto si se trata de familias que donan como de iglesias que apoyan. Si sigues estos pasos y construyes una relación duradera de confianza con ellos, se apresurarán a ayudarte con tus proyectos.

Si sientes que estás fracasando o empezando a fracasar, busca ayuda, especialmente de alguien que no se beneficie de tu fracaso (como un compañero de servicio que quiera "heredar" tus instalaciones si te rindes y te vas a casa). He viajado a muchos países solo para ayudar a un misionero con problemas. No tengo todas las respuestas, pero puedo fingirlas. (Es una broma.) Sin embargo, después de todas estas décadas, tengo muchas respuestas e incluso algunas formas probadas de aplicar las soluciones. Y si no las tengo a estas alturas, nunca las tendré. (Si es cierto que se aprende de los errores, soy un genio.) Me alegra servir a los siervos de Dios. Esa es mi vocación secundaria, la primera es plantar iglesias. Puedo ir a tu campo, o tú puedes venir a uno de los míos.

⊚ Por último, debes reconocer que no todos los que van son llamados; muchos sintieron una carga y la confundieron con un llamado. Si ese es tu caso, reconócelo. No eres un fracaso, hiciste algo que otros temían hacer, y lo hiciste por tu amor al Señor y a las almas. Bien, llegaste allí y te diste cuenta de que no es la voluntad de Dios después de todo; entonces averigua cuál es su voluntad y hazla. Puede que todavía esté en esa tierra, y si no, vuelve a casa con la cabeza bien alta y sirve a Dios allí. Has aprendido una importante lección que puedes compartir con otros. O bien, quédate allí, consigue un trabajo y sé un laico ejemplar para las iglesias de tu país de adopción. La verdad es que puedes ser una mayor bendición como laico empleado o autónomo de lo que hubieras sido como pastor o misionero en el extranjero. A veces, al ver un partido de fútbol americano, el locutor habla de un mariscal de campo que fue reclutado inicialmente para otra posición. Sus éxitos y fracasos mientras lo intentaba revelaban su mayor potencial. (¿Entiendes lo que quiero decir?) Averigua para qué te hizo Dios y hazlo. Cualquier otra cosa es simplemente un desperdicio de la tierra que Él usó para hacerte.

Sugerencias para las Iglesias:

⊚ Sean justos. Mientras "determina" la validez del misionero, hay que tener en cuenta que cada campo es diferente. En algunos, puedes luchar un año para ganar un converso, mientras que en otros, se alinean en la calle fuera de tu casa, esperando ser evangelizados.

    •   Encuentra la manera de descubrir lo que tus misioneros están haciendo y produciendo. Como ya comenté en un enigma anterior, quizá quieras crear una hoja de cálculo, para que sea fácil de observar de un vistazo. Si tienes un director de misiones o una secretaria, deja que ellos hagan el trabajo; después de todo, es por eso que se les paga mucho dinero, ¿no?

    •   No agobies a los "productores" con informes y cuestionarios largos, frecuentes y detallados. Acepta sus cartas trimestrales a menos que surja un problema y limítate a los temas que te preocupan en relación con la actividad del ministerio.

    •   No les pida con frecuencia información adicional y videos para poder compartirla con su iglesia cuando ellos nunca ven ningún beneficio por tomarse el tiempo y el gasto de hacerlo. Tengo una iglesia de apoyo que me hace esto con frecuencia, pero a pesar de mi docena de solicitudes a lo largo de los años para pasar y dar un informe en persona, nunca me invitan. Obviamente, no están tratando de ayudarme a construir mi obra; están tratando de que yo ayude a construir la suya. (Y eso también está bien; estamos todos juntos en esto).

    •   Desarrolla cualquier nivel de responsabilidad que sea necesario para que tu gente se sienta confiada en las misiones, los misioneros y el programa de misiones de tu iglesia. Uno de mis próximos libros tratará exclusivamente este tema, si el Señor lo permite.

    •   Siempre que un misionero venga a tu iglesia, si deseas una mayordomía que produzca responsabilidad y confianza, es imperativo que el pastor o alguien se siente con cada misionero seleccionado y le explique claramente los siguientes cuatro puntos esenciales:

1) Cuánto dará tu iglesia y con qué frecuencia, es decir, mensualmente, trimestralmente, etc.

2) Cuándo comenzará el apoyo, es decir, el mes y el año y cuándo puede esperar recibir su primer cheque de apoyo.

3) Por qué la iglesia quiere apoyarlo, es decir, darle una razón, no solo "porque sí". (¿Fue por su presentación en el ministerio, su

carácter, su experiencia, su junta directiva, el país al que piensa ir, etc.? Hágaselo saber para que pueda utilizar ese conocimiento para mejorar su presentación ministerial en futuras iglesias).

4) Lo que tu iglesia espera de él a cambio de su apoyo, es decir, el tiempo que falta para su partida, las actividades mínimas que esperas que haga: plantar iglesias, ganar almas, etc., con qué frecuencia esperas un informe, a quién enviarlo, etc.

#12

¿CÓMO SABEMOS REALMENTE LO QUE HACEN LOS MISIONEROS A LOS QUE APOYAMOS? ¿PUEDE EXISTIR REALMENTE LA RESPONSABILIDAD CUANDO SE APOYA A ALGUIEN EN OTRO PAÍS?

EXPLICANDO EL ENIGMA

ES NATURAL SENTIR CURIOSIDAD POR LA vida y el ministerio de las personas a las que se apoya. Lamentablemente, los informes que se envían a los colaboradores suelen carecer de sustancia. Parecen más una página de un diario que un informe sobre la producción, el rendimiento o incluso la actividad.

Aunque hay que reconocer que la mayoría de los miembros de la iglesia no están interesados en las misiones, unos pocos viven para ello. Cuando escriba al pastor, manténgalo a él y a esas personas interesadas en las misiones en el primer plano de sus pensamientos. Ellos leerán lo que escribes y orarán por ti, y cuando haya una necesidad, presionarán a la iglesia en tu nombre. Rinde cuentas a las iglesias en general, pero rinde cuentas específicamente y a propósito a los pastores y a los que comen, duermen y beben las misiones.

En este enigma de dos partes, las dos están tan alineadas que sentí la necesidad de tratarlas como dos partes de un solo asunto, que es probablemente el asunto más crucial en cuanto a dar y recibir apoyo - y ese asunto es la responsabilidad.

EXAMINANDO EL ENIGMA

Webster define la *rendición de cuentas* como "la cualidad o el estado de ser responsable; una obligación o voluntad de aceptar la responsabilidad o dar cuenta de las propias acciones".

Esta moneda de la responsabilidad misionera tiene dos caras. Algunos asumen que los misioneros son enérgicos, abnegados y adictos al trabajo, y yo he conocido a muchos así. Por el contrario, otros sostienen que los misioneros, perdón, los *mochoneros* (como se nos llama a veces), son perezosos, indiferentes, sobrepagados, fracasados quejumbrosos que viven en mansiones con sirvientes. Desgraciadamente, yo también he conocido a algunos de esos, pero ninguno de estos dos supuestos describe la vida y la actividad del misionero típico.

La verdad es que la mayoría de los misioneros son como muchos aspirantes a empresarios. Son personas muy trabajadoras con grandes visiones de éxito que rara vez se cumplen porque, o bien soñaron demasiado a lo grande, o no dieron los pasos necesarios para alcanzar sus objetivos. Todavía no han aprendido que no se construye una casa de golpe; se construye ladrillo a ladrillo y se niegan a aceptar el adagio "hay que arrastrarse antes de andar".

¿Recuerdan la famosa frase del presidente Clinton durante su juicio de destitución? "Todo depende de cuál sea tu definición de la palabra 'es'". *Trabajar duro*, he aprendido, es otro término abierto a la definición personal de un individuo. Un misionero puede sentir que está trabajando duro porque predica tres veces a la semana y prepara cada sermón con un largo estudio bíblico. Mientras que al otro lado del país, en una ciudad diferente, otro misionero predica el mismo número de veces y tiene un instituto bíblico con clases cinco noches a la semana y un orfanato con treinta niños a los que enseñar, alimentar y criar. Él también siente que está trabajando duro. La realidad es que si el misionero no te dice lo que está haciendo, no tienes forma de saberlo. E incluso si lo hace, no sabes si está siendo sincero o si, como decimos, solo está hablando de *forma evangelizadora* (que es un modismo religioso para la palabra "exageración").

En otras palabras, el hecho de que un hombre afirme estar trabajando duro no significa que lo esté haciendo. Podría significar que lo que él llama "trabajar duro" es diferente de cómo lo definen otros. La única manera de saberlo sería que cada misionero le diera un informe breve pero detallado de lo que está haciendo. Entonces podrás decidir si está trabajando duro o si apenas está trabajando.

Esta responsabilidad no es tan difícil con el personal de la iglesia. Tú ves a qué hora empiezan y terminan su trabajo, qué tan bien lo hacen y qué tan rentable es para la iglesia. Pero en el caso de un misionero, recibes una carta trimestral que a menudo no menciona los logros del ministerio, pero que incluye intrincados detalles de las noticias de la familia. Eso no debería considerarse rendición de cuentas según la definición de nadie.

A lo largo de las décadas, he escuchado a algunas personas decir que los misioneros son incapaces de servir; no son más que hombres que no pudieron triunfar en Estados Unidos como pastores, así que se fueron al extranjero para ser misioneros. Admito que entre los miles de misioneros que he conocido, he conocido a unos pocos hombres que califican esa condena. También estoy de acuerdo en que es una posibilidad, pero no una probabilidad y rara vez una realidad. También debo decir a las iglesias que apoyan a los misioneros: "Qué vergüenza si envían a sus "indeseables" a otras tierras en lugar de mantenerlos en casa y ayudarlos a superar sus incapacidades. ¿Intentan disminuir la causa de Cristo?". Este escenario generalmente ocurre cuando un hombre es tan aburrido en su predicación que no puedes soportar escucharlo por más tiempo; por lo tanto, no es "apto para enseñar", así que lo envías al extranjero. ¡Qué error!

Ahora, empecemos con la segunda pregunta de nuestro acertijo. "¿*Existe realmente* la responsabilidad cuando se apoya a alguien en otro país?" Para mí, la preocupación más crucial en esta pregunta no es el sustantivo *responsabilidad,* sino el adverbio *realmente.*

Dependiendo de lo que tú, como misionero, puedas hacer (e informar) y de lo que tú, como colaborador, esperes recibir, hay diferentes niveles de responsabilidad. Por ejemplo, nuestro director en Oriente Medio no siempre puede escribir cartas "a tiempo" Puede estar en cualquier número de países, viajando bajo diferentes nombres con diferentes papeles, teniendo que depender de teléfonos fijos que suelen estar intervenidos, y siendo seguido y/o perseguido por la policía secreta y/o diversas milicias. En esos momentos, que pueden durar semanas, poner algo por escrito o en Internet es difícil y peligroso. Tiene un horario diario o semanal para comunicarse conmigo a través de teléfonos desechables, pero dependiendo de su informe, a veces no puedo transmitir con seguridad las noticias a sus seguidores. Por esta razón, a veces pierde el apoyo de las iglesias que esperan una carta bimensual o trimestral, independientemente de las circunstancias que amenazan su vida. No pueden o no quieren aceptar su incapacidad para informar "a tiempo". Las políticas de presentación de informes, al parecer, no son flexibles. En este caso, se da cuenta de que está obligado a informar, y ciertamente tiene la voluntad de hacerlo; el problema es que sus circunstancias a veces se lo impiden.

Otros misioneros con los que he hablado no ven el proceso de informe como una obligación. Por el contrario, lo ven como una infracción de su tiempo, pensando incorrectamente que si Dios llevó a la iglesia a apoyarlo, entonces deben hacerlo, sin hacer preguntas, sin esperar un informe. Parece pensar que deben estar agradecidos por cualquier información que les dé, siempre que la dé. La mayoría de los misioneros, afortunadamente, son mucho más inteligentes que eso.

Hace años, empezamos a apoyar a algunos predicadores en Azerbaiyán. Estos tipos eran titanes como misioneros nacionales, y realmente sentí que era un honor ser una pequeña parte de su ministerio. Sin embargo, no tardamos en darnos cuenta de que no estaban informando. Llamé a su líder y hablé con él al respecto. Me dijo bruscamente y de forma bastante grosera que ellos no trabajan para el hombre; trabajan para Dios. Añadió que no tendrían que rendir cuentas al hombre, y que si no me gustaba eso, podía dejar de apoyarlos. Lo hice, pero no porque quisiera, ni porque no lo merecieran, ni porque no lo necesitaran, ni porque no entendieran la importancia de informar para rendir cuentas. Los dejé porque, sin informes, no hay rendición de cuentas. En nuestro ministerio tenemos una política forjada en cientos de decepciones a lo largo de décadas, esa política es "sin informe, no hay apoyo". Cuando se enfrentan a un límite de tiempo que determina si alguna vez recibirán otro cheque de apoyo, es increíble cómo los hombres encontrarán tiempo para escribir un informe. Es prácticamente milagroso.

Algunos misioneros reconocen su obligación de informar pero no están dispuestos a tomarse el tiempo para hacerlo, posponiéndolo para hacer otras cosas. Por lo general, se trata de hombres buenos que sienten que no tienen el "don" de escribir, por lo que lo postergan todo lo que pueden o le piden a su esposa que lo escriba por ellos. A menudo, su falta de voluntad para dar prioridad al proceso de redacción conduce a largos periodos sin responsabilidad alguna, especialmente si la esposa tampoco tiene un "don" para escribir.

Otros, en cambio, no tienen nada que escribir desde el punto de vista del ministerio, y eso se nota en el contenido (o la falta de él) de las cartas que escriben. Si estás logrando algo, entonces tienes algo que escribir. Y si no lo haces, entonces no lo tienes. De nuevo, el contenido de las cartas revela la relevancia de la labor o la falta de ella.

EXPONIENDO EL ENIGMA

He escuchado a muchas iglesias quejarse de que no saben qué está haciendo un misionero en particular porque las cartas son poco frecuentes y la información es vaga. Naturalmente, dudan de que esté haciendo algo digno de su apoyo, pero siguen apoyándolo sin tratar de descifrar o corregir el problema. Esto es una mala administración de los fondos de su misión.

Por otra parte, cada iglesia tiene una idea diferente de lo que cree que debe hacer el misionero. El misionero no puede complacer a todas las iglesias todo el tiempo, y es un obrero milagroso si puede realmente complacer a la mayoría de las iglesias, todo el tiempo.

El misionero vive en una tierra extraña con un idioma extraño y, peor aún, una cultura extraña. Se necesita tiempo en otras tierras para aprender a vivir. Cuando vivía en Honduras, recuerdo que tenía que dejar pasar al menos hasta dos horas para hacer un depósito o un retiro en el banco. Como estadounidenses, sabemos lo que queremos, y lo queremos ahora. Hace falta un cambio de personalidad completo para darse cuenta de que el resto del mundo no funciona así, y no se preocupan por complacer nuestros caprichos. Y cuanto más actúes como si te molestara su falta de acción, más lentos se vuelven. Lo mismo ocurre con el servicio postal, con cualquier trato con los funcionarios del gobierno y, prácticamente, cada vez que necesitas ayuda de un empleado en una tienda. Los misioneros conocen bien estos obstáculos culturales; las iglesias de apoyo, no.

En Augusta, Georgia, nuestras pérdidas de energía anuales duran unos dos segundos. En los países en desarrollo, pueden durar dos meses. Si el misionero depende de Internet para rendir cuentas, tanto él como sus partidarios no tienen suerte.

¿Qué pasa con el envío de los informes por correo? En primer lugar, eso costaría una fortuna. En segundo lugar, probablemente nunca los recibirías. En los cinco años que viví en Honduras, solo recibí dos cartas, y ambas eran de Cuba. Tuve que ir al centro a la (única) oficina de correos de la capital para enviar una carta. Aunque solo estaba a unos ocho kilómetros de distancia, ese viaje me llevaría medio día entre el tiempo de viaje y la cola para enviarla. (Piensa en el típico tiempo de espera en el departamento de tráfico y multiplícalo por diez).

Mi intento con estas explicaciones no es justificar al misionero que no está informando, sino ayudar a los que reciben su correo diariamente caminando desde la puerta de su casa hasta la acera a entender que lo que damos por sentado es diferente en el extranjero.

Hay que admitir que la comunicación es más manejable ahora, ya que muchos países tienen conexiones a Internet tan rápidas o más que las que tenemos en Estados Unidos. Desgraciadamente, algunos misioneros piensan que satisfacen la necesidad de justificar el apoyo continuo con sus publicaciones diarias en Facebook de actividades familiares y sus fotos en Instagram del café con leche que están a punto de consumir. En particular, los misioneros jóvenes tienden a pensar que las publicaciones frecuentes en Facebook son en sí mismas una "rendición de cuentas", lo cual es una suposición incorrecta. Las iglesias patrocinadoras quieren saber lo que estás haciendo para promover la causa. Informar regularmente de esa información, asumiendo la responsabilidad de lo que haces o dejas de hacer, es una rendición de cuentas adecuada. Si la proporcionas, este tipo de responsabilidad debería conducir a un apoyo continuo y creciente, y si no, a un apoyo reducido y discontinuo. (Eso es si las iglesias están haciendo su trabajo como administradores de sus donaciones a las misiones).

A decir verdad, para el misionero que quiere rendir cuentas y la iglesia que desea tenerlas, el principal obstáculo es la falta de comunicación entre ellos. Con esto quiero decir que cada uno necesita saber lo que el otro espera.

Esta comunicación puede ser complicada. Piensa que si una iglesia típica da 100 dólares de apoyo al mes (muchas dan 25 o 50 dólares) y un misionero típico recibe 5.000 dólares de apoyo mensual (una cantidad baja para el misionero medio), tiene 50 iglesias de apoyo. Supongamos que tiene que personalizar informes separados para las 50 iglesias, satisfaciendo su "necesidad" particular de información específica, y que cada informe personalizado tarda solo 30 minutos en ser procesado. En ese caso, dedicará 25 horas a redactar los informes. Eso es media semana de trabajo. Eso no es responsabilidad; ¡es burocracia!

En nuestro ministerio, desarrollamos durante décadas un procedimiento de presentación de informes para supervisar miles de informes trimestrales que sigue funcionando bien hoy en día y, francamente, ha sido copiado por muchos otros ministerios. (Si las iglesias adoptaran nuestro plan o uno similar, el misionero podría rellenar un formulario en línea en menos de diez minutos y enviarlo a todos sus colaboradores con un clic del ratón, con fotos y/o videos adjuntos. Y como el formulario está en línea, solo hay que rellenarlo una vez. Nuestro programa informático lo envía entonces a todos los donantes pertinentes. (Lo hacemos con un programa que escribió mi yerno, Michael Horne).

Nuestro informe trimestral comienza simplemente con estas preguntas en el último trimestre:

1. ¿Cuántas personas has llevado a Cristo?

2. ¿A cuántas has bautizado?

3. ¿Cuántas aldeas has evangelizado?

4. ¿Cuántas iglesias nuevas se fundaron?

5. Si la respuesta a alguna de estas preguntas es cero, EXPLICA POR QUÉ.

Los apoyamos por los resultados del ministerio, no por la emoción de vivir en el extranjero. (Y sí, algunos de nosotros lo consideramos una emoción-no un castigo).

A continuación, se les pide que escriban un breve saludo personal de agradecimiento por el apoyo, una lista de peticiones de oración o necesidades particulares, y noticias de cualquier plan o esfuerzo especial que vayan a realizar. Hemos diseñado el informe para que los donantes sepan que están recibiendo lo que están pagando sin que ello suponga una gran pérdida de tiempo para el misionero.

Nuestro formulario de informe trimestral no es una epístola; es un informe de dos páginas. En nuestro caso, apoyamos a los misioneros nacionales por una causa, que es ser un testigo, un discipulador y un plantador de iglesias. No nos importa su jardín, las calificaciones de sus hijos en la escuela, su dificultad para aprender un nuevo idioma o cuánto cuesta la gasolina. No nos importa si los niños tienen nuevos amigos, si la esposa encontró un nuevo estudiante de piano o si no tienen aire acondicionado en su oficina. Y me permito sugerir que si ese es el tipo de cosas que una iglesia de apoyo está buscando, necesita reexaminar su propósito de dar apoyo misionero. Y si un misionero piensa que eso es lo que sus partidarios quieren y necesitan saber, ha perdido todo el sentido de por qué Dios lo llamó a ser misionero.

Para los parientes que pueden querer ese tipo de información o tal vez incluso una iglesia en casa, las publicaciones en Facebook son geniales. Pero si las iglesias de Estados Unidos buscan historias bonitas y misioneros cómodos, entonces hemos deshonrado la comisión de nuestro Señor y desinflado el propósito de las misiones hasta el punto de que ya no nos parecemos ni vagamente a lo que Dios quiso y nos hizo ser.

Cuando nuestros militares localizaron a Osama Bin Laden, enviaron a los Navy SEALs. Sus comandantes y líderes nacionales monitorearon el evento escuchando cada palabra, cada actualización y cada acción. Saben lo que vieron y oyeron, pero ¿qué pasaría si los miembros del equipo SEAL se hubieran tomado el tiempo de hacer una foto en Instagram del complejo, o de lo aterrador que fue entrar en la casa? ¿Y si se hubieran detenido a tomarse un selfie junto a cada víctima o a tomar un poco de café pakistaní con la taza de Osama? Puede que sus amigos en casa se divirtieran, pero las reprimendas de su comandante no habrían merecido la pena. No nos importaba si estaban cómodos, bien alimentados, si disfrutaban del vuelo o si el arma era demasiado pesada. Y a ellos tampoco. Eran hombres ansiosos, bien entrenados y seleccionados a dedo, enviados a una misión con un propósito específico. Eso es precisamente lo que un misionero debe ser y debe hacer.

Bien, la segunda parte del enigma ha quedado resuelta. Ahora, a la primera, "¿Cómo sabemos *realmente* lo que el misionero está haciendo?" (Ahí está ese adverbio "realmente" de nuevo. Lo subrayo en ambas preguntas porque cualquiera puede decir lo que está haciendo, pero eso no significa que lo esté haciendo *realmente*, aunque tenga fotos).

Una vez conocí a un hombre que era un misionero que empezaba una diputación en un país de Sudamérica. Era un amigo que conocía desde la universidad bíblica. Había ido allí a explorar el terreno durante varios meses y había vuelto a casa para conseguir apoyo. Al hacerlo, mostró fotos de los servicios de la iglesia con él mismo de pie detrás del púlpito predicando, y otras fotos de gente siendo salvada. En otras, tenía su brazo alrededor de hombres convertidos que ahora servían a Dios. Durante la presentación de las diapositivas, hizo constantes referencias a que se trataba de iglesias que él había fundado o ayudado a fundar y de hombres que había ganado para Cristo. La implicación era: "Estoy haciendo un trabajo tan bueno que su iglesia debería apoyarme".

Al escuchar su presentación, me quedé atónito. Como he dicho, este hombre era mi amigo, y sabía que solo había ido a ese país para un viaje de estudio de varias semanas. También conocía personalmente al pastor nacional anfitrión al que había ido a visitar. Ese fiel hermano sudamericano había pasado más de una década iniciando y construyendo ese ministerio. Había iniciado las iglesias que aparecen en las fotos mucho antes de que el misionero se hubiera graduado de la universidad bíblica. Este pastor nacional me había enviado las mismas fotos más de tres años antes, diciéndome la ubicación, nombrando a los convertidos, cómo les iba, etc. Formaban parte de su solicitud de cartera de apoyo. Increíblemente, el mismo hombre que el misionero en diputación supuestamente había llevado a Cristo ya era diácono en la iglesia. Tenía una vieja foto de él siendo bautizado muchos años antes de que este candidato a misionero hubiera sido llamado a la obra de la misión.

La presentación era todo mentira, sin embargo, este hombre levantó su apoyo, trasladó a su familia allí, y regresó a casa para pastorear en menos de tres años, abandonando su vocación misionera por el miedo a los disturbios civiles que asolaban el país. ¿Por qué pudo hacerlo? Porque, por regla general, las iglesias aceptan la palabra de un misionero, y si éste tiene una foto o un video que lo respalde, reciben sus palabras sin rechistar. (Por eso nunca viajo solo, por eso dejo que la gente viaje conmigo, por eso les ayudo en sus viajes sin mí, y produzco tantos artículos e informes que pueden ser verificados). Ni siquiera utilizamos fotografías que no son nuestras sin reconocer la fuente.

Quizás te preguntes dónde estaba su junta directiva cuando se producía todo este engaño. No es el único. Prevalece la suposición errónea de que el propósito de una junta misionera es verificar que los informes de sus misioneros son auténticos y precisos y asegurarse de que son dignos de apoyo (esto es administración y responsabilidad). Es un error. No conozco ninguna que haga eso. En respuesta a una inquietud o a una consulta, pueden investigar al misionero ocasional, pero no como práctica general. No saben nada más del misionero que lo que ha escrito en sus cartas, y eso solo si reciben y leen las cartas. En nuestro caso, tenemos personal que lee cada informe cada trimestre, y si algo parece extraño o cuestionable, encontramos la respuesta antes de enviarlo al patrocinador. (Nos gusta saber la respuesta incluso antes de que sepan que hay una pregunta.) Si podemos hacer eso con un personal de dos personas, ¿no podría hacerlo también una gran junta misionera?

Una vez visité a un misionero en Costa de Marfil afiliado a una de las mayores juntas misioneras bautistas independientes que existen. En sus 23 años de servicio en Costa de Marfil, me dijo que el Director de África Occidental de su junta nunca lo había visitado. Estoy seguro de que las iglesias que apoyaban a ese "Director de África Occidental" como "misionero" responsable de la supervisión de los misioneros en África Occidental no tenían ni idea de que no estaba haciendo su trabajo. Y si el presidente de la junta misionera no sabía lo que hacía o dejaba de hacer su director designado, ¿cómo podría saber lo que hacían o dejaban de hacer los misioneros individuales?

Revelé esa falta de responsabilidad para ilustrar que, en mi opinión, la única manera de saber realmente lo que hace cualquier misionero es seguir estas sugerencias:

- Haz preguntas.
- Verifica las respuestas lo mejor que puedas.
- Tú, o una pequeña delegación de tu iglesia, ve a visitarlo.

Creo que es arriesgado que una iglesia apoye a más misioneros de los que el personal o un líder capaz de la iglesia pueda visitar al menos cada tres o cuatro años. El pastor o el representante de la iglesia tiene que verlo con sus propios ojos, tomar sus propias fotos y conocer personalmente a los conversos. Si tienes dudas, contrata a un hablante bilingüe para que te acompañe. Durante la semana, tú o el misionero pueden posiblemente llevarlos a Cristo. (Puedes encontrarlos en Internet, en universidades o escuelas de idiomas).

Si haces un widget al día, puedes supervisar la calidad. Si haces cien, tal vez puedas, pero en algún momento, necesitas un control de calidad y un empleado que lo supervise. Lo mismo ocurre con el programa de misiones de una iglesia. Si apoyas a demasiados para supervisar adecuadamente la calidad de los trabajadores que apoyas, delega las regiones o países al personal o a un miembro de confianza. Se trata de rendir cuentas.

Según el método estándar de rendición de cuentas, las iglesias reciben una carta trimestral que prácticamente ninguno de sus miembros verá o leerá. Como resultado, prácticamente no hay información sobre el ministerio o la exposición positiva de los misioneros al cuerpo de la iglesia. Con nuestro método, la iglesia recibiría un informe de primera mano, emocionante y sincero de un miembro que visitó al misionero. Imagina cómo su experiencia encenderá el fervor por las misiones en tus miembros. Y puedes hacerle un gran favor al misionero dándole una copia en video del informe de tu miembro a la iglesia que él puede enviar a todas sus otras iglesias de apoyo.

Al mejorar la rendición de cuentas logrará dos cosas. En primer lugar, mejorará el trabajo del misionero al ponerle los pies en el fuego, tanto en el desempeño como en la presentación de informes, y en segundo lugar, aumentará el celo de su iglesia al darles una razón para entusiasmarse y participar más.

ELIMINANDO EL ENIGMA

Sugerencias para los Misioneros:

- Sé abierto y honesto con tus informes. No seas tímido al mencionar los problemas e incluso los contratiempos, especialmente si puedes mostrar lo que aprendiste de ellos.
- Los informes no son tu enemigo. Son la herramienta más poderosa que tienes para promover y financiar tu ministerio.
- Recuerda que te apoyan con un propósito. Demostrar que estás cumpliendo con ese propósito no es engreído. (David nunca minimizó el hecho de matar a Goliat, y tampoco solo habló de ello. Tuvo muchos éxitos y muchos fracasos. Mencionó ambos, y le queremos por ello). Si no hay nadie que cuente la historia por ti, entonces debes contarla con la mayor humildad y honestidad posible. No dejes que la historia se pierda por no registrarla.

       ⊛   Aunque no te recomiendo que lo hagas, yo escribo una revista trimestral de 24 páginas que se envía a todas las personas de nuestra lista de correo, en la que se muestra con precisión lo que hemos hecho, lo que hemos conseguido y lo que pensamos hacer a continuación. Antes lo hacía mensualmente, pero con la edad me he vuelto perezoso. Empecé a hacerlo en 1986, cuando "cortar y pegar" significaba literalmente "cortar y pegar". Ahora es un proceso fácil. También hago una carta personal trimestral para los que nos apoyan a mi mujer y a mí. También hago al menos un proyecto de correo electrónico a la semana que tiene de dos a cuatro páginas. Todos ellos tienen fotos o un enlace de video. La cuestión es que, si yo puedo hacer esto, tú puedes escribir una carta convincente de una página cada tres meses.

Sugerencias para las Iglesias:

       ⊛   Haz preguntas. Si lo que estás recibiendo en los informes no cumple con tus expectativas, sé justo y házselo saber al misionero. Probablemente él podría beneficiarse de tus sugerencias.

       ⊛   Alguien con una naturaleza curiosa debería leer todos los informes que recibe. Busca patrones, hechos cuestionables e inexactitudes. Es posible que tengas que elegir a diferentes personas para diferentes regiones. Si bien no debe ser tu intención analizar todo lo que se informa, al menos debes ser consciente de detectar datos aparentes y cuestionables. Por ejemplo, si un misionero dice que está llevando a diez personas a Cristo cada semana, pero la iglesia no está creciendo en asistencia después de varios meses, algo está mal. Tal vez fue entrenado como evangelista y no intentó bautizar y discipular a los nuevos conversos. Ayúdalo a superar esta deficiencia.

       ⊛   Hace años, recibimos un informe de un predicador apoyado en África que normalmente llevaba a unas veinte personas a Cristo cada trimestre. Su informe decía que había ganado más de 800 almas ese trimestre. Inmediatamente envié un correo electrónico al director de ese grupo y le pedí que verificara la cifra, pensando que tal vez quería decir 8 u 80. Supuse que era un error y que necesitaba una aclaración para editar su informe antes de enviarlo a los patrocinadores. El director me dijo que habían realizado una campaña de predicación callejera de un mes de duración en su ciudad, lo que explicaba el elevado número. Mi trabajo consistía en cuestionar el informe. Después de recibir la explicación, escribí una nota en el informe para los patrocinadores explicando por qué el número era tan grande y anormal. No solo agradecieron mi nota, sino también que no tuvieran que ponerse en contacto conmigo para obtener la respuesta. Había supuesto, con razón, que si me llamaba la atención y necesitaba una explicación, también lo haría. Y así fue.

⚬ Informa a cada misionero si sus informes son o no del calibre que esperas. Da sugerencias; pero no te pases de la raya. Todo el mundo tiene una opinión sobre lo que deberían hacer los demás, pero tú, como pastor, sabes lo que tu gente necesita oír.

#13

¿QUÉ CREEN LAS IGLESIAS/LOS MIEMBROS DE LA IGLESIA QUE HACEN LOS MISIONEROS Y QUÉ HACEN REALMENTE?

EXPLICANDO EL ENIGMA

CADA UNO TIENE SU propia idea de cómo es el cielo, y todos estamos equivocados. Después de todo, según la Biblia, el hombre no puede ni siquiera imaginar lo que Dios ha preparado para nosotros. Del mismo modo, todo el mundo tiene su propia idea de cómo es la vida diaria y la rutina de un pastor, y probablemente todos estén equivocados también. La mayoría de la gente piensa que los pastores solo trabajan los domingos y los miércoles por la noche. No tienen idea de lo que su posición requiere y de las horas que pasan semanalmente en el estudio, el asesoramiento, las visitas y el testimonio, sin mencionar la cuidadosa supervisión de una corporación legal, un cuerpo de creyentes necesitados, un personal y las propiedades que poseen conjuntamente.

Aun así, la mayoría de la gente no tiene ni idea de lo que hace un misionero. Detente un momento, cierra los ojos, vacía tu mente - no, no tan vacía- e imagina a "un misionero". ¿Qué ves? ¿Qué aspecto tiene? ¿Qué lleva puesto? ¿Cuáles son sus herramientas? ¿Qué acaba de hacer y qué está a punto de hacer? Ahora, pavonéate por la habitación, cantando como un gallo, y cuando chasquee los dedos, ¡despierta!

Te dije que la mayoría de la gente no tiene ni idea de lo que hace un misionero.

EXAMINANDO EL ENIGMA

Pero cada uno tiene su idea de lo que debe ser la vida y la rutina diaria de un misionero. Depende del tiempo que hayan estado en la iglesia, de los distintos misioneros que hayan conocido y de los libros que hayan leído. Después de treinta y cinco años como misionero (y más de diez antes como pastor), he aprendido las siguientes generalizaciones: los pastores hacen mucho más "trabajo" real del que imaginan sus miembros; los misioneros hacen mucho menos "trabajo" del que sospechan sus partidarios.

Ahora, antes de que me alquitranen y emplumen, permítanme un momento para explicarme. Por favor, recuerden que SOY UN MISIONERO, así que sé un poco sobre el tema y tengo la autoridad para hablar específicamente como participante, no generalmente como observador.

Vuelve a hacer una pausa, cierra los ojos y regresa a esa imagen que tienes de cómo crees que son y hacen los misioneros.

- ¿Es un tipo de aspecto normal o un superhéroe del ministerio?
- ¿Va vestido con traje y corbata o lleva caquis y camisa deportiva?
- ¿Qué lleva en la cabeza, una gorra de béisbol o un casco con mosquitera?
- ¿Qué lleva en la mano, un smartphone o un machete?
- ¿Dónde duerme, en una cama o en una esterilla?
- ¿Cómo se desplaza, en un todoterreno o a pie?
- ¿Predica todo el día, todos los días, o solo los domingos y los miércoles?
- ¿Está fundando nuevas iglesias/congregaciones o solo pastorea una iglesia establecida con la misma congregación, año tras año?
- ¿Pasa las noches en el estudio de la Biblia y el discipulado o en Netflix y la relajación?

- ¿Come hamburguesas y pizza o sesos de mono y un perro asado?

- ¿Ha testificado a todas las familias de su calle, o ni siquiera sabe sus nombres?

Vaya, muchachón, antes de que pases a la ofensiva, permíteme decir que no estoy juzgando a nadie, así que, si me permites citar al que quizá sea el pastor y orador más destacado del siglo XX, el Dr. R. G. Lee, "no te enfades, solo estoy preguntando".

Si eres como muchos cristianos que crecieron en la iglesia, basándote en tus experiencias asistiendo a conferencias misioneras y en los sermones de tu pastor, es probable que un misionero encaje en la imagen de un extremo o del otro. Y si eres uno de los pocos que ha pasado tiempo en un viaje misionero a corto plazo y todavía tienes la menor de las dos visiones, entonces nosotros como misioneros estamos realmente en problemas. Después de todo, si las iglesias nos apoyan para "ir a todo el mundo", y ni siquiera vamos a nuestros propios barrios, ¿qué impulso queda para que las iglesias continúen nuestro apoyo? La respuesta rápida es "ninguno".

EXPONIENDO EL ENIGMA

La verdad es que nadie puede estudiar todo el día, predicar todas las tardes, orar toda la noche y durar más de una semana. Me recuerda al hombre que predicaba: "Pongámonos hombro con hombro, espalda con espalda, mirémonos a los ojos y marchemos hacia adelante por el Señor". El concepto suena muy bien, pero es imposible de hacer. Los misioneros también son personas y tienen todas las limitaciones que tiene cualquier otro ser humano. Sin embargo, se nos pide y se espera que logremos cada día más de lo que otros sueñan con lograr en toda su vida, simplemente porque somos misioneros.

Entonces, ¿qué crees que hacen los misioneros? Una vez más, eso depende de cada misionero. En mi libro, *La Gran Omisión*, cuento esta historia:

En 1992, hablé en una conferencia misionera de la iglesia en Londonderry, New Hampshire. Fui el orador principal de la semana, lo que se estaba volviendo más común a medida que nuestro ministerio se hacía conocido. Cada noche, mientras yo trataba de motivar a los miembros para que apoyaran las misiones, varios otros misioneros estaban abajo enseñando a los niños sobre las misiones y sus ministerios personales. Durante el servicio de clausura de la conferencia, el pastor llamó a todos los niños y niñas a la plataforma para que contaran lo que habían aprendido sobre los misioneros esa semana y mostraran los dibujos que habían hecho para ilustrar lo que los misioneros les habían contado. Cuando se hizo la pregunta: "¿Qué hacen los misioneros?". Saqué mi bolígrafo para tomar notas, pensando que sería un excelente tema para un futuro libro. Todavía hoy conservo esas notas. La respuesta de los niños fue triple. "Misioneros", dijeron, y cito textualmente...

1) "Matar serpientes".
2) "Trabajar en el jardín".
3) "No conseguir que la gente venga a la iglesia".

El entendimiento era erróneo, aunque bellamente ilustrado con crayones. Pero lo que era aún más equivocado y devastador para la causa de Cristo y de las misiones, es que los misioneros que habían escuchado cada noche de domingo a viernes les habían dado esa impresión. Tengan en cuenta que ese incidente ocurrió en 1992. Esos "niños" tienen ahora entre treinta y cinco y cuarenta años y tienen sus propios hijos. Me pregunto si esa ha sido la impresión que han tenido durante toda su vida de lo que es y hace un misionero. ¿Es eso lo que han enseñado a sus hijos sobre las misiones?

A veces matamos serpientes; trabajamos en el jardín, si el tiempo lo permite, y a menudo no conseguimos que la gente venga a la iglesia. Pero, ¿es esa la suma total de lo que somos?

Algunos misioneros trabajan incansablemente plantando numerosas iglesias, formando a decenas de jóvenes para que sean predicadores, y pastorean varias iglesias simultáneamente. Intentan mucho y logran mucho. Otros "estudian" todo el día en la oficina de su casa y pastorean una pequeña iglesia de veinte personas iniciada por otra persona cuando el propio misionero era todavía un niño. Intentan poco y logran aún menos.

Animo a todas las iglesias a que establezcan un comité de personas inteligentes con mentalidad misionera y les pidan que desarrollen una política misionera para su iglesia. Esta política, aprobada por el pastor y comprendida y aceptada por los miembros, le guiará en cuanto al tipo de ministerio que apoya, el tipo de misionero que apoya y la forma en que los hace responsables. (Actualmente estoy escribiendo un manual para las iglesias sobre cómo hacer exactamente eso).

Entonces, ¿cómo se puede empezar un proyecto de este tipo? Acércate a los miembros de tu iglesia y hazles la misma pregunta que yo hice: "¿Qué crees que hacen los misioneros?" o, mejor aún, "¿Qué crees que debería hacer un misionero y por qué lo crees?". (Pídeles que lean mi libro, *La Gran Omisión*, como punto de partida). Ninguno de nosotros puede cumplir con las expectativas de todas las personas en todas las iglesias, pero la Biblia revela algunas cosas prácticas en las que un misionero debería participar, si no todos los días, al menos de forma rutinaria. Si un misionero está cumpliendo esas funciones y la obra no está creciendo, averigüe por qué. Si, por ejemplo, un misionero dice que va a ganar almas cada semana durante cinco horas pero rara vez tiene a alguien convertido, pregunte por qué. Estas son algunas de las posibles razones:

- Tal vez su área es desafiante, como Francia o Inglaterra, donde hay muchos ateos. (Ve si puedes ayudarlo a encontrar algunos tratados, folletos o videos útiles. Pregunta a los misioneros y pastores más exitosos de la misma región y pregúntales por qué tienen éxito. Pídeles que le enseñen al misionero, ofreciéndole pagar sus gastos de viaje y sus gastos, por supuesto). En Final Frontiers, hacemos esto regularmente, así que, por ejemplo, un grupo que es deficiente en un área (como los bautismos) puede recibir tutoría del líder de un grupo con más éxito).

- Tal vez esté utilizando métodos culturalmente inaceptables, como llamar a las puertas. En algunas culturas, no es educado hacer eso. En otras, la esposa nunca abrirá la puerta si su marido no está en casa, ya que hacerlo arruinaría su reputación.

(Sugiere que hable con los pastores nacionales y les pregunte cómo lo hacen).

    ●   Tal vez, por su forma de vestir, se le percibe como mormón, y la gente prefiere evitarlos. Si te fijas bien, los bautistas nos parecemos a los mormones con una excepción: tenemos los mismos pantalones, camisa, corbata y el mismo corte de pelo. Vestimos de blanco y negro y nos vestimos mejor que los que intentamos alcanzar. Incluso llevamos la misma Biblia KJV. No tenemos una etiqueta con el nombre, pero esta es una pequeña diferencia para que la mayoría se dé cuenta, por lo que nos confunden como mormones. (Sugiere que se vista de manera más informal como lo hacen los lugareños; así, su apariencia no es ni amenazante ni opulenta. Recuerda que Jesús no llevaba corbata; tú tampoco tienes que llevarla).

    ●   Quizás se está vistiendo demasiado bien. Parece un hombre rico que hace campaña en una zona de bajos ingresos. La gente siente que no puede relacionarse con él o que no es digna de hablar con él. Pueden sentir que está haciendo alarde de su riqueza. (Anímale a que se convierta en todo para todos los hombres y a que copie los estilos de aquellos a los que intenta llegar, es decir, que no lleve falda escocesa en Kenia y que no la lleve en Escocia en un día de viento).

Aunque parezca una tontería, la solución a la improductividad podría ser tan sencilla como darse un baño, usar desodorante, rociar un poco de colonia y chupar un caramelo de menta. Que a ti te guste ir *al natural* no significa que a los que te rodean les guste.

No se trata de que el misionero sea un fracaso. Se trata más bien de que determines lo que esperas de los misioneros que apoyas y de que hagas un seguimiento para ver si cumplen tus expectativas.

Al adaptar esta política, los futuros misioneros sabrán lo que esperas y tendrán la oportunidad de rechazar tu apoyo si consideran que no pueden cumplirlo. Por supuesto, los misioneros actuales deben disponer de un tiempo adecuado para ajustar su horario y su actividad (o la falta de ella) para cumplir con las expectativas recién pronunciadas por ti y posiblemente inexpertas. Recuerda que él está en el campo en parte por el contrato verbal que hiciste para apoyarlo.

Si cambias tus requisitos de apoyo, entonces, éticamente, deberías cumplir el plazo de apoyo comprometido antes de castigarlo por incumplimiento. De nuevo, sé práctico y estate dispuesto a escuchar y aprender de lo que él te diga. Pide al Espíritu Santo que te guíe para determinar si sus respuestas son preguntas o malentendidos y si sus explicaciones son razones o excusas. Tus expectativas deben ser su reconocimiento de un trabajo bien hecho según los estándares bíblicos, no una oportunidad para que aumentes su carga de trabajo recopilando datos detallados.

Recuerda, no puedes esperar que un hombre vaya a ganar almas 24 horas al día. Incluso el Señor se tomó tiempo libre para ir a pescar, ir a fiestas, convivir con amigos, leer y descansar.

La verdad es que si queremos educar a nuestros miembros y a nuestros hijos sobre el trabajo de los misioneros, entonces necesitamos saber lo que realmente hacen, no lo que imaginamos que hacen.

¿Qué enseña la Biblia que debe hacer un misionero?

Si lees las Escrituras sobre el ministerio de Pablo, tendrás la ilustración más concisa que se ha dado. En resumen:

1) Trabajó con un equipo que incluía a sus percibidos superiores o iguales (Bernabé y Silas). No se enseñoreó de nadie con una actitud de superioridad.

2) Trabajó con sus discípulos, siempre aprendiendo y emulando lo que ellos aprendían de él en palabras y hechos. Les instruyó en Filipenses 4:9: *Lo que habéis **aprendido, recibido, oído** y **visto** en mí, hacedlo; y el Dios de la paz estará con vosotros.*

3) Plantó muchas iglesias, pero es posible que nunca haya pastoreado una por un período prolongado, con la excepción más obvia de Éfeso y Corinto, que tenía dos iglesias, Corinto superior (I Corintios) y Corinto inferior (II Corintios). Nos reveló los cuatro dones de la iglesia en Efesios 4, pero ni una sola vez se refirió a sí mismo como el don de un pastor, solo de un apóstol, que es la palabra griega de la que obtenemos la palabra inglesa, "missionary".

4) Entregó las iglesias recién establecidas a sus discípulos y a los hombres capacitados de las iglesias (los ancianos), y luego pasó a fundar más iglesias.

5) No solo enseñó la doctrina, sino también el ministerio práctico cotidiano.

6) No confió en el apoyo (sino que lo aceptó). Iba donde y cuando se sentía guiado a ir. Si faltaba apoyo, iba de todos modos, trabajando con sus manos para mantenerse a sí mismo y a su equipo.

7) Escuchó y aceptó los consejos de los demás, incluso de los que tenían menos experiencia que él.

8) Informó de su actividad a sus amigos, partidarios, discípulos y a las iglesias que fundó, con un detalle asombroso.

¿Qué esperamos que sea un misionero?

Enumero aquí varias calificaciones básicas.

○ *Debe tener* **experiencia**. Las Escrituras nos ordenan no levantar a un novato. Asegúrate de que el misionero ya tenga alguna experiencia en el ministerio. Si nunca ha comenzado una iglesia en su propia tierra, ¿por qué cree que puede comenzar una en otra tierra con un idioma y una cultura diferentes?

○ *Debe estar* **cualificado**. ¿Cumple los requisitos bíblicos para un predicador? En el pasado, los misioneros eran considerados predicadores ineptos; es decir, iban al extranjero a predicar porque ninguna iglesia en su país toleraba sus incapacidades. Los misioneros deberían ser lo mejor de nosotros, no lo peor. Están siendo enviados a la guerra (espiritualmente) y deben ser entrenados y probados.

○ *Debe ser* **autosuficiente**. ¿Tiene habilidades a las que recurrir cuando sea necesario? Si no, lo dejará. Pablo podía literalmente "montar una tienda" dondequiera que fuera y tenía acceso diario, durante todo el día, a clientes y propietarios de tiendas a los que podía dar testimonio y donde otros podían encontrarlo si tenían preguntas. Su autosuficiencia le permitió conocer y discipular a Aquila y Priscila, que luego hicieron lo mismo con Apolos. Aunque un misionero puede tener todo el apoyo, puede faltarle o cortársele. ¿Qué hará entonces: quedarse donde Dios lo llamó o volver a casa?

La función principal de un misionero es ganar almas, discipular a los convertidos, plantar iglesias y entrenar a otros para que tomen el relevo. Luego debe seguir adelante y repetir ese proceso, llevando a algunos con él y enviando a otros con sus propios equipos. Todo lo demás (incluso los ministerios sociales) debe ser para la realización personal, la supervivencia financiera o para beneficiar la función principal del misionero. Este concepto de lo que es y hace un misionero, aunque bíblico, está tan alejado de nuestra cultura misionera en los Estados Unidos que enseñarlo, como lo hago continuamente, te marca como un hereje o alguien que odia a los misioneros. Entonces, ¿qué piensan los miembros de la iglesia, y tristemente, la mayoría de los pastores, que hace un misionero?

Conceptos erróneos sobre lo que no hacen los misioneros:

- La mayoría de los pastores y miembros de la iglesia no saben que estadísticamente, la mayoría de los misioneros nunca comenzarán una nueva iglesia en toda su carrera.

- No se dan cuenta de que la mayoría de los misioneros solo pastorean una iglesia en un país extranjero. Por lo general, no es una iglesia que ellos iniciaron, sino una iniciada por un nacional u otro misionero muchos años antes. No están plantando nuevas iglesias; están pastoreando iglesias existentes.

- La mayoría de los que son apoyados como misioneros no son ni siquiera predicadores, mucho menos plantadores de iglesias. Son médicos, enfermeras, trabajadores de hogares infantiles, pilotos, mecánicos de aviones, maestros de escuela, operadores de librerías, profesores universitarios, etc. Por ejemplo, la Convención Bautista del Sur ha sido durante mucho tiempo la mayor fuerza misionera denominacional a nivel mundial. Hace varios años, un amigo me dijo que, aunque no nos conocen, casualmente adoptaron nuestro punto de vista de lo que debe ser un misionero (una persona que se ocupa de la iglesia). Después de tomar esa determinación, llamaron a casa a todos sus "misioneros" que no eran plantadores de iglesias. Esto redujo su fuerza misionera en un 45%. Ahora utilizan sus fondos misioneros designados para apoyar a los misioneros (plantadores de iglesias dedicados), no al personal de apoyo, que es necesario y digno de apoyo, pero no de los fondos misioneros. De la misma manera que no usas tu diezmo para otros propósitos, como el fondo para la universidad de tus hijos, tu cuenta de servicios públicos, etc., sin importar cuán valioso sea, no debemos usar los fondos designados para las misiones para ningún otro propósito que no sean las misiones reales.

En cuanto a lo que realmente hacen los misioneros, hay que tomarlo de forma individual. En nuestro ministerio, tenemos requisitos generales que si un hombre no cumple, no es o deja de ser apoyado.

1) Debe ser doctrinalmente sólido. (Me gusta decir en broma que significa que está equivocado en las mismas cosas en las que nosotros estamos equivocados).

2) Debe ser moralmente puro.

3) Debe tener un historial verificable en la plantación de iglesias y entrenando hombres para el ministerio. (Para calificar como un misionero de Final Frontiers, debe haber iniciado ya, sin apoyo, al menos dos iglesias y tener al menos un hombre sirviendo en el ministerio a quien ganó para Cristo, discipuló y entrenó, lo que confirma que no es un novato).

4) Debe ser parte de un grupo local de predicadores que rinda cuentas. (No apoyamos a los que se quedan solos, ya que no hay responsabilidad).

5) Debe estar de acuerdo en rellenar y devolver nuestros formularios de informe trimestral. (El no cumplir con este requisito es motivo automático para que dejemos de apoyarlo).

Y después de que hayamos determinado que un hombre está calificado, se le dice que su apoyo continuo depende de que cumpla con los requisitos continuos. ¿Cuáles son esos requisitos?

1) Tiene que permanecer activa y consistentemente involucrado en la plantación de iglesias y el discipulado de otros.

2) Tiene que rellenar y devolver los formularios trimestrales del Informe Misionero.

Para determinarlo, utilizamos los Formularios de Informe Misionero de los que ya se ha hablado. Los datos se introducen en nuestro programa sobre cada predicador, ofreciéndonos un análisis "de por vida" basado en sus informes trimestrales sobre lo que ha hecho y está haciendo. Guardamos una copia digital de cada informe y foto que nos envía. Si es necesario, podemos comparar su actividad con la de los demás predicadores de su grupo de responsabilidad y comparar un grupo con otro. Hacemos esto para detectar las tendencias o los puntos débiles, de modo que podemos enviar a un "experto" de una región para que ayude a un grupo de otra región, como ya se ha comentado. Enviar a un local para que les ayude es mejor recibido y más rentable que enviar a un extranjero. Puede haber un resentimiento justificado cuando un hombre de otro país, cultura e idioma se impone sobre otra cultura. Una invitación a arreglar un problema es diferente a la insinuación de un extranjero inexperto y desconocido de que puede arreglarlo.

Esta acumulación de datos desde el primer día es la forma en que podemos informar de las asombrosas cifras que tenemos. Hay que tener en cuenta que todos los que apoyamos son misioneros plantadores de iglesias, por lo que esperamos que hagan exactamente eso. Y cuando consideras que nuestra red de plantadores de iglesias nacionales ha crecido de 6 en 1986 a más de 28,000 en 2020; entonces puedes entender por qué tenemos los resultados que tenemos.

¿Cómo se debe esperar que un misionero rinda cuentas?

Estamos hablando de que rinda cuentas a sus seguidores. Al hacer eso, él debe ser como:

- Un *político*, siempre dispuesto a hablar de lo que hace
- Un *pastor*, que se da cuenta de que la verdad siempre será revelada
- Un *editor*, rechazando el crédito por lo que otros han hecho y no reclamando sus logros como propios
- Un *prisionero*, agradecido con quienes lo mantienen y siempre ligado al servicio que Cristo le encomendó.

ELIMINANDO EL ENIGMA

Sugerencias para los Misioneros:

- Dar razones de lo que se informa si son necesarias. No hice caso a mi propio consejo, y mi fracaso perjudicó a nuestro ministerio. A finales de 2019, suspendí temporalmente uno de nuestros nueve centros de alimentación en Honduras que nos exigía dar bolsas de comida a esos niños en lugar de alimentarlos en nuestras mesas. Varias razones detalladas y legales para hacer esto nos permitieron proteger ese lugar en particular de demandas y de la pérdida potencial de nuestra propiedad, ahorrándonos una fortuna. Sin embargo, debido a cuestiones legales, el desvío previsto de tres meses duró seis meses antes de que pudiéramos volver a la normalidad. (Entonces llegó Covid-19.) Sin embargo, no informé a los patrocinadores de este cambio temporal, ya que consideré que les preocupaba más que alimentáramos a los niños que el lugar donde los alimentábamos.

- Un antiguo afiliado descontento informó a algunos patrocinadores de que yo había "cerrado" el centro de alimentación y dio a entender que intentaba ocultarlo. Asumieron erróneamente que se trataba de un cierre permanente y que me estaba fugando con sus donaciones. Como resultado, perdimos varios patrocinadores, incluso después de que se enteraran de la verdad. Ese hombre había difundido maliciosamente los chismes. Intentaba poner en marcha un programa de alimentación y pretendía redirigir su apoyo al suyo. Algunos patrocinadores le creyeron y siguieron difundiendo sus falsedades sin ponerse en contacto conmigo, como exigen las Escrituras.

- En realidad, yo provoqué todo el asunto al no ser sincero con lo que estábamos haciendo y por qué lo estábamos haciendo. Mi intención no era ocultar la situación, solo la realidad de que no puedo revelar el propósito y la razón detrás de cada decisión que tomo. El volumen de nuestro trabajo es demasiado grande y en demasiados países. Tengo que tomar decisiones diarias e incluso cada hora que a veces ponen vidas en juego. Mi error fue pensar que nuestro ministerio y yo gozábamos de la confianza de este patrocinador, que nos había apoyado durante años y que había visitado nuestros centros de alimentación al menos cinco veranos diferentes. Me equivoqué. A medida que el tiempo se alargaba, debería haber enviado una nota informando a los patrocinadores de lo que estábamos cambiando, por qué lo estábamos cambiando y cuándo volverían las cosas a la normalidad.

- Compartir preciosos momentos familiares puede interesar a algunos de tus seguidores, pero no a todos. Asegúrate de poner algo de carne en los huesos de tus cartas.

- Comprende por qué te apoyan y trata de adaptar tus cartas para abordar esos puntos.

- Comprende que los pastores de tu país también necesitan estímulo. Tienen que soportar que la gente se pregunte por qué la iglesia gasta tanto en misiones cuando ellos tienen sus propias necesidades. Dales algo que puedan usar para justificar su visión del apoyo misionero.

- Demuestra en todas tus cartas precisamente lo que estás haciendo, lo bien que está progresando, y lo que podría ayudarte a hacer más. Si tienes que matar una serpiente, entonces, por supuesto, mátala (y toma algunas buenas fotos también). Si estás cultivando un huerto, cuéntales cómo regalaste productos a una familia hambrienta y cómo eso les llevó a Cristo.

- Recuerda que Dios puede utilizar tus cartas para influir en un niño pequeño que algún día pondrá el mundo patas arriba. No permitas que tus cartas sean un aburrimiento; deja que sean una extensión de tu ministerio. Son tu legado impreso.

Sugerencias para las Iglesias:

- Analizar la productividad y los métodos de sus misioneros apoyados no es una cuestión de que le digas al misionero de allí lo que debe hacer y cómo hacerlo. No te presentes como su maestro, poseedor de un conocimiento superior de su situación que no puedes tener, sino como un socio que comparte su preocupación y ofrece posibles soluciones.

- No seas tímido a la hora de hacer preguntas cuando las tengas. A la gente le gusta hablar de su ministerio, y los misioneros no son una excepción. Pregúntales sus opiniones, pregúntales sobre sus observaciones, pregúntales por qué esto, por qué aquello, etc.

    •   Si un misionero no comunica su trabajo con tu gente con regularidad, indícaselo amablemente. Francamente, si tú te sientes así, probablemente otros pastores también lo hagan. Le haces un favor diciéndole lo que falta en sus cartas y haciéndole algunas sugerencias. Con suerte, él lo verá como una crítica útil y no como una crítica hiriente.

    •   Cuando aceptes a un misionero para que te apoye, asegúrate de decirle lo que esperas con respecto a su trabajo y sus informes. No le exijas un nivel de exigencia que él desconoce.

#14

SI LAS CARTAS DEL MISIONERO ESTÁN DESTINADAS A RENDIR CUENTAS, ¿POR QUÉ SON TAN POCOS LOS QUE ESCRIBEN BUENAS CARTAS, Y POR QUÉ A LOS PASTORES/IGLESIAS PARECE NO IMPORTARLES?

EXPLICANDO EL ENIGMA

CONTINUAMENTE ESCUCHO comentarios de los pastores sobre la falta de sustancia en muchas de las cartas que reciben. Sin embargo, algunos misioneros se destacan en la redacción de buenos informes. Durante la última década, más o menos, los misioneros que sirven en FBMI (Fundamental Baptist Missions International), por ejemplo, se han convertido en excelentes escritores. No sé cómo ha sucedido esto, y aunque espero haber tenido alguna pequeña influencia con los que he aconsejado, sospecho que el liderazgo de la junta (Darrell Moore anteriormente y Mark Bosje actualmente) se dio cuenta de que había un problema y lo arregló rápidamente.

He tenido la suerte de leer muchas de sus cartas que parecen seguir siempre un patrón específico. Primero, dan un breve saludo de su familia y tal vez mencionan una bendición o un problema, luego pasan a hablar de una nueva obra en la que están involucrados y dan el testimonio de uno de sus conversos; finalmente, cierran con una necesidad del ministerio para la que piden humildemente ayuda. Pero no se limitan a decir cuál es la necesidad; dicen por qué es una necesidad y cómo resolverla. Para mí, esto es increíble, asombroso, y un ejemplo que todos los misioneros deberían seguir, y hay que reconocer que muchos ya lo hacen.

Este método de escritura pone de manifiesto de forma excelente un principio vital: si no te das cuenta de que hay un problema o decides ignorarlo o excusarlo, nunca lo repararás. Por el contrario, si reconoces el problema y lo arreglas, disfrutarás de los beneficios.

EXAMINANDO EL ENIGMA

Veo tres respuestas básicas a este enigma: la larga, la corta y la simple. La respuesta larga es: pastores, ¿por qué tienen tres cantos congregacionales, dos especiales y una ofrenda antes de predicar? (Uy, se supone que estamos hablando de los misioneros, y olvidé que no se debe responder a una pregunta con otra pregunta). Déjame intentarlo de nuevo. La respuesta corta a ambas es la **tradición.**

Esa es la respuesta larga y corta. La respuesta sencilla es que, por lo general, a los misioneros no se les enseña a escribir cartas informativas y motivadoras, y las iglesias no esperan que lo hagan. Ahora que hemos definido el problema (cartas inadecuadas) y la causa (falta de instrucción y expectativas), veamos un poco más a fondo.

Escribir cartas e informes tiene que ver con la rendición de cuentas. Hasta ahora, nuestro viaje por la rendición de cuentas nos ha llevado solo un paso y ya tenemos que hacer una pausa, preguntándonos a dónde ir desde aquí. Tenemos que profundizar para encontrar las causas de nuestro problema; solo entonces podremos buscar las mejores soluciones y decidir cómo resolverlas. Así pues, analicemos de nuevo el enigma. "Si las cartas del misionero están destinadas a rendir cuentas, ¿por qué tan pocos escriben buenas cartas, y por qué a los pastores/iglesias parece no importarles?"

En mis treinta y cinco años como misionero, las razones que he encontrado para este enigma son legión, pero típicamente caen dentro de varias categorías comunes.

Categoría Uno: *Formación inadecuada*

¿Cuántas veces ha escuchado esta respuesta? "Esa no es la forma en que siempre lo hemos hecho".

1) Los misioneros aprenden de los misioneros, que aprendieron de otros misioneros, etc. Nos reproducimos según nuestra propia especie. Los misioneros en los que he influido (e igualmente las juntas misioneras) destacan los resultados de su ministerio por encima de sus trivialidades personales o familiares. Esto se debe a que enfatizo que las iglesias están apoyando al misionero por los resultados del ministerio y no por un blog familiar continuo. Por lo tanto, necesitan saber si están recibiendo lo que están pagando. Si te tomas el tiempo de visitar las páginas de Facebook, los sitios web o de leer las "cartas de oración" que envían a las iglesias, encontrarás que hasta el 90 por ciento de los misioneros que apoyan aún no han aprendido este simple hecho. Sus cartas parecen más bien páginas de un diario que informes de progreso.

2) Los misioneros también aprenden de los líderes de la junta misionera que tal vez nunca hayan servido como misioneros. Suelen ser pastores bienintencionados y solo pueden ver las misiones desde su punto de vista. Los misioneros como yo, que tenemos experiencia como ayudante de pastor, pastor y misionero, vemos nuestra responsabilidad y necesidades de formación desde múltiples puntos de vista. ¿Qué pasa con los que carecen de experiencia? Mi pregunta es, ¿por qué esperas que un hombre que nunca ha pastoreado, trabajado para un pastor, iniciado una iglesia o entrenado a un hombre para el ministerio en su propio país, cultura e idioma, sea capaz de hacerlo en otro?

3) Luego, algunos misioneros solo han *estudiado* misiones en la universidad. Su única experiencia es un "viaje de estudio" de dos semanas; por lo tanto, deben confiar totalmente en las historias que recuerdan que les contó su instructor y en los libros que han leído.

La solución es enviar y apoyar a hombres con experiencia ministerial exitosa en su propia cultura y con un tiempo adecuado de servicio como pasante en el campo misionero. El misionero en formación puede cumplir esta norma pasando los veranos de sus años universitarios con los misioneros o haciendo prácticas después de la universidad durante uno o dos años. Otra idea es que los estudiantes que se especializan en misiones pasen por lo menos un semestre de sus cuatro años recibiendo capacitación práctica de un misionero en el país que pretenden convertir en su hogar. Como ya he mencionado, considera que de todos los misioneros que llegan a la diputación, sobreviven sus primeros cuatro años en el campo, y luego regresan a casa para el permiso, el 55 por ciento renuncia y nunca regresa al campo donde supuestamente Dios los llamó. Sabiendo esto, empezarán a entender por qué doy tanta importancia a la formación y a la experiencia. En pocas palabras, dejemos que nuestros misioneros aprendan a gatear y a caminar antes de esperar que corran un maratón.

CATEGORÍA DOS: *Abundancia de ignorancia*

Hay un malentendido de lo que las iglesias quieren escuchar del misionero. Algunos pastores quieren que sus cartas misioneras sean una carta familiar que dé detalles de la familia. Esto suele ocurrir cuando el pastor conoce personalmente al misionero porque es un miembro de la familia o un amigo, un antiguo miembro de la iglesia o un antiguo compañero de universidad. El pastor conoce a la esposa y a los hijos y tiene un interés especial en ellos personalmente, aparte del ministerio. Aunque esto ocurre con frecuencia, está lejos de ser típico. Por desgracia, este estilo familiar de carta misionera se ha convertido, por alguna razón, en la norma, en lugar de la excepción.

Y permítanme apresurarme a decir que no estoy desalentando el uso de información personal. Eso puede ser una bendición para las personas que la leen. De lo que hablo es de la realidad ordinaria de cuando eso es todo lo que contiene la carta. Si la lectura de las cartas de los misioneros es una indicación de lo que el misionero piensa que la iglesia quiere saber sobre él y su ministerio, entonces podemos resumir que la iglesia está interesada principalmente en:

- Las fiestas de cumpleaños de los niños misioneros
- El clima
- La dificultad para aprender el idioma
- La muerte de la mascota de la familia
- Diversas publicaciones en Facebook con fotos de lo que han estado comiendo, una reciente cena a la canasta con recetas extrañas
- La siempre presente necesidad de un nuevo todoterreno o de cuatro neumáticos nuevos

La otra cara de la moneda es que lo que el misionero típicamente *no menciona* es lo que debe pensar que las iglesias de apoyo *no están interesadas* en escuchar, incluyendo lo siguiente

- El número de nuevos conversos
- Los testimonios de los conversos recientes
- Hombres en formación para el ministerio
- Cómo utilizaron tu apoyo para ayudar a otros
- Las nuevas iglesias u obras que se están iniciando, etc.
- Los cuatro neumáticos nuevos que necesita un predicador pobre que trabaja con él

Aunque no podemos conocer el corazón de nadie y, por lo tanto, debemos evitar todo esfuerzo de juzgar los motivos, podemos suponer lógicamente al menos dos posibilidades para la causa del problema:

1) Lo que el misionero escribe es lo que cree que la iglesia quiere escuchar
2) El misionero es ajeno a lo que sus seguidores quieren saber y solo escribe sobre lo que es importante para él. Si este es el caso, entonces tiene un problema.

Analicemos este enigma de forma lógica por un momento. Calificamos a un jugador de béisbol por su media de bateo. A un mariscal de campo lo calificamos por el total de yardas que pasa y corre. Calificamos a un presentador de radio por el número de sus oyentes. Calificamos a un autor por el número de libros más vendidos que ha escrito (obviamente, yo tengo una calificación muy baja). Calificamos a un cantante por el número de éxitos que ha conseguido y a un francotirador militar por el número de sus muertes.

Un vendedor de coches valora su valor por el número de coches que ha vendido, un vendedor de seguros por el número de pólizas que tiene en vigor, un camionero por el número de kilómetros que ha conducido y un McDonald's por el número de hamburguesas que ha vendido. (Recuerdo cuando anunciaban "más de un millón de hamburguesas vendidas", y ahora probablemente vendan esa cantidad en todo el mundo cada día).

Entonces, les pregunto, ¿con qué medida debemos validar el valor o los logros de un misionero?

CATEGORÍA TRES: *La creencia de que los pastores están satisfechos con sus cartas*

Seamos honestos, pastores, si ustedes no le dicen al misionero que sus cartas necesitan mejorar, más detalles, o un reflejo conmovedor de su ministerio, entonces ¿quién lo hará?

Como misionero, puede ser un creyente maduro en Cristo, pero eso no significa que sea un experto en todo lo que hace. Tú eres su hermano, tal vez su hermano mayor. Hazle el favor de instruirlo para que produzca una carta más esclarecedora, entretenida e informativa. Esto no solo lo bendecirá a él y a ti, sino que también bendecirá a las otras iglesias que reciben su informe trimestral.

Con frecuencia recibo cartas de personas a las que les gusta lo que escribo, pero muchas también incluyen un "pero....". Me animan a corregir mi ortografía, mi gramática y, a veces, incluso mi postura. Suelen venir de amigos de toda la vida, de nuevos lectores y, casi siempre, de profesores de inglés. Nunca me ofendo, aunque a veces me avergüenzo. (Ahora uso Grammarly, aunque me doy cuenta de que un programa informático no puede pensar).

Hace años, no podíamos imprimir fotografías claras en nuestro *Informe de Progreso* (nuestra revista trimestral gratuita, disponible ahora en versión impresa o en línea). Eran tan horribles que tenía que explicar lo que aparecía en la foto. Un día recibí una carta de un viejo amigo que me preguntaba si lo hacía así a propósito para que la gente se compadeciera de nosotros y donara más dinero. (Si es así, mi táctica no estaba funcionando). La triste verdad es que lo hacía lo mejor que podía, y lo mejor que podía no era ni mucho menos lo suficientemente bueno. Sin embargo, su gentil consejo me llevó a encontrar un mejor software e incluso una imprenta profesional que podía hacer toda nuestra tirada a todo color por solo 50 dólares más de lo que había estado pagando por dos colores. Más tarde, cuando otros se burlaron de nuestra maquetación y calidad gráfica, empecé (y sigo haciéndolo) a estudiar otras revistas para ver qué hacían en cuanto a la maquetación, etc.

Paso muchas horas cada trimestre escribiendo, maquetando, eligiendo imágenes, etc., y luego lo envío para que lo corrijan y lo editen. (A veces seguimos encontrando errores cuando ya es demasiado tarde.) Después de todo ese trabajo y todas esas horas, quiero asegurarme de que tienes un producto que puedes disfrutar y entender y que te motiva. De lo contrario, estoy perdiendo el tiempo. Misioneros, ustedes deberían sentir lo mismo con su carta trimestral, aunque sea de una sola página.

La lista de razones por las que los misioneros a veces no escriben buenas cartas podría ser interminable, pero creo que ya he expuesto mi punto de vista. Mi pregunta entonces al misionero, al pastor y a los miembros de la iglesia que financian el presupuesto del misionero es la siguiente: en su opinión, ¿qué logros validarían el valor del misionero que recibe su apoyo? Calcula eso, y sabrás sobre qué debería escribir el misionero; y si no lo hace, ¿por qué no? Y de paso, ¿por qué no sugerirlo?

EXPONIENDO EL ENIGMA

Ahora veamos algunas posibles razones por las que el misionero no escribe cartas convincentes a sus seguidores.

Razón #1-Hay un malentendido para algunos misioneros en cuanto a la razón por la que reciben apoyo. Por lo tanto, no hay motivación para escribir cartas convincentes.

Después de hablar con cientos de misioneros, he llegado a la conclusión de que muchos de nosotros (misioneros) hemos entendido mal por qué las iglesias deciden apoyarnos. Pensamos que es porque nos quieren (o tal vez a nuestros lindos hijos), o que somos tan excepcionales, y pueden ver eso en nosotros (eso se aplica principalmente a mí-mi madre siempre decía que yo era especial), o que somos de la junta o escuela correcta, o que trabajamos con un pastor famoso. La verdad es que esos son componentes de las razones para apoyarnos, pero solo componentes. No son el cuadro completo.

He aquí algunas partes más del rompecabezas que quizá hayas pasado por alto en cuanto a las razones por las que te apoyan:

   Los misioneros tomados para ser apoyados en la conferencia de una misión son usualmente apoyados simplemente porque la iglesia tuvo suficientes fondos para tomar "x" misioneros más. Los que pudieron asistir a la conferencia recibieron automáticamente apoyo; los que no asistieron no recibieron apoyo. Es un asunto de tiempo y lugar correctos. Rara vez se tiene en cuenta su calidad o sus cualificaciones; simplemente estaban disponibles para asistir a la conferencia. Los pastores a menudo anuncian este hecho a los potenciales asistentes misioneros, y así se presentan sin importarles si hablan o no, y con razón.

Hace varios años, conocí a un misionero que confesó que SOLO va a la iglesia si se celebra una conferencia misionera. Su lógica era, ¿por qué perder el tiempo conduciendo por América hablando de cinco a treinta minutos en los servicios, con la esperanza de obtener apoyo cuando se puede permanecer en casa y asistir a las conferencias y tener prácticamente garantizado el apoyo? En todo caso, era un hombre inteligente.

   La iglesia quiere apoyar a un misionero en un campo particular. Como resulta que vas allí, obtienes su apoyo. Por ejemplo, si una iglesia ya apoya a diez misioneros y ocho de ellos están en México, probablemente tendrías más posibilidades de conseguir apoyo si fueras a Kenia o a cualquier otro lugar que no sea México. Si no es así, investiga un poco, felicítalos porque su carga para México es igual a la tuya, y anímalos a que te apoyen porque vas a una zona de México diferente a las otras que ya apoyan.

• A veces la iglesia tiene dinero extra que quiere dar a las misiones. Entonces, necesitan misioneros a los que dárselo. Hace unos treinta años, supe de una iglesia en el Medio Oeste que llegó a tener una importante suma de dinero para las misiones, tanto que al ritmo de apoyo mensual que daban (que en ese momento, creo, era de 50 dólares al mes por misionero), tenían fondos disponibles para asumir el apoyo de 64 misioneros más. Para tomar lo que en su opinión era la decisión más sabia sobre a quién dar ese apoyo, el pastor llamó al presidente de una gran junta misionera, que rápidamente se comprometió a enviarle los nombres y las tarjetas de oración de (adivinen quién) 64 misioneros de su junta. Este pastor me conocía íntimamente pero, por alguna razón, no consideró la posibilidad de apoyarme a mí ni a ninguno de nuestros hombres porque, en aquel momento, no estaba seguro de que se pudiera confiar en los nacionales. Más tarde me apoyaron temporalmente cuando mi padre se enfrentó a este joven pastor, al que conocía bien, y le reprochó que apoyara a unos desconocidos en lugar de a alguien que conocía desde hacía años: a mí.

Lo que quiero decir es que puede haber muchas razones para recibir apoyo. En mi caso, soy tan viejo (pero sigo funcionando como Moisés y Caleb), llevo tanto tiempo en esto y he tenido tantos pastores que me acompañan en los viajes misioneros que, basándonos en la reputación de nuestro ministerio, a menudo conseguimos nuevas iglesias que nos apoyan por el boca a boca. Y si duras lo suficiente, eso también te ocurrirá a ti. Trabaja duro y ten paciencia.

Pero los misioneros también podemos perder el apoyo mucho más fácilmente de lo que lo conseguimos. Conozco a un misionero que recientemente perdió una gran cantidad de apoyo debido a dos razones principales. En primer lugar, dejó el campo que la iglesia estaba interesada en alcanzar, y en segundo lugar, porque dejó el formato de ministerio que sus iglesias de apoyo estaban interesadas en apoyar. Pasó de ser un plantador de iglesias a hacer otro tipo de ministerio. Nosotros, como misioneros, a menudo pensamos que las iglesias nos apoyan por nosotros. Eso no siempre es cierto. Nos apoyan porque estamos haciendo lo que ellos quieren que se haga. Si dejamos de hacer lo que nos pagan y donde nos pagan, casi siempre dejarán de apoyarnos.

Generalmente, un misionero eventualmente recibe apoyo de una iglesia después de dar su presentación por una de tres razones:

- Uno, tiene un ministerio único, por ejemplo, trabaja con leprosos.

- Dos, tiene una ubicación única, por ejemplo, sirve en una selva remota llena de cazatalentos.

- Tres, tiene una presentación única, por ejemplo, un diseño profesional, un guión interesante y una exposición emocional y lógica. Esto solía conseguirse fácilmente utilizando el video, pero ahora todo el mundo tiene una presentación en video. He comprobado que la mayoría de ellas son increíblemente aburridas, poco informativas y muy repetitivas.

Las iglesias nunca apoyarán a los misioneros de tipo "simple" con una "presentación de vainilla" y niños no tan lindos como lo harán con el misionero joven, delgado y vendedor con una esposa adorable y niños preciosos. Pero, ojo, siempre habrá otro "tú más joven" que tenga hijos más bonitos, una esposa más delgada y una presentación más llamativa. Para conseguir apoyo y mantenerlo, tienes que mostrar tu valor como misionero y validar tu valía para permanecer en la lista de apoyo de las iglesias que te apoyan.

Razón #2-Hay un malentendido sobre el propósito de su escritura de cartas. No se trata solo de cumplir con una obligación, sino de ser el socio del pastor para motivar y producir futuros misioneros.

Hay otro punto que se pasa por alto sobre la escritura de cartas.

Nosotros, como misioneros, debemos ocuparnos de reproducirnos a nosotros mismos. Sabemos que esto se aplica a nuestro trabajo en el campo, pero olvidamos que también se aplica a nuestra influencia en casa en nuestras iglesias de apoyo. Nuestras presentaciones, entrevistas por Skype, y ciertamente nuestros informes, semanales, mensuales o trimestrales, deben estar siempre diseñados para animar, interesar e involucrar a los lectores en el trabajo y apoyo misionero. Las cartas deben hacer que estén deseosos de ofrecerse a sí mismos y a sus hijos a tiempo completo, a tiempo parcial, o como pasantes de verano en las misiones.

Nosotros, en Final Frontiers, organizamos anualmente lo que llamamos *Viajes Visionarios* a muchas tierras porque queremos que los pastores y los miembros de la iglesia viajen con nosotros, vean lo que hacemos, cómo lo hacemos, dónde y por qué lo hacemos -lo que yo llamo los "Adverbios de las Misiones". Queremos que entiendan nuestro trabajo y que, como resultado, se interesen por las misiones y se sientan agobiados por ellas, para que vuelvan a casa y contagien a sus compañeros de iglesia el virus misionero. Cuando esto sucede, nuestro ministerio se beneficia, sin duda, pero el verdadero beneficio es para las iglesias que lo apoyan. El pastor ya no tiene que mendigar fondos misioneros; simplemente tiene que poner la necesidad sobre la mesa y ver cómo los miembros se apresuran a satisfacerla. Nunca he tenido un pastor que me diga que las donaciones a las misiones de su iglesia disminuyeron después de que presentamos nuestro ministerio, o que nos visitaron en un Viaje Visionario. El pastor Anthony Lamb en San Antonio, Texas, me dijo hace años que sus donaciones para las misiones se dispararon un 400% después de que yo diera una conferencia en su iglesia. Y esto no incluía el apoyo dado a Final Frontiers y Touch A Life (dos de nuestros principales ministerios), que era un adicional de casi 700 dólares al mes.

¿Por qué? Porque sabemos lo que quieren los pastores y los miembros. Quieren resultados. Quieren saber que lo que dan está trayendo almas a Cristo, no solo llevando a los hijos del misionero a McDonald's.

Además, hay otra razón muy común por la que los misioneros no escriben buenas cartas:

Razón #3 - A veces, o a veces, son superados por un obstáculo que ocurre: la postergación. Varias cosas pueden causar esto:

⊚ *No han hecho o sienten que no han hecho nada digno de mención.*

La conclusión es simplemente la siguiente: si el misionero está haciendo algo que merece la pena hablar, hablará de ello. Si no está hablando, probablemente no esté haciendo nada.

⊚ *Son demasiado perezosos para tomarse el tiempo de informar.*

Si el misionero está logrando grandes cosas para Dios, pero no puede tomarse el tiempo para rendir cuentas a sus donantes y hacerles saber que sus fondos están produciendo frutos, entonces, en ese caso, no tiene razón para esperar que esos donantes tengan el tiempo para enviarle más apoyo.

⊚ *Se sienten incapaces de escribir una buena carta.*

La vieja excusa de "no se me da bien escribir" aparece una y otra vez hasta que la esposa acude al rescate. No me malinterpreten, me encanta escuchar las palabras de la esposa y conocer su punto de vista y desearía que más esposas de misioneros lo hicieran, incluida yo misma. Sin embargo, cuando recibo cartas en cuya redacción no ha participado el propio misionero, me pregunto por qué no ha tenido nada que decirme durante los últimos tres meses. Y misioneros, tengan esto en cuenta: si escriben cartas trimestrales y su esposa tiene que hacerlo por ustedes un trimestre, eso significa que sus partidarios no tienen noticias suyas *personalmente* durante SEIS MESES. No se sorprenda cuando su apoyo disminuya.

Cuando me inicié como misionero, consumí todas las biografías de misioneros que pude. Debido a ello, ciertos rasgos o aspectos de varios misioneros de épocas pasadas impactaron en gran medida lo que se convertiría en la práctica y la política, no solo para mí personalmente, sino también para Final Frontiers. También dio forma a lo que se convertiría en nuestro formulario de informe trimestral.

Todos hemos oído hablar de Hudson Taylor, que inició la Misión Interior de China. Pocos conocen a un joven misionero británico llamado James Fraser, que se unió al equipo mucho después de que se iniciara la misión, a principios del siglo XX. Nació en 1886, precisamente cien años antes de la fundación de Final Frontiers.

Lo dejó todo para seguir su vocación.

En 1906 asistió al Imperial College de Londres para estudiar música e ingeniería. Sin embargo, tras contagiarse de un caso agudo de misiones extranjeras, se marchó en 1908 para unirse a la China Inland Mission y fue destinado a Yunnan, una provincia del sur de China situada en la frontera con Birmania, y comenzó a trabajar con los lugareños de esa región montañosa.

Al igual que Pablo se dio cuenta de su visión macedonia, Santiago comprendió que no había sido llamado tanto a un lugar como a un pueblo.

Al llegar allí, se dio cuenta de que los hombres y las mujeres vestían de forma diferente a los chinos, que también hablaban una lengua distinta. Se propuso aprenderlo y pasó los siguientes treinta años con esta tribu llamada Lisu. (Un misionero lisu fue uno de los seis primeros hombres a los que Final Frontiers prestó apoyo en 1986, y todavía lo hacemos hoy; y aunque es muy viejo, sigue siendo muy eficaz. Se llama Boonroat Premsanjaint. Se llama a sí mismo Luke Bee, que creo que estarán de acuerdo en que es mucho más fácil de decir. Sus hijos también sirven en el ministerio. James llegó a China en 1910, y la revolución china comenzó al año siguiente. Por seguridad, se trasladó al otro lado de la frontera, a Birmania.

Utilizó todos los medios posibles -tanto los no convencionales como los inauditos- para llegar a ellos.

Al darse cuenta de que los lisu no tenían una lengua escrita y de que transmitían sus conocimientos sobre la naturaleza, la religión, la cultura y la historia mediante canciones, empezó a enseñarles la Biblia haciendo coros de los pasajes. Al mismo tiempo, desarrolló un alfabeto para ellos, cuyos principios siguen copiando muchos otros misioneros, llamado Fraser Script. En efecto, utilizó letras inglesas y las asignó a varios sonidos de la lengua lisu. Cuando las 26 letras no eran suficientes, giraba una "A" de lado usándola para otro sonido o ponía una "B" de espaldas para otro más. Con el tiempo, les tradujo el Nuevo Testamento. He visto personalmente sus cancioneros y Nuevos Testamentos utilizados en las aldeas Lisu de las montañas de Tailandia. Cuando ayudamos a facilitar la traducción de la Biblia akha, una lengua oral sin alfabeto, los eruditos nacionales utilizaron la escritura Fraser, basada en los sonidos akha, para desarrollar una lengua escrita para su tribu.

Fraser tuvo tanto éxito que, en 1918, su éxito había encendido el fuego en los corazones de sus conversos para evangelizar a su tribu, lo que resultó en el bautismo de más de 600 personas. Organizó hábilmente a los conversos en iglesias locales, que se convirtieron en un modelo que todas las demás tribus de la región emularon, incluidos los akha, que me enseñaron ese modelo como joven misionero. Su trabajo tuvo tanto éxito que, en la década de 1990, el gobierno chino reconoció que la tribu lisu (en China) era cristiana en más de un 90%. En 1955, diez años después de su muerte, el número total de conversiones entre los lisu superaba los 100.000.

Desgraciadamente, no creía en ayudar a los conversos a construir edificios ni en apoyarlos como misioneros o pastores. Dado que la Biblia no condena ni lo uno ni lo otro, especialmente lo último (anima a hacerlo en III Juan), desconozco su motivación. Después de todo, si podemos darles nosotros mismos, darles la Biblia y darles el discipulado, ¿por qué no podemos darles nuestra calderilla para apoyarlos como misioneros, especialmente cuando somos apoyados como tal? Lo que Santiago logró en China fue magnífico, y debo recordar que en aquella época los propios misioneros tenían muy poco para vivir. Por desgracia, su impacto evangelizador no motivó la plena evangelización de los lisu de Tailandia y Laos. Quizá si algunos hombres y mujeres lisu hubieran sido "enviados" como misioneros, como nos encargó Pablo, esa historia habría sido aún más maravillosa.

Produjo muchas cartas y dibujos detallados.

Aprendí muchas cosas de James Fraser, pero una de las más significativas fue su énfasis en escribir a sus partidarios en Inglaterra. Al enviar una sola carta al presidente de sus partidarios y no tener medios para duplicarlas, se reunían regularmente para leer juntos lo que había escrito.

James escribía largas y detalladas cartas en las que explicaba las cosechas que cultivaban, cómo construían sus casas y cómo tejían sus ropas y fabricaban sus zapatos. Describía los vestidos de las mujeres y los juguetes de los niños. Como artista, hacía todo lo posible por ilustrar estas cosas en sus cartas, incluso utilizando pinturas para imitar los colores y diseños de las telas lisu. Como resultado, sus patrocinadores se enamoraron del pueblo Lisu. Su interés iba más allá de James y su futura esposa y familia, ya que se preocupaban por las personas cuyos testimonios compartía y por el bienestar de su tribu.

Aprender esto me enseñó, como joven misionero, a insistir en que mis cartas contuvieran un poco de información sobre mi familia y yo y mucho sobre la gente a la que intentábamos ayudar, apoyar, alimentar y evangelizar. Hasta el día de hoy, mis cartas y relatos son largos y envolventes porque, cuando escribo o hablo, quiero que el lector sienta que le he transportado a ese lugar y a esa época. Sabiendo que tenía que hacerlo, rogué a Dios que me capacitara, equipara y regalara esa capacidad. Por eso siempre hemos utilizado fotos y videos. A menudo les he dicho a mis hijos que espero que algún día, al igual que los sonidos y las imágenes con el video, dispongamos de la tecnología necesaria para reproducir los olores del campo de misión, de modo que cuando nos vean en video caminando por una barriada, puedan oler también la basura y las aguas negras. Imagínese como nuestro ministro nacional en un pueblo; podrá oler la pocilga y los dulces olores de un huerto de sanguijuelas, una orquídea silvestre, o los humos del diésel del viejo cacharro que pasa por allí.

Cuanto más pueda ayudarles a conocerlos, verlos, olerlos, sentirlos, comprenderlos, más rezarán y darán para ayudarnos a llegar a ellos.

James Fraser murió en 1938, con solo 52 años, de malaria cerebral y fue enterrado en el lugar donde había prestado sus servicios. Lo que he compartido son solo algunas de las cosas que aprendí de James Fraser y que han marcado mi vida. Espero que pueda tener el mismo efecto en los jóvenes misioneros que acaban de empezar o que aún no han nacido.

Sus obras más notables fueron la conversión del pueblo lisu, la traducción de las Escrituras, la escritura de canciones y la transformación de las lenguas orales en escritas, el discipulado, la capacidad de organización y los jóvenes que formó para el ministerio. Pero nunca habríamos sabido de ninguno de estos logros si no fuera por sus cartas de oración misionera a sus seguidores.

(Su principal biógrafo fue la nuera de Hudson Taylor, que utilizó sus cartas y diarios para contar su historia en su biografía de 1944, *Behind the Ranges*. Posteriormente, su hija Eileen Crossman escribió *Mountain Rain* en 1982, utilizando gran parte de la investigación de la señora Taylor).

ELIMINANDO EL ENIGMA
Sugerencias para los Misioneros:

- Busca en la Biblia. ¿Qué tipo de cartas leen? Pablo escribió cartas doctrinales, pero Lucas escribió cartas de actividad en los libros de Lucas y Hechos. Las epístolas no suelen motivarnos para las misiones, sino que nos instruyen sobre cómo plantar y hacer crecer las iglesias nacionales y abordar sus problemas doctrinales y culturales. Considera entonces que la motivación para ser misionero y apoyar a un misionero proviene casi exclusivamente del libro de los Hechos. Escribe en consecuencia.

- Recuerda que nunca está de más lanzar algunos mensajes personales en tus cartas. Algunas iglesias quieren saber un poco sobre ti, tu familia, tus pruebas y tu salud. Satisface también sus inquietudes. Y, por cierto, escríbeles al menos cada trimestre, a menos que tengas una iglesia que requiera informes más frecuentes; cualquier cosa menos es un insulto.

●   No esperes que tus seguidores tengan que buscarte en Facebook para ver qué o cómo te va. Envíales un correo electrónico directamente y cuéntales. Lo agradecerán y también lo hará tu cuenta bancaria.

●   Toda buena carta debe tratar de incluir aspectos emocionales. Ayuda a tus lectores a reír y llorar si puedes. No seas tímido a la hora de admitir tus fracasos, errores y contratiempos, pero muestra lo que aprendiste de ellos y cómo el Señor los utilizó para su gloria. Por otro lado, no seas tímido para hablar de tus éxitos. No es orgulloso si no lo cuentas con orgullo. Todo gran personaje de la Biblia admitió sus fracasos y se jactó en Cristo por sus éxitos.

●   Recuerda siempre que la carta trimestral no es sobre ti; es sobre lo que estás logrando gracias a *su* apoyo.

●   Recuerda también que el propósito de tu carta no es dar a las iglesias algo que leer, sino darles algo a lo que responder.

Sugerencias para las Iglesias:

●   Comunica a tus misioneros la frecuencia con la que esperas tener noticias de ellos. Asegúrate de animarles a que cumplan. Incluso puedes considerar tener un simple contrato con ellos, declarando que apoyarás a su familia con "x" cantidad de fondos durante "x" número de años *si* se mantienen en contacto contigo cada "x" meses. Si no lo hacen, retén la ayuda hasta que tengas noticias suyas. Si esto se convierte en un patrón, es necesario abordar un problema de carácter. En ese momento, puede que tengas que ayudarles a reconocer su debilidad y a superarla o a dejar de apoyarles.

●   No crees formularios adicionales para que tu misionero llene. No deberían tener tiempo para hacer el papeleo. Y si de alguna manera tienen el tiempo, puede que no estén haciendo el trabajo por el que se les paga. Por otro lado, si tiene una función vital, aparte de la recolección de datos, pregúntele, pero trate de mantenerlo tan corto y directo como pueda. Por favor, no dé a los misioneros tareas que requieran horas de investigación y redacción. Supongamos que un misionero está ocupado plantando iglesias y entrenando hombres. En ese caso, él no tiene tiempo para escribir disertaciones doctrinales o temáticas, simplemente porque quieres impresionarlo con tu conocimiento sobre varios temas o avergonzarlo por su falta de conocimiento. ¿Lo estás apoyando para que sea un profesor de griego y hebreo, una autoridad en escatología, angelología y apologética, o para que sea un plantador de iglesias?

- Si un misionero no menciona asuntos vitales para ti, envíale una nota por correo electrónico para explicarle por qué es importante y pídele específicamente esa información. Pídele que lo incluya en futuras cartas/informes si no es conveniente dar una respuesta directa en ese momento.

SECCIÓN CUARTA

LOS GRANDES ENIGMAS DE LA COMISIÓN CON RESPECTO A LA FILOSOFÍA

Una devota adorando a sus dioses, India

#15
DADO QUE LAS MISIONES SE DEFINEN BÍBLICAMENTE COMO "PLANTACIÓN DE IGLESIAS", ¿POR QUÉ TAN POCOS MISIONEROS PLANTAN IGLESIAS?

EXPLICANDO EL ENIGMA

YA HEMOS discutido que estadísticamente la mayoría de los misioneros nunca comenzarán una iglesia en su vida. Tienen un título que implica una productividad que nunca lograrán, pero seguimos llamándolos por ese título y los apoyamos como si cumplieran con sus exigencias. La cuestión es: ¿por qué no lo hacen?

Estos hombres no son estafadores ni timadores. Hacen o dejan de hacer, por ignorancia, lo que se supone que deben hacer. Les apoyamos generosamente porque nadamos en la misma piscina de la ignorancia. Algunos en la parte más profunda y otros en la más superficial. ¿Apoyaríamos a un médico misionero que nunca atiende a un paciente? ¿Apoyaríamos a un profesor misionero que nunca ha tenido un alumno? ¿Apoyaríamos a un piloto misionero que nunca ha pilotado un avión? Entonces, ¿por qué apoyamos a misioneros que nunca han fundado una iglesia ni han producido un Timoteo?

Dices que es porque son pastores de iglesias. No es una novedad. Los pastores pastorean iglesias; los misioneros fundan iglesias para que los pastores las pastoreen.

Pero antes de desviarme del tema y hablar demasiado sobre el apoyo, volvamos al tema que nos ocupa, ¿por qué los misioneros no fundan iglesias?

EXAMINANDO EL ENIGMA

Primero, establezcamos que hemos entendido mal la Gran Comisión. Hemos escuchado, enseñado y creído que es un mandato para ir a ganar almas. Como resultado, "ganamos almas" por decenas de miles pero nunca vemos que se involucren en una iglesia local. Dejamos a los nuevos conversos como ovejas sin pastor, como estudiantes sin maestro, como bebés sin padres. Luego nos preguntamos por qué nuestras iglesias no crecen.

Fui entrenado de niño para ganar almas, y desde los 12 hasta los 17 años, cuando me fui a la universidad bíblica, tenía registros (un diario de ganancia de almas) de haber ganado varios miles para Cristo. Para cuando me gradué de la universidad, cuatro años después, había acumulado una lista de algo más de 25.000 conversiones. Era un fanático.

Iba a ganar almas con frecuencia. Un domingo por la tarde, a los 16 años, mientras volvía a casa de la iglesia, recuerdo que me detuve para testificar a unos adolescentes que jugaban en la calle. (Pasaba por delante de sus casas cada vez que iba a la iglesia, y nunca se me ocurrió invitarlos. Ganar almas era lo único importante para mí).

A menudo me subía al auto y le pedía al Señor que me guiara a alguien que Él había preparado para escuchar Su evangelio. En pocos minutos, veía a un hombre dando un paseo, o a unos niños jugando al baloncesto en el patio de una escuela, o simplemente me sentía guiado a acercarme a una casa y testificar a toda la familia. Después de cada evento, anotaba el día y el número de los que se "salvaban". Al principio, escribía detalles sobre las personas, pero a medida que pasaba el tiempo, comencé a registrar solo lo básico de la fecha y el número de convertidos.

El problema era que, a excepción de los que iban en mi autobús a la iglesia, rara vez me encontraba con alguno de mis conversos después de ganarlos para Cristo. A menudo me preguntaba por su bienestar, pero sentía que eso quedaba entre ellos y Cristo. Había hecho mi trabajo.

En una ocasión, sentí la necesidad de evangelizar en una zona especialmente peligrosa de Atlanta. Tenía dieciséis años y acababa de empezar a conducir. Las tensiones raciales eran elevadas, pero mi pauta era ir a los barrios afroamericanos porque sentía que eran más propensos a aceptar mi mensaje y porque no conocía a nadie más que se dirigiera a ellos. Siempre ha estado en mi corazón ir a los que otros pasan por alto o ignoran. Quizás fue porque sentí la llamada de Dios a ser misionero a la edad de once años, para llevar el evangelio a los que no lo habían oído. Durante los programas de visita a la iglesia, siempre nos dirigíamos a los barrios blancos y evitábamos los negros. Concluí erróneamente que los afroamericanos no estaban expuestos al evangelio, así que fui a evangelizarlos.

Sé que en esta época, algunos acusarán esto como un ejemplo de racismo. Tengan en cuenta que no era esta época; fue hace cincuenta años. Yo sostengo que una persona blanca que no se preocupa lo suficiente por un negro como para testificar ante él es un racista. Además, cualquier persona que piense que la evangelización de un pueblo es racista no entiende la definición básica de las misiones. ¿Va un misionero a Nigeria a evangelizar a todos los chinos que viven allí? ¿Va un misionero a Albania porque tiene una carga por los brasileños? No, va para alcanzar a aquellos que considera que no han tenido una exposición adecuada al evangelio.

Aquel día fue la primera vez en mi vida que sentí verdadero miedo. Al entrar en el complejo de apartamentos, oré por la seguridad. Salí de mi coche y, por primera y única vez en mi vida, sentí que mis rodillas se golpeaban. Francamente, estaba muerto de miedo. Sin embargo, usando la poca fe que tenía (y Dios usó episodios como este en mi vida para construir mi fe), comencé a ir de puerta en puerta testificando. En las siguientes horas, tuve varios conversos, entre ellos una adolescente, un poco mayor que yo.

Unos dieciocho meses después, tenía una cita con mi novia, Donna Hutson (ahora Donna Janney), la hija de mi pastor, Curtis Hutson. Íbamos al parque conmemorativo de Kennesaw, Georgia. Aquella fue la última resistencia de las fuerzas confederadas antes de que el general Sherman aniquilara Atlanta. Como soy un aficionado a la historia y disfruto del tiempo con Donna, decidí visitar el parque. De camino, paramos en un McDonald's para comer. Mientras estábamos en la cola, ambos nos fijamos en una joven negra que iba unas cuatro personas por delante de nosotros y que no paraba de girarse y mirarme. Finalmente, se dirigió a mí y me preguntó: "¿Te llamas Jonny?". Respondí afirmativamente y ella continuó: "No te acuerdas de mí, ¿verdad?". Tuve que disculparme con ella porque no tenía ni idea de quién era. Entonces ella dijo algo así: "Solía vivir en los apartamentos _____ en el este de Atlanta. [Aunque ella los nombró, ya no lo recuerdo] Hace unos dos años, viniste a mi casa y me llevaste a Cristo. Empecé a ir a la iglesia y me he convertido en una cristiana fiel. Nunca pensé que te volvería a ver. Solo quiero darte las gracias".

Después de comer, me acerqué de nuevo y me despedí de ella, y esa fue la última vez que la vi. Sin embargo, ese día me impresionó la realidad de que algunos que oran continúan en su fe. Me pregunté cuántos otros formaban parte de una iglesia y cuántos había dejado para que los devoraran los lobos. Volví a consolarme con el recordatorio de que mi parte es dar testimonio, y la parte de Dios es hacerlos madurar. Viví los siguientes diez años con ese malentendido de la Gran Comisión.

En mi mente, el valor del misionero se determinaba por el número de personas a las que convencía de rezar una oración. No fue hasta 1986, cuando predicadores nacionales y tribales me tutelaron en Tailandia, que me di cuenta de que la Gran Comisión tiene varios componentes que, si se llevan a cabo, traerán al mundo a los pies del Salvador.

Predicar o testificar no es el fin; es el principio. Después, debemos bautizar a los nuevos conversos y enseñarles (discipulado) a hacer lo mismo con sus conversos. Esto se hace mejor reuniendo a estos nuevos conversos en una asamblea, en una casa, o bajo un árbol donde se les instruye regularmente. Eso es lo que la Biblia llama una "iglesia". Tener éxito en el primer paso es estupendo, pero necesitas la ayuda de otros para lograr los otros pasos. Ese es el imperativo de trabajar con un equipo como lo hizo Pablo. Si estás solo, entonces debes estar dispuesto a frenar y hacerlo todo tú mismo.

Creo que este es un ejemplo de los dones que Dios dio a la iglesia en el capítulo cuatro de Efesios. Yo era, por supuesto, un evangelista. Tenía mucho celo en traer a hombres, mujeres y niños a Cristo, pero era un fracaso absoluto en discipular a nadie. Si hubiera hecho mi parte, no solo, sino en conjunto con otros que pudieran predicar y enseñar y pastorear a estos convertidos, entonces el cuerpo de Cristo sería bendecido y multiplicado a medida que mis convertidos fueran llevados a la madurez por aquellos que estaban dotados para realizar esas tareas: los pastores y maestros.

Dios ideó un plan maravilloso para cumplir su voluntad, pero yo no lo vi, así que continué usando mi plan durante la siguiente década. Me di cuenta de que mientras añadía fielmente conversos a mi lista, podría haberlos multiplicado. Esta es la razón por la que enfatizamos el apoyo a los plantadores de iglesias y no solo a los evangelistas, predicadores o pastores. Ellos están ganando almas, reuniéndolas para el bautismo y la enseñanza, y luego entrenándolas como discípulos (seguidores) para ir y hacer lo mismo. No necesitan un documento corporativo o un edificio con un campanario y bancos. Ganan almas, regresan a sus hogares para discipularlas y, al hacerlo, ganan a la familia, a la familia extendida y a los vecinos para Cristo. A su vez, producen más "pistas" de las que el plantador de iglesias puede manejar por sí mismo. Entonces, él entrena a sus convertidos por medio de la doctrina y el ejemplo para que hagan lo mismo. Es por eso que nuestra red de predicadores tiene un promedio de una nueva iglesia plantada cada cinco minutos.

La Gran Comisión nos instruye a predicar a los no alcanzados, entendiendo que solo somos el mensajero, no el Salvador. Nuestros intentos de hacer muescas en nuestras armas espirituales con un gran número de "oraciones" no impresionan a Dios. No es más que celo sin conocimiento. ¿Qué podría ser más vergonzoso para nosotros que mientras cumplimos enérgicamente solo un tercio de Su comisión, ignoremos el resto y pretendamos haberlo cumplido todo?

Nuestro primer encargo es predicar para que el Espíritu Santo, a través de la Palabra de Dios hablada y de la "necedad" de nuestra predicación, conmueva los corazones de los hombres para que se arrepientan y se vuelvan a Cristo. Pero eso es el principio y no el final. A partir de ahí, debemos bautizarlos, obviamente con una comprensión completa de su parte en cuanto a la razón por la que estamos realizando esta ordenanza, y luego debemos enseñarles-no solo la ganancia de almas, sino "todas las cosas que les he mandado". Una comisión-tres mandatos.

Si entendemos Su Gran Comisión, debemos darnos cuenta de que un solo hombre no puede cumplirla toda. Como misionero, no puedo ir a todo el mundo si debo quedarme en un lugar por años para enseñar todo lo que Él nos ordenó. Dios sabía esto, así que estableció un proceso de crecimiento para la existencia y reproducción perpetua de su iglesia, dando dones al cuerpo de Cristo que les ayudaría a cumplir su comisión. Un pastor no es un misionero, y un misionero no es un pastor.

EXPONIENDO EL ENIGMA

Mi propósito no es echar culpas, sino abrir los ojos. En el cristianismo occidental, tres cuestiones principales revelan por qué los misioneros no plantan iglesias, por qué no hacemos lo que decimos que Dios nos llamó a hacer.

1) Nuestras iglesias y universidades no nos enseñan a hacerlo.
2) Nuestras juntas directivas no esperan que lo hagamos.
3) Nuestros partidarios no nos exigen que lo hagamos.

Ya no entendemos ni enseñamos cómo la Biblia define a un misionero y su propósito como algo separado de los otros "dones". Si no entiendes lo que se supone que eres, ¿cómo puedes saber lo que se supone que debes hacer?

Hemos perdido la comprensión de lo que son las misiones. La mayoría de los miembros de la iglesia, e incluso los pastores, piensan que un misionero es simplemente alguien que va a otro lugar a predicar. En algún lugar que no sea su casa. En efecto, no es más que un pastor en tierra extranjera. Pero el Nuevo Testamento nos dice que los misioneros no eran los únicos "viajeros"; les seguían los profetas de la enseñanza, así como los evangelistas. También se nombraron pastores, que aportaban solidez, liderazgo y cuidado amoroso a la iglesia. Como resultado, las regiones que antes eran un campo misionero se convirtieron en una "base", enviando misioneros, predicadores y evangelistas para alcanzar y desarrollar otras regiones no alcanzadas. Este método produjo resultados que entusiasmaron a los creyentes a hacer más. Como si derribaran la primera ficha de dominó y vieran caer las demás una a una, "pusieron el mundo patas arriba" utilizando el método de Dios.

Suponiendo que sabemos mejor que Dios cómo hacer su obra en su planeta, hemos redefinido y, por lo tanto, disminuido el significado mismo de ser "misionero" al de ser un pastor extranjero en un país de acogida. ¿Qué hemos hecho? Hemos movido una ficha de dominó de su posición, obstaculizando el método de Dios. Si caen ahora, es un verdadero milagro. Y es por eso que la mayoría de los misioneros, en toda su carrera, no plantarán una sola iglesia nueva. Se conformarán con pastorear una iglesia ya existente que alguien haya iniciado, creyendo que han cumplido con su llamado.

Sé que esta enseñanza enoja a algunos, y ustedes preguntan: "¿Qué hay de malo en pastorear en otro país?". Yo les respondería diciendo que no hay nada malo en ello. El pastoreo es honorable, es justo, es incluso necesario, pero no es una misión.

Sinceramente, ¿crees que un extranjero (americano) puede pastorear un rebaño mejor que un nacional? No estoy hablando de tener más educación o más dinero; estoy hablando de pastorear el rebaño. ¿Cómo puede el extranjero relacionarse plenamente con su congregación? Ellos trabajan para vivir; él recibe sus ingresos de Estados Unidos. Luchan por comprar comida y ropa para sus hijos mientras que él tiene abundancia. Nunca tienen un día libre, mucho menos vacaciones, pero él puede tomarse todo el tiempo que quiera. Ellos responden ante un jefe o un pastor, pero él no responde ante nadie. Y después de trabajar durante cuatro años como su pastor, tiene que dejarlos (permiso) y tiene todo un año libre con sueldo. Cuando regresa, si es que regresa (el 55% no lo hace), el hombre que trabajó en su lugar como pastor es nuevamente apartado.

No digo que nada de esto esté mal; simplemente señalo lo difícil que es para un extranjero pastorear una congregación que no tiene nada en común con él más que dos ojos, dos orejas, una nariz, una boca y la fe en Cristo. Sin embargo, algunos lo logran.

Si sirve como misionero y no como pastor, estas diferencias personales no importan. Él está allí como un mensajero de Dios para realizar una tarea singular y temporal: plantar una iglesia, comenzar el discipulado, entrenar a los convertidos para que hagan lo mismo, nombrar un pastor, y luego seguir adelante. Como siempre está en movimiento, no tiene una iglesia de origen que lo apoye, y por lo tanto recibir apoyo del exterior no es ilógico ni ofensivo. Por otro lado, los pastores deben ser apoyados por su congregación. Este era el método de Pablo. ¿Por qué nos oponemos a él?

Crecí creyendo que un misionero se parecía a mí y que iba a predicar a personas que no se parecían a mí. Estaba muy equivocado. Pablo no se veía notablemente diferente de cualquier grupo de personas a las que predicaba. Comían los mismos alimentos, vestían la misma ropa y, aunque eran multilingües, todos hablaban griego. Su única diferencia era que tenían un conocimiento incorrecto del verdadero Dios y de su Hijo. Así que fue a convertirlos de los ídolos al Dios vivo, de realizar sacrificios a aceptar el sacrificio de Cristo, de las tinieblas a la luz.

Las misiones y los misioneros se han formado y guiado por la razón, no por los ejemplos bíblicos. La lógica dice que algunos soldados luchan y otros pelan patatas, pero ambos son soldados. Algunos miembros del equipo batean jonrones mientras otros se sientan en el banquillo, pero están en el mismo equipo. Algunos astronautas pilotan naves espaciales mientras otros hacen experimentos científicos, pero ambos trabajan para la NASA. Esta lógica explica los distintos "tipos" de misioneros: maestros, trabajadores infantiles, mecánicos, médicos y predicadores.

Es lógico, pero yo argumento contra la lógica (el razonamiento del hombre) con el logos (los pensamientos de Dios puestos en palabras).

Timoteo, Tito, Lucas y otros viajaron con Pablo. Trabajaron junto a él, compartiendo el ministerio, pero no fueron llamados *apóstoles* (misioneros). Eran los *ministros* (ayudantes) del misionero. Pablo le dijo a Timoteo que pastoreara; también envió a Tito a su país natal, Creta, para que pastoreara y estableciera iglesias en cada pueblo. Lucas era conocido por todos como un médico que viajaba con un misionero, pero nunca afirmó serlo. Aquila y Priscila se trasladaron con Pablo y montaron una tienda para mantenerse mientras fortalecían la iglesia local discipulando a los conversos y formando a predicadores como Apolos. Marcos atendió las necesidades físicas de Pablo mientras estaba en prisión. Otros llevaban los mensajes de Pablo a las distintas iglesias. Por lo tanto, vemos que los trabajadores de los niños, los maestros, los constructores, los pilotos y los médicos pueden *ministrar* sus dones y llamados junto a un misionero (plantador de iglesias). Sin embargo, tienen su profesión individual y su ministerio único, que realizan para el beneficio del equipo y del cuerpo de Cristo. Su tarea puede ayudar al misionero; puede consolar al misionero, vendar sus heridas, transportar su equipo y reparar su coche. Pero no es una misión.

Piensa en esto: cuando estas mismas personas dedicadas regresan a casa del campo y comienzan a ministrar en sus iglesias locales, ¿dejamos entonces de llamarlos misioneros y los llamamos pastores? ¿Por qué no? En primer lugar, el pastoreo es más que una simple ayuda en la iglesia. En segundo lugar, no están capacitados ni tienen experiencia como pastores. Tercero, nunca se atreverían a llamarse a sí mismos pastores; cuarto, el pastor nunca lo permitiría. Diría que está mal y que no tiene base en las Escrituras, y tendría razón.

Además de estas cuatro razones, es principalmente porque entendemos el llamado bíblico y el propósito de un pastor. Sin embargo, desafortunadamente, ya no recordamos el llamado bíblico y el propósito de un misionero. Esa comprensión se ha perdido durante muchas décadas. Así que mientras elevamos un título (pastor) y no nos presumimos dignos de aceptarlo, denigramos el otro título (misionero) como si cualquiera pudiera hacerlo y que no es un don único que requiere el llamado de Dios.

El resultado:

Debido a este malentendido, durante varias décadas, hemos enviado a hombres cuyo ministerio se parece más al de pastor que al de plantador de iglesias. La tragedia es que ni siquiera saben que se supone que deben plantar iglesias. No saben lo que un misionero bíblico está comisionado a hacer. Ningún maestro se tomó el tiempo de instruirlos, probablemente porque la mayoría de los maestros no se conocen a sí mismos.

Nos han enseñado que ser un misionero es, a lo sumo, pastorear o servir en otro país mientras recibimos el pago de las iglesias en casa. No es de extrañar que las iglesias nacionales a menudo no entiendan el propósito del diezmo; nunca han tenido que pagar un salario a su pastor; sus iglesias de apoyo en América se encargaron de eso. Ahora que se ha ido, no saben qué hacer. Nunca han tenido que pagar un pastor, una factura de la luz o del agua, reparar daños, comprar sillas, mejorar el sistema de megafonía, etc. El misionero hizo todo eso con gusto porque pudo hacerlo. No solo había conseguido su apoyo personal, sino también el de su ministerio. Los misioneros levantan involuntariamente a las iglesias nacionales y a sus miembros bajo un plan ministerial que no puede reproducirse. Cuando el misionero se va, la iglesia suele morir. Esto me lo han dicho misioneros y pastores nacionales de todo el mundo y he visto suficientes edificios vacíos para creerlo.

Afortunadamente, esto no es un hecho absoluto, pero es lo suficientemente común como para que se haya convertido en una expectativa. Culpamos a los cristianos nacionales, pero ¿dónde está la culpa del misionero que les predicó durante tres décadas? Al jubilarse, tuvo que solicitar a su junta misionera que enviara un sustituto porque nunca había desarrollado un solo Timoteo propio.

Si solo recibía una media de 5.000 dólares al mes y estuvo allí durante treinta años, entonces ¿qué estuvo haciendo durante todas esas décadas que justificara los 1.800.000 dólares que recibió de ayuda? Algunos de ustedes piensan erróneamente que estoy sugiriendo que dejemos de apoyar a los misioneros. Por el contrario, sugiero que dejen de apoyar a hombres que no lo son, hombres que no están haciendo lo que se supone que deben hacer y por lo que se les paga. Den esos fondos a hombres que sí lo son y lo hacen y lo harán, sin importar el color de su piel o su nacionalidad. Americanos o no, rojos, amarillos, negros o blancos.

Cómo sucedió esto, tanto históricamente como hoy:
(La siguiente es una cita de uno de nuestros episodios de podcast).

En los años 1700, los misioneros se definían como plantadores de iglesias en otras culturas. Estas otras culturas se encontraban generalmente en tierras extranjeras con costumbres, comidas, estilos de vida e idiomas extraños. A veces, como en las Américas, las culturas eran diferentes pero no tan lejanas. A menudo estaban a menos de un día de camino en la selva. Estos esfuerzos misioneros hacia los indios americanos fueron llevados a cabo en el noreste por misioneros como David Brainerd y en el sureste por misioneros como John Wesley.

A medida que se adentraban en los bosques, dejaban atrás pequeñas iglesias tribales, a veces dirigidas por predicadores de la tribu y otras por otros extranjeros. Por lo general, sus esfuerzos produjeron congregaciones que desarrollaron ministerios necesarios como escuelas y orfanatos. Estos ministerios tan valiosos fueron atendidos primero por ministros (laicos), no por misioneros. Con el tiempo, el personal de trabajadores especializados, como médicos y maestros, superaría en número a los misioneros plantadores de iglesias. Debido a esto y a la necesidad de apoyar a estos trabajadores, no pasó mucho tiempo antes de que el término *misionero* pasara de ser plantadores de iglesias a ser simplemente *trabajadores de la iglesia*. A partir de ahí, el término misionero recibió otro golpe a su definición original, en el sentido de que los misioneros casi dejaron de ser plantadores de iglesias y se convirtieron prácticamente, sin excepción, en pastores y obreros de la iglesia.

Hoy, estadísticamente, la mayoría de los misioneros nunca plantarán una iglesia. Solo servirán como ayudantes o pastores asistentes hasta que el misionero principal se jubile o se traslade, y entonces ocuparán su lugar. Por esta razón, la mayoría de las personas hoy en día que dicen ser y son apoyados como misioneros son solo pastores u obreros.

Hay dos conceptos erróneos de los misioneros que prevalecen hoy en día:

1. Todos los misioneros son plantadores de iglesias; esto es *fácticamente* incorrecto.

2. Todos los misioneros no tienen que ser plantadores de iglesias; esto es *bíblicamente* incorrecto.

Esto no significa que no pueda tener un trabajo externo como lo hizo Pablo, enseñar en un instituto, o incluso servir temporalmente como pastor mientras la congregación encuentra uno. Un misionero puede usar temporalmente muchos sombreros, pero su función principal y su motivación principal es comenzar nuevas iglesias en casa y verlas madurar en efectividad, produciendo más hombres como él.

Al final de todo lo que he tratado de decir es esto: para cumplir con la Gran Comisión, los pastores necesitan educar a sus congregaciones que un *misionero* no es un *obrero de la iglesia;* no es un *pastor de la iglesia;* es un *plantador de iglesias.* En su mayoría, los misioneros no plantan iglesias porque nunca se les enseñó que ese es su propósito principal, y nadie les enseñó cómo hacerlo. Y aparentemente, las iglesias que los apoyan tampoco parecen entenderlo.

ELIMINANDO EL ENIGMA

Sugerencias para los Misioneros.

Al leer mis comentarios, ¿sentiste ira o una chispa de emoción? Si es ira, me disculpo; no debo haber expresado mis sentimientos adecuadamente. En primer lugar, por favor, haz dos cosas: perdóname y luego pregúntate si he interpretado mal las Escrituras o la historia, y dónde. Si no reconoces un malentendido, ¿cómo vas a corregirlo? Una vez recibí una llamada telefónica de un misionero que leyó mi libro *La Gran Omisión.* Comenzó diciendo que se había creído un misionero pero, después de leerlo, determinó que no lo era y me preguntó qué consejo podía darle. Nuestra conversación fue así:

1)   Le pregunté: "¿Estás de acuerdo en que un misionero debe ser principalmente, entre otras cosas necesarias, un plantador de iglesias?" Respondió: "Sí".

2)   Luego le pregunté: "¿Crees que Dios te llamó a ser misionero?". De nuevo, respondió: "Sí".

3)   Le respondí: "Entonces empieza a plantar iglesias". Y lo hizo.

Bien, entonces no te enseñaron en tu universidad lo que debe ser un misionero. Entonces, ¿eres un misionero o un pastor? Si quieres ser pastor, es fantástico, incluso si quieres hacerlo en una tierra extranjera. Tengo dos sugerencias éticas:

1)   Haz lo mejor que puedas pero sé honesto con tu gente, para que no piensen por tu ejemplo que un misionero es un pastor. Ayúdales a entender la diferencia bíblica.

2)   Sé honesto con tus seguidores para que puedan decidir si quieren apoyarte como pastor o permitir que tu iglesia local te apoye. Solo sé honesto. Dios nunca bendice la deshonestidad, y Él descubre todo lo que tratamos de cubrir.

Si estás seguro de tu llamado, entonces asegúrate también de esto: nunca dejarás de aprender y nunca dejarás de descubrir verdades en la Palabra de Dios hasta que empieces a ignorar y excusar esas verdades. Espero que te conviertas en un misionero exitoso, un ejemplo a seguir por tu gente, y a emular por los que aquí te conocen. Si Dios lo llamó, Él lo creó para el excelente trabajo y el honor de estar en su equipo global de plantación de iglesias. Es tu "alto llamado en Cristo Jesús". No desprecies, menosprecies, abandones o reinventes tu llamado, y no dejes que nadie más lo haga tampoco.

Sugerencias para las Iglesias:

La solución a este enigma es bastante simple: volver al patrón bíblico que Dios dio y que Pablo ejemplificó para un ministerio misionero exitoso.

●   Enseñar la diferencia bíblica entre ser un pastor de ultramar y un misionero plantador de iglesias. Un pastor es un pastor y puede que nunca plante una iglesia. Si eso es lo que quieres apoyar como misionero, adelante, pero recuerda que no podemos desviarnos del plan, propósito o patrón de Dios y esperar su bendición. Él puede guiñar el ojo ante nuestra ignorancia, pero nunca excusa nuestra desobediencia.

⁂ Instruye a los misioneros no productivos que apoyas y anímalos a descubrir o redescubrir su llamado y propósito. Luego hazlos responsables como lo harías con un miembro del personal pagado en tu iglesia. Recuerda que debes apoyarlos para que hagan lo que Dios quiere que hagan (plantación de iglesias y discipulado), no lo que nuestra tradición les ha enseñado a hacer.

⁂ Reorganiza tu programa de misiones. Como ya he alentado, así como tu iglesia tiene un fondo o presupuesto para las misiones, también puedes desarrollar un presupuesto para el ministerio. Apoya a tus misioneros plantadores de iglesias con el fondo de misiones y apoya a otro personal ministerial digno con tu fondo ministerial. No esperas que una joven que sirve en un orfanato en África esté plantando iglesias. Apóyala para lo que Dios la llamó a hacer. ¿Apoyas a un misionero para que pastoree una sola iglesia de treinta personas (o 3,000 personas) año tras año? Examina las cartas de los misioneros, y puede que te sorprendas al saber que has estado haciendo exactamente eso. Sostén y espera que tus misioneros estén comenzando nuevas obras y entrenando nuevos pastores. Si no está haciendo eso, entonces ¿por qué lo está apoyando?

⁂ Ten en cuenta que los misioneros son personas. Hacen lo que se les enseñó, ya sea en un salón de clases o por aquellos que los precedieron. No te apresures a dejar de apoyarlos, pero infórmales de lo que esperas de ellos. Un desafío sincero, como el de Cristo, podría ser todo lo que se necesita para encender una llama que arderá durante toda su vida. Y recuerda, dales tiempo. A ti te ha llevado todo este tiempo aprender la diferencia; a ellos también les llevará algún tiempo. Probablemente nunca han escuchado este "nuevo" (tan antiguo como el libro de los Hechos) concepto de misiones.

Pastores, déjenme ayudarles...

Estoy escribiendo un manual para las iglesias sobre cómo establecer y mantener un programa bíblico de misiones. Si estás suscrito a nuestro *Informe de Progreso* trimestral gratuito, se te avisará cuando esté listo. Puedes registrarte en nuestro sitio web: www. FinalFrontiers.world.

#16

¿SIEMPRE ES MÁS EFECTIVO O MEJOR ADMINISTRACIÓN APOYAR A UN MISIONERO NACIONAL EN LUGAR DE UNO EXTRANJERO? SI ES ASÍ, ¿QUEDA ALGÚN PROPÓSITO LEGÍTIMO PARA EL MISIONERO TRADICIONAL?

EXPLICANDO EL ENIGMA

EN LOS ÚLTIMOS CUARENTA años, el movimiento bíblico y filosófico de apoyo a los predicadores nacionales no solo ha ganado tracción, sino que también ha superado todos los obstáculos y prejuicios anteriores que se oponían a él. Mientras que en 1986 no se podía encontrar prácticamente ninguna iglesia (en lo que llamamos congregaciones bautistas independientes) que apoyara a un misionero nacional. Hoy, en 2020, es difícil encontrar una iglesia que no lo haga.

Ha habido abusos por parte de pastores nacionales sin escrúpulos. Algunas iglesias americanas han respondido "tirando al bebé con el agua del baño". Sin embargo, la mayoría se da cuenta de que su nacionalidad, color de piel, acento o cultura no tienen nada que ver con los pecados que descalifican a los hombres para servir a Dios.

A ninguna iglesia se le ocurriría dejar de apoyar a todos los misioneros estadounidenses porque uno (o algunos) no esté cualificado o maneje mal los fondos, así que ¿por qué aplicamos ese criterio a los nacionales?

La cuestión que prevalece más que todas las demás, y que ha generado el rápido crecimiento del apoyo a los nacionales, ha sido la de la mayordomía. Pero yo diría que la mayordomía implica algo más que la diferencia de apoyo entre un misionero estadounidense y su homólogo nacional. Para mí, la eficacia es mucho más importante que las ventajas financieras.

Además, el hecho de que un hombre sea nacional no significa automáticamente que trabaje más o que logre más. Hay misioneros muy eficaces que, con sus dones, talentos y habilidades, y con la orientación adecuada, son tan eficaces como un nacional, o incluso más, a pesar de su "extranjería".

EXAMINANDO EL ENIGMA

Vuelve a leer la primera pregunta del acertijo. Mi respuesta es un no rotundo. ¿Le sorprende esta respuesta? No siempre se trata de una administración más eficaz y mejor, pero yo sugeriría que la mayoría de las veces y con *toda probabilidad lo es.*

Permítanme abordar brevemente los componentes del acertijo.

¿Es más eficaz apoyar a un nacional?

Es difícil imaginar que un extranjero pueda ser más eficaz que un nacional, pero depende de estos dos componentes. Si el extranjero demuestra que su presencia allí se debe a un amor por la gente y no solo a un trabajo, y su homólogo nacional es rencoroso, exigente y ávido de dinero, entonces sí, el misionero extranjero podría ser mucho más eficaz. Pero poniendo a los dos hombres lado a lado con la misma ética de trabajo, carga, compasión, etc., el nacional casi siempre superará al extranjero. No siempre, pero casi siempre porque tiene ciertas ventajas.

Hay que tener en cuenta que el misionero nacional conoce a fondo el idioma que el misionero se esfuerza por dominar y la cultura a la que el misionero no está acostumbrado. Si el misionero se queda y permanece durante uno, dos, tres, cuatro, cinco, seis o más períodos de cuatro años, probablemente será tan eficaz o incluso más que el nacional. Durante estas décadas, la gente ha llegado a quererle y a darse cuenta de que "elige" ser uno de ellos en lugar de estar de paso. Ha demostrado su amor compartiendo su apoyo con ellos, ayudándoles, enseñándoles y amándoles. Pero como la gran mayoría de los misioneros no llegan a su segundo mandato, no conocerán la alegría de lo que podría haber sido, sino las luchas de lo que fue.

Otra área de ineficacia es la falta de comprensión de para qué están allí (los misioneros). Los pastores nacionales saben cómo pastorear a su gente y pueden ser excepcionalmente competentes, a pesar de la falta de recursos como coches, financiación, medicamentos, instalaciones, bancos, sistemas de megafonía, etc. Los misioneros tienen acceso a estas cosas, pero sus juntas o mentores les han enseñado que no deben participar en la provisión de tales cosas "materiales" a las iglesias nacionales (excepto, por supuesto, a la que pastorean personalmente). En su lugar, se les anima a pasar su tiempo construyendo su propia congregación. Entonces, examinemos la eficacia de ambos. Pongamos sus zapatos en nuestros pies.

Aquí en Estados Unidos, supongamos que tienes solo dos iglesias fundamentales y doctrinalmente sólidas en un radio de 50 millas de tu casa. Ambas tienen la misma asistencia, tienen sus propios edificios y tienen buenos pastores. ¿A cuál irán tú y tu familia?

Iglesia número uno:

Esta congregación es pastoreada por un hombre local que creció contigo. Lo has conocido por años y has observado su dedicación y testimonio. Sabes lo que solía ser y en lo que se ha convertido. Su iglesia no tiene piano, ni luz eléctrica, ni aire acondicionado. Los bancos fueron donados por otra iglesia que compró unos nuevos, y el suelo es de cemento desnudo, sin baldosas ni moqueta. La iglesia tiene un gran corazón pero una pequeña cuenta bancaria.

Sin embargo, puedes acudir a él con cualquier problema o preocupación porque conoce tu vida y tu cultura y puede entenderte cuando hablas. Siempre que le invitas a comer a tu casa, disfruta de lo que le sirves y pide más. Tus hijos van a la escuela con los suyos, tu mujer va de compras y se relaciona con la suya, y entiende tus dificultades económicas porque gana lo mismo o incluso menos que tú. Se ha ganado tu confianza y respeto a través de su vida, su testimonio y sus enseñanzas.

Iglesia número dos:

Esta iglesia tiene el suelo enmoquetado, aire acondicionado, asientos acolchados, un sistema de megafonía con guitarras, un teclado, un retroproyector para los cantos y un campanario, lo que hace que parezca una verdadera iglesia. Pero por muy bueno y amable que sea el pastor, es de otro país, digamos de Mozambique.

Es un buen hombre con una familia encantadora y, por lo que se ve, fue un pastor de éxito en su país antes de sentir la llamada a venir a Estados Unidos. Te caen bien él y su familia, y te asombra su conocimiento de las Escrituras, pero no llegas a pasar mucho tiempo con él. Parece que siempre está ocupado escribiendo a las iglesias de Mozambique que le apoyan, y la mayoría de las ilustraciones de sus sermones tienen que ver con su país, no con el tuyo. Algunas ni siquiera las entiende. Otro problema es que creció hablando portugués y varios de sus dialectos bantúes nativos. Por eso, aunque pasó sus dos o tres primeros años en Estados Unidos tomando clases de inglés, sigue hablando con un fuerte acento que, a veces, es difícil de entender. A veces comete involuntariamente errores culturales que pueden ser un poco embarazosos si hay visitantes en el servicio.

Eso es lo malo, pero lo bueno es que pertenece a una familia acomodada (en comparación con los socios). Como se llama a sí mismo "misionero en América" (aunque tú lo veas como un pastor extranjero en América), y como un grupo de iglesias en Mozambique paga su salario, no tienes que pagarle. Después de todo, su familia parece estar bien pagada; tiene la casa más bonita de la iglesia y dos coches. Se rumorea que su manutención es superior a los ingresos combinados de todos los miembros de la iglesia. Si tiene alguna necesidad o emergencia, sus seguidores de Mozambique le envían el dinero para cubrir la necesidad. En esencia, no es necesario que dé el diezmo o las ofrendas, excepto para comprar más cosas materiales (un color diferente de alfombra, por ejemplo). Lo respetas, pero no tienes nada en común con él. Come alimentos importados de su país y sus hijos van a un colegio privado muy caro. Su mujer es encantadora y dulce, pero solo habla un poco de inglés, así que no la conoces en absoluto.

Esta es mi pregunta: ¿a cuál de esas dos iglesias te unirás?

EXPONIENDO EL ENIGMA

¿Puedes ver ahora por qué los misioneros a veces tienen dificultades? Es posible que hayas pasado por alto otro punto, un punto que aliviaría todas estas dificultades. ¿Y cuál es? Se supone que los misioneros no son *pastores*, se supone que son *plantadores de iglesias* y discipuladores de líderes de iglesias.

Nunca he sido pastor en un país extranjero, pero he fundado al menos 12 iglesias y he participado en la fundación de cientos más. Lo hago trabajando con pastores entrenados por mí, otro misionero o un líder nacional. Ellos pueden necesitar ayuda/instrucción/motivación para iniciar nuevas iglesias en su región. Los pastores son médicos generales; necesitan saber cómo hacer casi todo. Los misioneros somos especialistas; necesitamos saber solo dos cosas: plantar iglesias y capacitar a nuevos pastores (y plantadores de iglesias). Tenemos más éxito cuando trabajamos con los pastores, no cuando intentamos ser uno de ellos.

Supongamos que compraste boletos de avión para hacer un viaje. Una vez que todos están sentados, se activa el intercomunicador y escuchas lo siguiente *"Hola, señoras y señores, soy el capitán Bob, y seré su piloto hoy. Me he formado como piloto de las Fuerzas Aéreas y he pilotado aviones como éste durante veinte años. Así que, siéntense, relájense, y nos pondremos en camino en un momento".*

Mientras se abrochan el cinturón, notan que la puerta de la cabina se abre y ven al capitán Bob salir y ponerse un delantal. Una vez más, se activa el intercomunicador y el capitán Bob dice: *"Señoras y señores, les habla de nuevo su capitán. Solo quería que supieran que he decidido intercambiar responsabilidades con nuestra jefa de azafatas, la señora Jane Smith. Yo les serviré las comidas y me aseguraré de que estén completamente cómodos. La azafata Smith pilotará el avión".* ¿Cuánto tiempo te tomaría a ti desplantar el avión? Esto es lo que ocurre cuando un misionero dedica su tiempo a pastorear en lugar de plantar iglesias.

Se producen varias consecuencias:

1) El trabajo del Capitán Bob se deja de hacer porque es el único piloto del avión.
2) No está haciendo lo que fue entrenado para hacer.
3) Le quita el trabajo a alguien que Dios llamó y preparó.
4) El pánico, los ataques al corazón y los esguinces de tobillo ocurren mientras todos los pasajeros descienden del avión.

¿Es mejor la mayordomía para apoyar a un nacional?

Apoyar a un misionero nacional es ciertamente más barato que a un misionero extranjero. En la mayoría de los países en vías de desarrollo, la proporción es de 100 a 1, lo que significa que los fondos que las iglesias americanas dan para apoyar a un misionero americano, podrían haber apoyado hasta 100 misioneros nacionales.

Esto no era así en el pasado porque hace 150 años, los misioneros trabajaban para vivir en el campo. Vivían como los nacionales, comían la misma comida, sus hijos asistían a la misma escuela, iban a pie a todos los sitios, y el seguro médico, las cuentas individuales, los fondos de ahorro para la universidad y los costes de las diputaciones eran inconcebibles. Los misioneros utilizaban los mismos muebles que los locales, araban los mismos jardines y se adaptaban a la misma cultura. Su mayor dificultad fue aprender el idioma. Sin embargo, cuando se está "dentro" sin esperanza ni plan de volver a casa, la necesidad de comunicarse fue un gran impulso para aprender el idioma de forma rápida y eficaz.

En aquella época, abandonar era difícil. ¿Cómo se podía volver a casa y admitir que se había perdido la verdadera llamada de Dios para la vida? Con una ayuda financiera escasa o nula, que en el mejor de los casos era espasmódica, ¿cómo se podía esperar reunir los fondos para volver a casa? Ser misionero no era una carrera; era una opción de vida y una sentencia de muerte.

En los primeros 100 años de actividad misionera británica, el promedio de vida de un misionero era de solo seis años. Enviaban sus pertenencias al campo, no en cajas sino en ataúdes. Muchos morían en los barcos de camino al campo. No había "viajes de reconocimiento" para asegurarse de su vocación o preparar el alojamiento para su familia. No había diputaciones ni se esperaba que otros pagaran tu salario. Si eras zapatero en Inglaterra, serías zapatero en Calcuta (William Carey). Al fin y al cabo, si el apóstol Pablo podía trabajar para ganarse la vida mientras "ponía el mundo patas arriba", ¿por qué no iban a poder hacerlo ellos? Así se pensaba entonces, pero a medida que los creyentes en su país se interesaban más por las misiones, y con su nueva prosperidad, daban más a las misiones, determinaron que era necesario cambiar los métodos de las misiones, y así se convirtió en lo que tenemos hoy.

Cuando se trata de comparar a un misionero con un nacional, la mayordomía no es tanto una comparación de *fondos* como una comparación de *funciones*. Si apoyas a un misionero que no está haciendo lo que fue enviado a hacer, entonces incluso 1 dólar al mes es una mala mayordomía. Y a la inversa, si un hombre está haciendo lo que fue llamado y enviado a hacer, entonces su ministerio crecerá (como lo ha hecho Final Frontiers), y es probable que encuentres la necesidad de ayudarlo a hacer aún más aumentando su financiación.

Y ahora la parte final del enigma.

¿Hay todavía un propósito legítimo para el misionero extranjero?

Sí, siempre habrá una necesidad para el misionero extranjero. Pero la necesidad tiene más que ver con lo que él logra que con su nacionalidad. Las iglesias que apoyan necesitan verificar que los hombres que apoyan están haciendo su trabajo, no simplemente ministrando como un pastor extranjero sino plantando nuevas obras para y con los nacionales. De esta manera, pueden capturar su país para Cristo.

A lo largo de los años, ha habido pastores que han escuchado nuestra filosofía, la han puesto a prueba y han descubierto que apoyar a uno o más de nuestros plantadores de iglesias nacionales era más eficaz que muchos de los misioneros extranjeros que habían estado apoyando. No todos, pero sí muchos. Juzgaron la eficacia en función de los resultados y los informes. Con el tiempo, he visto que muchas iglesias comenzaron a reducir el número de estadounidenses que apoyaban y a aumentar el número de nacionales. A medida que dejaban un misionero o uno se jubilaba, etc., lo sustituían por un plantador de iglesias (misionero) nacional.

Varios pastores me han dicho recientemente que planean dejar a todos los misioneros que apoyan y ayudar solo a los nacionales. Y aunque pienses que me complace tal decisión, no es así. Comprendo la frustración que tienen los pastores al tener que lidiar con hombres en perpetua diputación; luego, después de recaudar todo lo que necesitan, se demoran en recaudar decenas de miles de dólares más para los viajes y el envío de sus muebles. En otros escenarios, los misioneros permanecen en Estados Unidos aunque las iglesias los han apoyado durante años. Los creyentes novatos se preguntan por qué el misionero sigue aquí, pero se sorprenden cuando muchos otros, que llevan mucho tiempo en el campo, rara vez o nunca mencionan un alma salvada, un hombre discipulado para el ministerio, o una iglesia iniciada. Luego, están las cartas de renuncia de hombres que han apoyado durante años y que ahora se sienten guiados por Dios para regresar a Estados Unidos a pastorear. Por supuesto, los pastores se sienten frustrados y buscan una manera de asegurar que sus donaciones a las misiones realmente lleguen al campo misionero y logren algo.

Sé que he pintado un cuadro muy sombrío, pero es una realidad para muchos pastores aquí en Estados Unidos. Ciertamente lo fue para mí cuando era un joven pastor hace décadas.

Pero aún así, muchos excelentes misioneros están sirviendo alrededor del mundo que han construido ministerios sólidos y reproductivos y que han afectado su nuevo hogar para la causa de Cristo. ¿Deben estos hombres perder el apoyo simplemente porque son estadounidenses? ¿Deben ser abandonados porque consumen más fondos que los nacionales? ¿Deben dejar de ser apoyados por el fracaso de otros? Dios no lo quiera.

A veces se me acusa de ser "antimisionero", lo cual es ridículo ya que soy misionero. Jesús dijo que una casa dividida no puede permanecer. En mi caso, deben sentir que Él hizo una excepción. Por alguna razón, porque señalo los aparentes fallos de nuestros programas misioneros y de la formación de los misioneros, se supone que soy odioso e insultante. Todo lo que estoy enseñando es lo que el libro de los Hechos enseña. No he puesto palabras en la boca de Dios; solo he enseñado lo que Él puso en su Palabra.

Supongamos que un pastor se queja de que otros pastores son perezosos, que no estudian para sus sermones, que están demasiado ocupados con la vida para ayudar a sus miembros, o que están sobrepagados y con poco trabajo. En ese caso, sus miembros lo aplauden, pero si yo digo lo mismo sobre algunos (pero no todos) misioneros, siendo yo mismo uno, de alguna manera eso me convierte en el enemigo. Bueno, ¡pobre de mí! Sin embargo, diré que las quejas que me han llegado rara vez provienen de los misioneros. Esto se debe a que estos diligentes siervos de Dios saben que lo que digo es cierto. Aprecian que diga lo que a ellos no se les permite decir. La respuesta más común que tengo de los misioneros es: "Ya es hora de que alguien diga a las iglesias lo que realmente está pasando".

Las quejas tampoco provienen de los miembros de las iglesias, porque muchos se dedican a los negocios. Ellos ven lo que yo veo y se preguntan desde hace tiempo por qué las misiones no se gestionan como un negocio celestial con políticas, procedimientos, responsabilidad, clasificaciones de puestos, etc. No contratan a un hombre esperando ser su mentor durante años; buscan hombres con experiencia. No contratan a un hombre de una tierra extranjera con un idioma extranjero para tratar con sus clientes; contratan a un estadounidense. Le dan un trabajo, un título, una responsabilidad y una cuota. No esperan un informe de él cuatro veces al año hablando de su esposa e hijos; quieren informes semanales de progreso. Los empresarios de su iglesia se preguntan por qué hacemos el trabajo de Dios de una manera tan descuidada. Ellos saben que si manejaran sus negocios como nosotros manejamos las misiones, pronto se quedarían sin trabajo.

Seamos brutalmente honestos. El rápido crecimiento del cristianismo hoy en día en lugares como Brasil, México, las Filipinas y la India, se debe a que una vez hubo misioneros estadounidenses, británicos, holandeses y alemanes que dejaron todo lo que tenían para ir y dar sus vidas por y para esas personas. Los ganaron, los discipularon, los entrenaron y los capacitaron para hacer lo que habían estado haciendo. Claro, los nacionales tienen resultados más notables; deberían. Debería darles vergüenza si no lo hacen. Pero todo empezó con un misionero extranjero que sabía lo que había venido a hacer, y lo hizo.

Al final, el trabajo del misionero es salir de un trabajo y pasar a otro campo y empezar de nuevo. Este no es un proceso de fracaso; es un proceso de éxito absoluto. Para un misionero genuinamente bíblico, todo lo que no sea eso es un fracaso.

Podemos hacerlo mejor en la administración, así que hagámoslo.

A menudo, los misioneros tienen características profundamente desarrolladas por su familia, cultura, iglesia de origen, instituto bíblico y país. Como estadounidenses, por ejemplo, tendemos a ser más agresivos en nuestros esfuerzos. Eso es positivo. También tendemos a preocuparnos solo por nosotros mismos y por nuestros ministerios en lugar de ayudar a otros con los suyos. Esto es negativo. También tendemos a derribar y construir graneros más grandes en lugar de extendernos y plantar nuevos campos. También tendemos a ser muy egoístas y emprendedores. Estamos deseosos de aprender de alguien mayor e igual de ansiosos por superarle en lugar de emularle. Nuestro objetivo es ser nuestro propio jefe y el líder de los demás a nuestro alrededor. Queremos enseñar a los demás lo que no tenemos experiencia en hacer y guiar a los demás por donde aún no hemos llegado. Queremos títulos y reconocimiento y logros para ganar honor, pero pisamos las espaldas de los que nos formaron. Trabajamos duro, pero parece que apenas trabajamos, ya que hay pocas pruebas de que hayamos estado allí.

⊙ A menudo, cuando estoy con misioneros, escucho lo que tienen que decir, hago preguntas sobre varios puntos y luego trato de determinar a qué instituto bíblico asistieron o incluso con qué junta misionera están. Es un pequeño juego al que juego.

⊙ Algunos son propensos a ser altamente evangelistas sin seguimiento. Se les enseñó que el éxito se revela en los números: cuanto mayor sea el número, mayor será la validación de su ministerio. Su discipulado es un curso de trece semanas diseñado para desarrollar la lealtad en la asistencia y las ofrendas, no el estudio y la comprensión de la Palabra de Dios. Todo su énfasis está en ganar almas sin pensar en un verdadero discipulado. Esto es porque nunca fueron realmente discipulados. Son todo celo con poco conocimiento. Cuando perecen, por lo general es de regreso a casa, ya que muchos de ellos dejan el campo misionero. Se desaniman porque no pueden entender cómo pueden ganar a miles para Cristo, pero solo docenas vienen a la iglesia. Son buenos hombres que aman a Cristo. Desafortunadamente, no fueron entrenados adecuadamente en cuanto a cuál es su función bíblica. No se han dado cuenta de que el trabajo del agricultor no es solo sembrar la semilla; también es regarla, nutrirla, podarla y cosecharla. La siembra es solo el comienzo de una futura cosecha. Y la cosecha no es la siembra ni la cosecha, sino la recolección. Son solo el proceso que conduce al propósito.

⊙ Algunos son más estudiosos. Desarrollan fantásticos sermones e instituyen cursos para los tres hombres de su instituto, pero todo son conocimientos sin ningún tipo de celo. Todo lo que hacen es religiosamente formal y en el marco de las instalaciones de la iglesia. Tienen pocos conversos y probablemente nunca fundarán una iglesia. Estos hombres se sienten como profesionales que sienten que tienen algo que enseñar, pero no ven la urgencia de construir su cuerpo estudiantil con conversos. Los predicadores que produzcan serán como ellos: llenos de conocimiento y vacíos de evangelismo.

Sabrán aconsejar pero tendrán pocas familias con las que practicar. Típicamente, se retirarán antes de la muerte pero no serán reemplazados por un hombre entrenado porque no han entrenado completamente a uno. En su lugar, confiarán en que su junta misionera envíe un sustituto. Al fin y al cabo, eso es lo que eran.

Algunos van como fabricantes de tiendas y se alinean con una iglesia nacional. Mientras trabajan, entablan relaciones con empleados, vendedores, clientes y proveedores. (Algunos se concentran en la enseñanza del inglés y, mientras lo hacen, ganan a sus alumnos y plantan una iglesia. La mayoría de sus conversos son hombres y mujeres jóvenes que son estudiantes universitarios o jóvenes profesionales). Crecen lenta y constantemente y producen iglesias domésticas que se reproducen y se convierten en congregaciones establecidas. Su celo parece ser más por el discipulado que por la evangelización, pero tienen una mezcla equilibrada de ambos. Son celo con conocimiento. Tienden a producir frutos que permanecen concentrándose en el discipulado completo del converso individual y esperando una cosecha más tarde de sus labores de hoy. Cuando estos misioneros perecen, nadie lo sabe porque ya han pasado de un lugar a otro, reproduciéndose en la vida de otros. La noticia de su desaparición a veces llega a su "fruto" meses después.

Algunos misioneros saben por qué están allí (para ganar, discipular y plantar iglesias) y fueron debidamente formados en su propia cultura y adquirieron experiencia ministerial antes de salir al campo. Ellos, al igual que los fabricantes de tiendas, son una mezcla perfecta de celo y conocimiento. Tienden a desarrollar múltiples institutos, sabiendo que es más efectivo para entrenar a sus conversos y a los conversos de sus conversos. A medida que el número de discípulos crece y su ministerio se expande, no envían estudiantes para construir su escuela, sino que comienzan nuevas escuelas para cada región. Tienden a ser evangelistas en todos sus esfuerzos, pero dedican mucho tiempo al discipulado de los futuros líderes de la iglesia. Tienen un curso de discipulado, pero también se dan cuenta de que el discipulado bíblico es un esfuerzo continuo, un estilo de vida, tal como los discípulos de Cristo vivieron, comieron, durmieron y trabajaron con Él. Aprendieron de sus enseñanzas y de su ejemplo. Luego repitieron ese proceso en sus propios ministerios. Son fenomenales. Cuando perecen, sus ministerios continúan porque ellos los diseñaron así. Su ministerio no depende de ellos, sino de los principios que enseñaron a sus discípulos, el discipulado espiritual y la reproducción.

ELIMINANDO EL ENIGMA

Sugerencias para los Misioneros:

- Sé que estás compitiendo con la producción de los nacionales, pero tienes una ventaja; muchos pastores aún no confían en los nacionales, y puedes visitar las iglesias que te apoyan. Entonces, haz visitas constantes, aunque sea por correo electrónico, Facebook o Zoom. Aprovecha tus ventajas.

- Haz lo que Pablo le dijo a Timoteo y demuestra tu valor. No confíes en tu título para demostrar tu valor; confía en tus labores. Este es un principio bíblico. Dios desprecia la pereza en cualquier forma, así que como siervo de Dios, su administrador y su embajador, debemos despreciarla también.

- Nuevamente, obedece la instrucción de Pablo a Timoteo: "despierta el don de Dios que hay en ti". Date cuenta de que si eres llamado a ser misionero, has sido exaltado por Dios para ser el primero de los dones que Él dará a un pueblo en algún lugar. Todos los demás te seguirán. Tú no eres el furgón de cola; eres la locomotora. Tu influencia y tu mensaje acabarán cambiando una tribu, una nación o un continente. Sé digno de tu vocación; no dejes que se quede paralizada, revuélvela.

- Si eres de ascendencia europea, hoy conoces el evangelio porque, en algún momento de los siglos pasados, alguien que descendía de Pablo se aventuró hacia el norte para predicar a nuestros antepasados y convertirlos de las tinieblas a la luz. Ellos no tenían idea de las repercusiones de su aventura misionera, y tú no tienes idea del bosque que saldrá de la semilla de un solo árbol que plantes.

Sugerencias para las Iglesias:

* Comparte con tus miembros los éxitos de los misioneros cuando te enteres de ellos. Organiza una llamada por Skype o Zoom para que tus miembros puedan conocerlos en línea y aprender lo que están haciendo y cómo lo están haciendo.

* Cuando te enfrentes a una situación negativa o sientas la necesidad de dejar de apoyar a un misionero, sé sincero con tu gente en cuanto a los motivos y comparte lo que has aprendido de la experiencia y los cambios que deben hacerse en tu programa de misiones.

* No importa cuánto recibe un misionero en apoyo, siempre y cuando sea digno de él y lo utilice para el servicio de nuestro gran Rey. Asegúrate de que los hombres a los que apoyas están ganando almas, discipulando a los convertidos, entrenando a nuevos pastores y plantando nuevas iglesias. Si lo están haciendo, continúa ayudándoles, quizás incluso aumentando su apoyo si es necesario. Pero si no lo están haciendo, póngalos a prueba. Pregúntales por qué y exige una respuesta. Y si siguen sin hacer lo que les apoyas, deja de apoyarlos por todos los medios. (Dales un tiempo límite aceptable, no para que mejoren, ya que han demostrado su falta de compromiso, sino para que no se queden tirados).

Pero tú dices: "¡No podemos dejar a un misionero!". Bueno, ¿por qué no? Despedirías a un pastor de música que durante años no preparó los servicios. Despedirías a un pastor de jóvenes que durante años apenas impartiera una clase y no tuviera actividades juveniles. ¿Por qué los misioneros son tan sagrados? Hemos creado una mentalidad asistencialista en nuestros programas misioneros que desafía cualquier atisbo de mayordomía o responsabilidad. Recuerda, no es a mí a quien responderás por esto, sino a nuestro Señor.

#17

¿POR QUÉ FINAL FRONTIERS ENFATIZA EL APOYO A LOS PLANTADORES DE IGLESIAS NACIONALES EN LUGAR DE LOS PASTORES NACIONALES, Y ES BÍBLICO HACERLO?

EXPLICANDO EL ENIGMA

EN JOB 12:5, LEEMOS: *"El que está listo para resbalar con sus pies es como una lámpara despreciada en el pensamiento del que está tranquilo".* La mayoría de los comentaristas estarían de acuerdo en que el verso se refiere a la actitud arrogante de los que están a gusto, cómodos, seguros y prósperos hacia aquellos cuya vida se les escapa debido a su pobreza y circunstancias.

Cuando comencé con Final Frontiers a finales de 1986 y empecé a representar a los ministerios de predicadores nacionales, esta fue la actitud más común que experimenté por parte de los líderes misioneros y los pastores. Al estar cómodos en sus ministerios estadounidenses, financiados por sus salarios estadounidenses, y sin conocer otra cosa que su propia cultura estadounidense, desestimaban la valía y el trabajo de los nacionales que pasaban hambre, vivían en una pobreza perpetua y se veían obstaculizados por sus situaciones sociales y políticas. Busqué simpatía, pero encontré muy poca. A medida que pasaba el tiempo y la causa que yo promovía empezaba a calar, las actitudes cambiaron, y con ellas, la implicación personal.

Pronto experimenté que los que antes me habían enfrentado por el concepto de apoyar a los predicadores nacionales, ahora los apoyaban con gran celo pero con poco conocimiento. Como resultado, con el tiempo, se hizo evidente que muchos nacionales estaban abusando de la generosidad que recibían. Una vez más, todo el concepto estaba siendo obstaculizado por los pecados de unos pocos. El dinero que antes fluía generosamente para ayudar a los predicadores nacionales empezaba a gotear o se cortaba por completo.

Hay que admitir que al principio yo estaba entre los que apoyaban con entusiasmo. Apoyaba a cualquier predicador que viniera a mí con una necesidad. Entonces, un día, algunos de los hombres de confianza a los que había estado ayudando me advirtieron contra el apoyo de otros que sabían que eran perezosos, deshonestos e incluso de una creencia doctrinal diferente pero oculta. Debido a esto, tenía una opción. Podía "tirar el bebé con el agua de la bañera" y dejar de apoyar a los nacionales, o buscar ayuda y consejo sobre cómo solucionar el problema. Al hacer esto, tuvimos que establecer algunos requisitos en nuestra elección de los hombres a los que apoyar y desarrollar los criterios por los que daríamos apoyo.

EXAMINANDO EL ENIGMA

Para resolver el problema, se nos ocurrió una solución en dos partes: Recomendación y aplicación. Así es como lo abordamos.

Recomendación:

1) Determinamos que no consideraríamos una solicitud de apoyo a menos que viniera con una recomendación de un misionero de una junta fundamental o de un predicador nacional con el que ya tuviéramos una relación.

2) Determinamos que la recomendación debía basarse en un conocimiento personal y a largo plazo del hombre y su ministerio. En otras palabras, el que recomienda al predicador para que lo apoye no

debe hacer la recomendación porque sabe de él, sino porque lo conoce.

3) Decidimos que no apoyaríamos a un predicador a menos que estuviera vinculado a un grupo local de rendición de cuentas de otros predicadores, nada de llaneros solitarios.

4) Y dado que estos líderes siempre estaban ansiosos por conseguir que sus propios hombres recibieran apoyo, surgió la tentación de remitir a hombres que podrían no cumplir con todos nuestros requisitos. Para evitar esto, determinamos que si el hombre que hacía la recomendación nos remitía a un predicador que no cumplía plenamente con nuestros requisitos, perdería permanentemente el derecho a recomendar a otro hombre. En otras palabras, teníamos una política de "un golpe y estás fuera".

Pero todo eso solo tenía que ver con la recomendación. Entonces desarrollamos una solicitud y un proceso para determinar si el predicador realmente cumplía con nuestros requisitos.

Solicitud

Desarrollamos una aplicación que se centraba en estos componentes:

1) ¿Es doctrinalmente sólido?
2) ¿Es moralmente puro?
3) ¿Tiene experiencia en la creación de nuevas iglesias?
4) ¿Tiene experiencia en la formación de otros hombres para el ministerio?
5) Si aceptamos apoyarlo, ¿se compromete a no solicitar ni aceptar el apoyo de otro ministerio?

Aunque parezcan cinco preguntas fáciles de responder, había que verificar cada una de ellas con detalles. Por ejemplo, si el solicitante afirmaba haber fundado cinco iglesias, también tenía que decirnos sus nombres y ubicaciones. De este modo, podíamos verificar si lo que afirmaba era cierto o falso. Estas preguntas nos permitieron conocer su vida familiar, su testimonio, quién lo capacitó para el ministerio, qué ha logrado en el pasado, etc.

En cuanto al número 5, lo preguntamos para evitar que un hombre reciba apoyo de varios ministerios. No queremos apoyarles para que construyan un imperio, sino porque tienen valor y necesidad. Además, no queríamos amontonar apoyos para uno mientras otros se quedaban sin ningún apoyo.

Cuando decidí esta política, no tenía ni idea de cómo nos afectaría en los años siguientes. En numerosas ocasiones, otros ministerios copiaron nuestro programa y se enteraron de los nombres de nuestros directores nacionales leyendo nuestro Informe de Progreso; entonces se ponían en contacto con esos directores y les pedían que rompieran su hermandad con Final Frontiers y trabajaran con ellos. Si nos enterábamos de que el nacional aceptaba su invitación, abandonábamos inmediatamente su apoyo. En algunos casos, nos retiramos de países enteros porque otras organizaciones habían apuntado a nuestros hombres allí, prometiéndoles más financiación pero rara vez se la daban.

Esto es moralmente incorrecto, pero es como el mundo hace negocios, y desafortunadamente, muchos predicadores en América y muchos misioneros de América no ven este método como antibíblico. Para ellos, es el negocio de siempre. Para mí, es envidia. Su razonamiento es, evidentemente, ¿por qué gastar años en desarrollar nuevos contactos cuando puedo tomar uno que ya ha sido investigado por otro ministerio?

Más allá de nuestro proceso de remisión y solicitud está nuestra responsabilidad continua, pero no es necesario explicarlo porque no es relevante para este enigma.

EXPONIENDO EL ENIGMA

No hicieron falta muchos años de trabajo con predicadores nacionales y de absorber críticas, sarcasmos y ser ridiculizados por hacerlo antes de que desarrolláramos un proceso de investigación y responsabilidad que ha sido copiado por docenas, si no decenas, de otros ministerios. Confieso que esto me molestó al principio, pero a medida que pasaba el tiempo y el orgullo se erosionaba, me di cuenta de que la imitación es realmente la forma más sincera de adulación.

En lugar de luchar contra la competencia, intentamos desarrollarla ofreciéndoles nuestras clases de formación y literatura. Muchos de ellos tomaron mis ensayos y folletos y borraron nuestro nombre, sustituyéndolo por el suyo. Empecé a entender por qué Pablo tenía la actitud de que, aunque le criticaran y abusaran de él, al menos se predicaba el evangelio. También me di cuenta de que estos otros ministerios viven en círculos que no me conocen, por lo que podrán construir un ejército a partir de esos contribuyentes que yo nunca podría influenciar. ¡A Dios sea la gloria! Me gusta decir a los demás que puede que nosotros seamos el Ejército, y ellos la Marina, pero todos servimos al mismo Comandante en Jefe.

Una vez asistí a una conferencia en Virginia, y la mesa de mi ministerio estaba al lado de otro ministerio que también apoyaba a los predicadores nacionales. Después de que hablé, todos fuimos a nuestras mesas para conocer y saludar a los miembros de la iglesia. Me di cuenta de que el hermano de la mesa de al lado se esforzaba por escuchar cómo respondía a las preguntas. Cuando todo terminó, y estábamos guardando nuestros materiales, trató de reclutarme para que fuera a trabajar en su ministerio. Insistió en que podría ser más productivo trabajando con ellos, y además, Final Frontiers no me daba un sueldo, y ellos lo harían.

Lo que él no sabía era que yo había formado al hombre que inició su ministerio. Pensamos en contratarlo, pero vimos algunas cuestiones cuestionables durante el proceso de investigación, así que lo rechazamos. Mientras tanto, yo le había enseñado todos los pasos de nuestro proceso, por lo que utilizó ese conocimiento para iniciar su propio ministerio de copia. Al leer su literatura, no pude evitar reírme cuando, una vez más, vi que mis escritos eran plagiados y utilizados por otro ministerio.

Este escenario ha ocurrido una y otra vez. Cuando tenía 35 y 45 años, me molestaba, pero ahora, a los 65, doy gracias a Dios por los frutos de mi ministerio que ni siquiera conozco. Tesoros en el cielo: ¡de eso se trata!

¿Por qué entonces me he tomado el tiempo y la tinta de discutir estos temas triviales? Es para que ahora pueda hacer mi punto. ¿Y cuál es?

Cuando comencé este ministerio, la idea de apoyar a los predicadores nacionales era inaudita, incluso se ridiculizaba y rechazaba. Con el tiempo se hizo evidente el valor de apoyarlos, y la causa crece aún hoy. Pero en estas décadas, Final Frontiers realizó un cambio significativo en nuestro ministerio que pasó desapercibido para la mayoría. Francamente, aunque lo exponga ahora, seguirá pasando prácticamente desapercibido. En 1986, cuando comenzamos, hasta donde sabemos, fuimos el primer ministerio bautista en América iniciado con el propósito específico de apoyar a los pastores nacionales. Ahora hay al menos 600 ministerios similares, o eso me han dicho. Hemos ayudado a poner en marcha al menos una docena de ellos, como ya he mencionado. Pero aunque ahora solo seamos uno de los 600, seguimos formando parte de un grupo que, de nuevo, por lo que sé, no tiene ningún otro ministerio aparte del nuestro.

¿Cómo puede ser eso? Es por una pequeña gran distinción que nos diferencia de todos los demás. No es que hayamos empezado primero o que tengamos más predicadores que los demás (y francamente, tenemos más que la mayoría de los demás juntos); es porque ya no apoyamos a los predicadores nacionales. Ni siquiera apoyamos a los pastores nacionales. Lo hicimos al principio, pero en los últimos 30 años no lo hemos hecho. Entonces, ¿qué apoyamos? ¿Qué nos hace diferentes? Solo apoyamos a los plantadores de iglesias nacionales.

Al principio, quería ayudar a todos los predicadores que pudiera. Muy pronto, me di cuenta de que su número era demasiado grande, y mis recursos demasiado pequeños. Con el tiempo, me di cuenta de que estaba ayudando a los "pastores" pobres de una congregación a costa de no ayudar a los "plantadores de iglesias pobres" que producían una cosecha mayor y no tenían una congregación en la que apoyarse.

Al principio, algunos que no estaban de acuerdo con mi ministerio decían que el pastor debía ser apoyado por su propia congregación. Yo estaba 100% de acuerdo, pero a veces no tienen nada que dar. En los años 90, Nicaragua tenía una tasa de desempleo del 70%. Sin trabajo = sin diezmo = nada para el pastor. Incluso hoy en día, en la India, los miembros traen un huevo o una bolsa de arroz o un tallo de verduras como diezmo. No tienen dinero. Cuando los pastores estadounidenses insistían en que los pastores nacionales vivieran del diezmo de la gente, yo les recordaba que se puede comer un huevo, pero no se puede llevar un huevo. No puedes atarlo a tus pies como una sandalia, y no puedes inyectarlo como medicina. Les recordaba que la Palabra nos dice que *"hagamos el bien a todos los hombres, especialmente a los de la casa de la fe".*

Sigo creyendo en la ayuda a los pastores nacionales cuyas congregaciones no pueden ayudarles suficientemente. Y por cierto, si crees que el pastor debe ser atendido por la congregación, entonces ¿por qué apoyas a los "misioneros" estadounidenses que pastorean las iglesias? Lo que es bueno para el ganso debe ser bueno para el ganso.

También creo que hay que ayudar a los predicadores nacionales que no son pastores; son evangelistas bíblicos que utilizan su vocación para fortalecer las iglesias locales y formar a los miembros en la evangelización. Ellos también necesitan apoyo.

Entonces, se preguntarán, si creo en el apoyo a los pastores y predicadores nacionales, ¿por qué hacemos un problema por *no* apoyarlos? Creo que el propósito de Dios para Final Frontiers es apoyar a los plantadores de iglesias nacionales. La mayoría de ellos son pastores, pero no los apoyamos porque sean pastores, sino porque salen de su congregación para fundar otras iglesias. Son plantadores de iglesias que también son pastores. Y están, como requerimos, "activa y consistentemente involucrados en la plantación de iglesias y en el entrenamiento de otros para el ministerio". Lo mismo ocurre con los evangelistas que apoyamos. Si viven como lo hacen los evangelistas estadounidenses, predicando en las iglesias a los creyentes, no los apoyamos. Pero si son evangelistas bíblicos, ganando a los perdidos y ayudando a plantar y construir iglesias locales, entonces sí los apoyamos.

¿Ves cómo el cambio de las definiciones de los términos bíblicos puede afectar la eventual aniquilación del verdadero significado? Si perdemos el significado, perdemos el propósito.

Nuestro propósito es ayudar a cumplir la Gran Comisión en nuestra vida, apoyando a aquellos cuyos esfuerzos ayudarán a lograrlo. Si ellos están exhibiendo todos los componentes de la Gran Comisión en sus vidas, nosotros los ayudamos.

¿Cuándo no se debe apoyar a un plantador de iglesias nacional?

Para nosotros, esta es una pregunta fácil de responder-ni siquiera merece el estatus de ser un enigma. Dejamos de apoyar a nuestros predicadores si:

1) Mueren.

2) Su doctrina cambia.

3) Dejan de necesitar ayuda.

4) Empiezan a recibir fondos de una organización similar.

5) Dejan de plantar iglesias.

Solíamos decir que para poder recibir ayuda, un predicador debía haber fundado al menos una iglesia. Después de todo, estábamos apoyando a los plantadores de iglesias. A lo largo de los años, vimos un patrón de un hombre que recibía fondos, comenzaba una iglesia, y luego se quedaba allí como pastor. Por lo general, dejaba el instituto bíblico y regresaba a su ciudad natal, donde estaba su carga. Nos alegramos de haber ayudado a ese hombre, pero ese no es nuestro propósito. Así que cambiamos nuestra política. Para calificar ahora, un hombre debe haber comenzado por lo menos dos iglesias y tener por lo menos un hombre sirviendo en el ministerio que él ganó para Cristo, discipuló y entrenó para el ministerio. Eso es para obtener apoyo. Para mantenerlo, tienes que estar "activa y consistentemente involucrado en el discipulado de la iglesia y en el entrenamiento de otros para el ministerio". Lo controlamos con informes trimestrales y con la supervisión de nuestros casi 1.500 directores nacionales, que supervisan el trabajo de más de 28.000 plantadores de iglesias nacionales.

Ahora, la parte final del acertijo: ¿Es bíblico apoyar a estos hombres?

Creo que una mejor manera de hacer esa pregunta es preguntar: "¿Es bíblico *no* apoyar a los plantadores de iglesias nacionales (misioneros)?"

Cuando Pablo escribió la declaración de sentido común sobre el apoyo a los misioneros *("¿cómo predicarán si no son enviados?"),* ¿se refería solo al envío de misioneros judíos al mundo gentil? No hay ningún indicio de ello. De hecho, en todos sus escritos, nunca se ve a Pablo pidiendo que Jerusalén envíe más misioneros judíos. Pablo entendió que la mejor persona para llegar al griego era otro griego. Ganó y reclutó gentiles para que le ayudaran a llegar a los gentiles. Ese es un principio bíblico. Por otro lado, nunca leemos que Pablo haya desanimado a un misionero judío a ayudar; simplemente no les pidió ayuda.

También está el versículo que nos dice que debemos ayudar a los que son de la casa de la fe. ¿Debemos leerlo de otra manera? ¿Estaba Pablo diciendo que hay que ayudar a los creyentes que necesitan su ayuda a menos que sean pastores o misioneros? No, no dijo eso, ni lo insinuó.

Luego, en la tercera epístola de Juan, el apóstol reprendió a un pastor local por dos cuestiones: primero por negarse a ayudar a los predicadores itinerantes (probablemente nacionales, ya que eran extranjeros), y segundo por prohibir a los miembros de su iglesia que les ayudaran también. Juan lo reprendió ante toda su iglesia al hacer circular su carta y además amenazó al pastor diciéndole que se encargaría de él la próxima vez que estuviera en la ciudad.

Si nos tomáramos el tiempo necesario, podríamos señalar numerosos ejemplos de predicadores nacionales que recibieron ayuda, tanto en el Antiguo como en el Nuevo Testamento. Pero la verdad es que, aunque las Escrituras no dijeran nada, y no lo hacen, seguiría siendo lógico ayudar a los que son nuestros hermanos en Cristo, que predican donde nosotros no podemos o no queremos, en idiomas que no conocemos, en culturas que no entendemos y en países donde nos está prohibido.

¿Debemos suponer que el mundo y su *"plenitud"* ya no son propiedad del Señor? ¿Que, por alguna razón, el dinero americano no encaja en el término *"plenitud"*? ¿Debemos creer, como algunos solían decir, que "el dinero americano pertenece a los misioneros americanos"?

¿Debemos creer que los misioneros han dado su vida solo para que puedan ser reemplazados por más misioneros extranjeros y no por su propio fruto? ¿O hemos de creer que solo es aceptable apoyar económicamente a un hombre con el mismo color de piel que el nuestro, el mismo color de pelo, idioma y acento? ¿No hizo Dios a todos los hombres a partir de un solo hombre? ¿No ofreció la redención para todos los hombres a través de un solo hombre? ¿No nos encargó ese mismo Cristo con sus últimas palabras que fuéramos a todo el mundo, a todos los países, a todas las razas, a todas las tribus, y que predicáramos su glorioso evangelio en todos los idiomas, redimiendo una Esposa para Él?

Entonces, ¿creo que es bíblicamente incorrecto apoyar a un predicador nacional? Por supuesto que no. Yo diría más bien que es incorrecto no apoyarlos. Pero entonces, eso es solo yo.

ELIMINANDO EL ENIGMA

Sugerencias para todos:

- *Si no se puede confiar en los nacionales con dinero, entonces no se puede confiar en ellos en absoluto.* Muchos ministerios afirman que "trabajan con los nacionales", y los aplaudo a todos. Sorprendentemente, no trabajamos con los nacionales, sino que trabajamos para ellos. Ellos nos dicen lo que necesitan y nosotros nos ponemos a trabajar para proporcionárselo. Pero hay una diferencia entre el apoyo real y la ayuda periférica.

Conozco a un plantador de iglesias en Honduras que es pastor. Su nombre es Carlos Messan, y fue el pastor de mi esposa en sus años de juventud antes de que nos casáramos. Las iglesias de aquí le concedieron un préstamo a bajo interés para construir sus instalaciones y donaron un camión a su familia. Pero se negaron a apoyarlo económicamente. ¿Por qué? Creían que si se le daba dinero a un nacional, lo arruinaría. En primer lugar, todos somos nacionales, así que supongo que ya no se puede apoyar a los misioneros. En segundo lugar, estoy confundido; ¿50.000+ dólares para un edificio y

10.000+ dólares para un vehículo no le arruinarán, pero 25 dólares al mes para comprar comida para su familia (y gasolina para su coche) sí? Ese razonamiento desafía la lógica y apesta a prejuicio.

Si tu ministerio no puede confiar en los nacionales con mi dinero, no me pidas que dé por ellos. Conozco un ministerio que apoya a los plantadores de iglesias, pero no exclusivamente. Aun así, lo intentan. A ellos, como a mí, les gusta ilustrar lo duro que trabajan los nacionales y el buen trabajo que hacen y cómo son dignos de apoyo, pero se niegan a dar apoyo directamente al predicador nacional. Exigen que los fondos pasen por un misionero estadounidense. Evidentemente, no pueden confiar en sus nacionales con dinero en efectivo, pero si los fondos tocan primero una mano estadounidense en el proceso, entonces todo está bien. Si no pueden confiar en sus hombres, ¿por qué nos piden que los apoyemos?

Determina qué quieres apoyar con tus donaciones a las misiones y dirígete a aquellos que cumplen con esos criterios. Una vez más, aconsejo a los donantes que hagan una distinción entre dar para las misiones y dar para el ministerio. Recaudamos fondos para apoyar a los plantadores de iglesias, pero también recaudamos fondos para ayudarles con edificios, equipos, motocicletas, medicamentos, Biblias, etc. También apoyamos a los niños y a los centros de alimentación. Pero nunca daríamos el dinero designado para los plantadores de iglesias a ninguna otra causa.

Nota:

Si estás interesado en saber más sobre cómo apoyar a un plantador de iglesias a través de nuestro ministerio, por favor ve a nuestro sitio web para obtener más información (www.FinalFrontiers.world). Puedes seleccionar y apoyar personalmente a un hombre por 50 dólares al mes o, contribuyendo a nuestro Fondo de la Gran Comisión con cualquier cantidad con la frecuencia que elijas, puedes ayudar a decenas de predicadores de todo el mundo. En cualquiera de los casos, recibirás sus informes trimestrales de responsabilidad. Asóciate con un predicador nacional que es un veterano plantador de iglesias con años de experiencia entrenando a otros hombres en el ministerio. O ayúdanos a financiar su centro de alimentación, instituto bíblico o esfuerzos de distribución de la Biblia. Para más información, lee el enigma #18.

#18

¿QUÉ ES EL FONDO DE LA GRAN COMISIÓN Y POR QUÉ ES MEJOR QUE EL APOYO DIRECTO A LOS PREDICADORES NACIONALES?

EXPLICANDO EL ENIGMA

CUANDO INICIÉ Final Frontiers en 1986, no conocía ninguna organización misionera fundada explícitamente para apoyar a los plantadores de iglesias nacionales. Si hubiera encontrado una, me habría unido a ella con entusiasmo. Mi intención no era ser un fundador de un ministerio o un líder ministerial, sino ser un ministro que sirve y equipa a otros ministros de Dios. Había pasado por períodos prolongados de devastación, teniendo que alimentar a mi familia con cubos de basura, y en aquel momento había trabajado durante años sin salario. Para sobrevivir, hacía trabajos esporádicos, repartía periódicos (mi ruta tenía 5.000 periódicos), y vendía aguacates en la calle con mi hermano Ben. (No podíamos permitirnos un permiso municipal, así que la policía de la ciudad nos clausuraba con frecuencia). Nunca supe si nos perseguían por no tener permiso o si era una excusa para pararnos a comprar aguacates. En esa época, yo era el pastor de una pequeña iglesia. Sabía que Dios me había llamado a las misiones, y mis miembros también. Estaba esperando que Dios me dijera qué y dónde me quería. La mayoría de los misioneros quieren ser el próximo Pablo. Yo quería ser el próximo Bernabé... y todavía lo quiero.

A los veinticinco años, ya había visto y me habían afectado suficientes escándalos ministeriales como para saber que quería evitarlos a toda costa. A los treinta años, me enteré de una organización que apoyaba los proyectos de misioneros y predicadores nacionales. Uno de sus ejecutivos se reunió conmigo y se enteró de mi interés. Habló con su equipo y me invitaron a unirme a ellos. Sin embargo, algo no me pareció bien, y al investigar su ética hablando con algunos, aquellos para los que habían afirmado recaudar apoyo nunca recibieron un centavo, así que decidí no trabajar con ese ministerio. Tras conocer lo que había descubierto, varios miembros de su equipo ejecutivo dimitieron en pocos años y su junta directiva acabó despidiendo al resto. El ministerio se recuperó y sigue funcionando en la actualidad.

Poco después de comenzar el ministerio, mi gran amigo y pastor asistente, Mike Corsini, me dio un libro diciendo: "Jon, tienes que leer este libro. Este hombre suena como tú". El libro se titulaba *The Coming Revolution in World Missions* por K. P. Yohanan. En él, promovía el mismo concepto de las misiones que Dios había puesto en mi corazón, aunque no lo restringía a los plantadores de iglesias sino a todos los obreros de Cristo, especialmente a los pastores. Unos meses después, mi familia se preparaba para regresar a Georgia desde California. Sabiendo que pasaría por Dallas, llamé a su oficina con la esperanza de concertar una cita para verle y obtener un consejo muy necesario. Estaba fuera del país, así que le expliqué lo que iba a hacer y le pregunté si el personal podía darme algún consejo. Por desgracia, la persona con la que hablé no quiso ayudarme, dejándome sin un mentor que me guiara en este "nuevo" tipo de ministerio, cuyos cimientos parecían estar asentados sobre arenas movedizas.

Así que aquí estaba yo, un joven desconocido de treinta años sin experiencia misionera, tratando de conseguir reuniones de hombres lo suficientemente mayores como para ser mi padre, que eran leales a sus juntas misioneras establecidas y resentidos de que yo alterara el proverbial carro. No tenía a nadie que me aconsejara, e incluso mis amigos de la universidad no querían saber nada de mí. Mi padre entendía mi intención y dos de mis hermanos también, pero eso era todo.

Pronto, cuando empecé a tener reuniones en las iglesias, los ejecutivos de la junta misionera me trataban con condescendencia diciendo: "Hijo, es un sueño muy bonito el que tienes, pero algún día despertarás". Comenzaron a advertir a los pastores que no me permitieran presentar mis puntos de vista "heréticos" sobre las misiones en sus iglesias. Luego escribieron artículos en su revista afirmando que lo que yo hacía era "antibíblico", aunque nunca dieron ninguna referencia para apoyar su afirmación.

No necesité mucho tiempo para darme cuenta de que, aunque sentía que había tropezado con algo nuevo, no había duda de que muchas decenas de misioneros habían compartido y compartían sus fondos de apoyo con sus propios hombres, pero lo hacían de manera no oficial. Un amigo misionero con el que había pasado cuatro años en la universidad me dijo que mantenía a muchos de sus hombres entrenados con su apoyo. Sabía que su junta tenía una política contraria al apoyo a los nacionales; de hecho, eran mi principal protagonista. Con ese conocimiento, le pregunté si su junta directiva sabía lo que estaba haciendo, y me afirmó que sí.

"¿Cómo se sale con la suya?"

Me dijo que el dinero que recaudaba era suyo, y que estaban de acuerdo en que podía hacer con él lo que quisiera, pero que no podía recaudar oficialmente apoyos para otros.

Sé que algunos de ustedes están tratando de discernir cómo una organización misionera podría tener tal política. No pierdan el tiempo. Fue una filosofía en el siglo pasado basada en la superioridad cultural y el fanatismo estadounidense, ignorando un amplio respaldo bíblico y apoyándose en ejemplos de ruina y fracaso de algunos que aplicaron a todos los nacionales. (Hoy en día, ya no respaldan el punto de vista antibíblico de sus predecesores.) Como le dije al presidente de su junta directiva y a varios otros, le dije a mi amigo misionero que si liberaban a sus misioneros para recaudar fondos para sus Timoteos, me dejarían fuera del negocio. Y me alegraría.

En aquella época, con tantos prejuicios abundando en nuestros púlpitos, la idea de un ministerio que existiera únicamente para ayudar a financiar los ministerios de otros era inaudita. Pero Dios nos bendijo, y nuestra filosofía de las misiones, basada en la Biblia, empezó a ser aceptada gradualmente. Y mientras que en 1986, encontrar una iglesia que apoyara a un misionero no americano (nacional) era prácticamente imposible, hoy en día, es prácticamente imposible encontrar una que no lo haga.

He revelado todos estos antecedentes con un propósito: revelar que, al no tener ningún maestro que me guiara ni ningún libro de instrucciones, tuve que construir nuestras políticas y procedimientos a base de ensayo y error. Y para estar seguro, el Espíritu Santo estaba conmigo, como vería una y otra vez. Su guía se confirmaba una y otra vez cuando ponía en práctica una política y luego la veía en el libro de los Hechos.

EXAMINANDO EL ENIGMA

A lo largo de las décadas, este "nuevo" método de hacer misiones ha sido copiado y reinventado repetidamente. Ahora esperamos mejorarlo una vez más.

El "plan ministerial" que concebí en 1986 era una adaptación de las iglesias que apoyaban a los misioneros estadounidenses eligiendo cuáles y cuánto darían. Simplemente introduje la opción de que, en lugar de limitarse a añadir otro estadounidense a su lista, ahora podían apoyar también a los misioneros nacionales. Aunque fueron rechazados, ridiculizados, confrontados, dudados e incluso burlados, los resultados demostraron que la idea funcionaba, por lo que siempre hemos publicado las estadísticas en la última página de nuestro Informe de Progreso trimestral. No se trata de presumir, sino de demostrar que el apoyo a los nacionales es una alternativa viable y, tal vez, incluso superior.

Al principio fue lento porque la idea parecía nueva, aunque el concepto es tan antiguo como el libro de los Hechos, y además la gente aún no me conocía, así que ¿cómo iban a confiar en mí? *(Cuanto más viejo me hago, menos me preocupa eso. Después de todo, ¿cuántos misioneros conocen o apoyan que, como yo, han sido misioneros durante 35 años? Estadísticamente, más del 90 por ciento de los que inician una diputación nunca llegan a su sexto año de servicio).* Mientras recorría América, las iglesias e incluso las familias empezaron a apoyar poco a poco a predicadores nacionales que nunca habían conocido y cuyo idioma no podían hablar. Lo hicieron porque creían en mi plan y en mí. Ahora, en lugar de buscar partidarios y convencerlos de nuestros métodos, ellos nos buscan a nosotros. La ayuda de boca en boca de nuestros partidarios es impresionante.

Como he dicho, nuestro plan funcionó y, con el tiempo, aunque intenté reclutar a otros misioneros para que me ayudaran, parecía que la mayoría, aunque estaban plenamente convencidos del concepto, querían iniciar sus propios ministerios utilizando nuestro plan. Pero a medida que la edad y la experiencia empezaron a dar validez a mi persona y a Final Frontiers, el factor de confianza creció, y nuestros números empezaron a aumentar. En nuestro vigésimo año, nos habíamos convertido estadísticamente en una de las cinco mayores organizaciones misioneras existentes. Y en nuestro trigésimo año, aunque la mayoría de la gente todavía no ha oído hablar de nosotros, algunos dicen que ahora somos los más grandes con una red de más de 28.000 predicadores supervisados por casi 1500 directores locales y nacionales (a partir de diciembre de 2020).

Este enorme crecimiento comenzó a producir dolores de crecimiento. Haciendo una auto-auditoría de los resultados de nuestro ministerio, nos dimos cuenta de que habíamos llegado a un punto en el que no podíamos crecer más, mientras que el mundo aún no había sido completamente evangelizado. ¿Qué estaba pasando y por qué?

EXPONIENDO EL ENIGMA

Mi plan ministerial comenzó a revelar grietas que empezaban a convertirse en hendiduras. El crecimiento de nuestro ministerio siempre había dependido de encontrar un patrocinador para un predicador a la vez. Pero nuestra capacidad de expansión se había visto gravemente perjudicada, ya que algunos predicadores, debido al crecimiento de su ministerio, la economía local o el tamaño de su familia, necesitaban más patrocinadores. Mientras que antes cinco patrocinadores podían financiar a cinco predicadores, con el tiempo esos mismos fondos solo podían apoyar a cuatro, tres o dos.

Como cada padrino estaba vinculado a un predicador individual, cuando un padrino dejaba de dar, nuestra necesidad inmediata y urgente era encontrar un padrino de reemplazo para que el predicador no sufriera. El resultado era un crecimiento neto nulo en el número de patrocinadores. Y cuando teníamos que dejar de apoyar a un predicador (normalmente por fallecimiento o porque ya no lo necesitábamos), cada vez eran menos los padrinos que estaban dispuestos a aceptar a otro en su lugar. En los primeros años, probablemente el 90% continuaría y apoyaría a otro predicador; hoy esa cifra se acerca al 25%.

La caída de un padrino solo afectaba a un predicador, que podíamos sustituir fácilmente. Pero después de crecer tanto, podríamos tener diez o más bajas en un día. Las personas mueren, se jubilan, pierden su trabajo o pierden el interés, un hijo se va al instituto bíblico, un amigo se convierte en misionero o la iglesia tiene una necesidad urgente. Eso significa que los próximos diez patrocinadores que encontramos nos hacen llegar al punto de equilibrio en lugar de crecer. Y a nosotros nos interesa el crecimiento. A lo largo de los años, tuvimos algunas iglesias e incluso familias que apoyaron a 50, 100 o más predicadores. Cuando uno de ellos dejaba de apoyar, teníamos que encontrar un enorme número de patrocinadores de reemplazo. Podía llevar un año encontrar esa cantidad, y mientras tanto, los predicadores sufrían.

Una vez perdimos casi un tercio del apoyo de nuestros predicadores en el espacio de varios años. Una iglesia decidió que quería tener su propio ministerio (como el nuestro), así que dejó de apoyarnos. Una familia que daba generosamente se retiró. Otros perdieron al sostén de la familia. Empezaba a desanimarme y me preguntaba constantemente cuál podría ser la solución. Mi hijo Daniel, mi yerno Michael y yo nos reuníamos con frecuencia en sesiones de brainstorming, con la esperanza de encontrar una solución. Durante estas sesiones, descubrimos dos tendencias:

En primer lugar, se había puesto de manifiesto una *tendencia de desgaste* que no se daba en nuestros primeros veinte años. Sin embargo, después de estar bien entrado el nuevo siglo, por alguna razón que no podemos determinar, parecía que los que estaban interesados en las misiones se interesaban más. Los que solo tenían un interés marginal se alejaron. En los últimos años, sin embargo, hemos visto un crecimiento constante en el número de patrocinadores, pero un aumento significativo en la cantidad media dada por los patrocinadores existentes. Si bien esto es una bendición, sabíamos que no iba a sellar las grietas cada vez más grandes de nuestro programa.

En segundo lugar, observamos una *tendencia económica*. Al parecer, cuanto mejor es la economía, menos probable es que un padrino acepte a otro predicador; cuanto peor es la economía, más dispuesto está a hacerlo. Esto parece extrañamente retrógrado, pero es nuestra realidad.

La falta de voluntad de los patrocinadores para contratar a otro predicador en lugar del que ha fallecido o ya no necesita ayuda, ha frenado nuestra capacidad de crecimiento en el número de predicadores que podíamos apoyar, porque estábamos continuamente tratando de ponernos al día. En efecto, dábamos tres pasos hacia adelante y dos hacia atrás. Algunos meses eran más bien tres pasos adelante y cuatro atrás. Por ejemplo, hace aproximadamente una década, los más de 120 predicadores a los que apoyábamos en Vietnam nos escribieron una maravillosa carta en la que nos agradecían nuestros veinte años de ayuda y luego nos decían que ya no la necesitaban porque sus iglesias habían crecido y su economía había mejorado; por lo tanto, nos pedían que les diéramos su apoyo a otros predicadores en otras tierras que lo necesitaran. Cuando nos pusimos en contacto con sus padrinos con su mensaje de gratitud y la sugerencia de transferir su ayuda a otros, alrededor del 40% decidió no hacerlo; así, en un día, perdimos más de 120 predicadores y unos 50 padrinos. Varios meses después, ocurrió lo mismo con otro grupo de unos 40 predicadores en Camboya.

No damos sueldos a estos predicadores; les damos subvenciones porque no queremos quitar a las iglesias nacionales la responsabilidad de ocuparse de los suyos. Sin embargo, aumentar el número de predicadores a los que podemos ayudar y, por tanto, el número de almas salvadas, de iglesias fundadas y de más predicadores formados, depende totalmente del número de patrocinios que consigamos y de la cantidad de fondos que recibamos.

Pero, ¿y si no fuera así? ¿Y si perder un patrocinador no significara perder un predicador? ¿Y si la pérdida de un predicador no tuviera que suponer una probabilidad del 40% al 60% de perder el patrocinador? Y ya que estamos, ¿qué pasaría si el dinero creciera en los árboles y si los batidos no engordaran? Cualquiera de estas cosas me haría feliz; todas ellas probablemente me matarían de alegría. Pero, ¿y si pudiera conseguir dos de ellas, las dos más importantes?

Me complace decir que hemos encontrado la manera de romper el vínculo entre la limitación del número de predicadores y el número de patrocinadores. Como resultado, estamos creciendo de nuevo, más rápido que nunca, y las estadísticas lo demuestran. Lo descubrimos hace unos años cuando Daniel y Michael se hicieron cargo de la administración del ministerio y modificaron mi plan ministerial de hace 30 años. Los resultados de nuestro ministerio se dispararon. Decidimos que, en lugar de anunciarlo, primero probaríamos el concepto durante varios años para asegurarnos de que funcionaba. Lo hicimos apoyando a un grupo de nuevos predicadores utilizando nuestro antiguo "fondo para predicadores no designados". En otras palabras, utilizamos los fondos entregados para ayudar a cualquier predicador que lo necesitara, en lugar de destinarlos a un predicador específico. La idea funcionó tan bien que la llevamos al siguiente nivel.

Empezamos a "juntar" todos los fondos que llegaban para los predicadores, ya fueran patrocinios mensuales regulares, ofrendas especiales o lo que fuera, repartiéndolos por igual entre todos los predicadores de nuestra lista de apoyo. De este modo, *nos asegurábamos de que todos los predicadores patrocinados recibieran siempre la totalidad de los fondos designados*. Al mismo tiempo, el excedente se destinaba a beneficiar a un gran número de predicadores no patrocinados.

Finalmente, después de varios años de pruebas y de solucionar los problemas, lanzamos oficialmente nuestro "Fondo de la Gran Comisión". De repente, cualquiera y todo el mundo podía apoyar a un plantador de iglesias nacional, tanto si querían dar 50 dólares al mes, como hacen los patrocinadores, como si querían dar 10 dólares de vez en cuando, cuando pudieran permitírselo. Dispersamos los fondos entre tantos predicadores como sea posible. Algunos recibirán un poco, otros más, dependiendo de su necesidad y de la economía local, *asegurando al mismo tiempo que cualquier predicador apadrinado seguirá recibiendo su cantidad completa designada.* Y lo realmente bueno es que no hay razón para que nadie deje de apoyar si su predicador muere, etc.; su apoyo va a un fondo para ayudar a múltiples predicadores y no a un individuo. (Por supuesto, un padrino puede dejar de dar en cualquier momento.) El tiempo ha demostrado que este método es mucho más exitoso y fructífero que el método de apadrinamiento individual. Todavía permitimos a los padrinos elegir a un predicador específico para apoyarlo personalmente como siempre lo hemos hecho (tradicionalmente llamado *Apadrinamiento*). Sin embargo, los alentamos a dar al Fondo de la Gran Comisión (que llamamos *Asociación*).

ELIMINANDO EL ENIGMA

Cómo afecta esto a los que apoyan el *Fondo de la Gran Comisión:*

* El Fondo de la Gran Comisión (FCM) está diseñado expresamente para aquellos que no se preocupan tanto por a quién ayudan como por lo siguiente:
    1) Ayudar efectivamente
    2) A cuántos más plantadores de iglesias pueden ayudar
* Les permite tener una mayor responsabilidad. En lugar de recibir un informe de rendición de cuentas de dos páginas de un predicador cada tres meses (Patrocinio), recibes un informe de varias páginas cada uno o dos meses con fotos y detalles del ministerio (Asociación) de un predicador al azar al que tus fondos ayudaron (combinado con el de otros).

•   Este programa alivia la necesidad de un informe específico para un patrocinador específico. Cada informe será de un predicador diferente en la India o Guatemala, Camboya, Ucrania, Kenia, o el Medio Oriente, etc. Cada persona que dé al Fondo de la Gran Comisión recibirá el mismo informe mensual por correo electrónico, creando una comunidad de personas con mentalidad misionera en toda América que conocerán al mismo predicador por su increíble testimonio. Luego, cada mes, conocerán a otros hombres, ministerios, culturas, peticiones de oración y oportunidades. Imagínese compartiendo esta información con sus hijos alrededor de su mesa o en su estudio bíblico. Creemos que esto no solo le dará una mejor comprensión de la eficacia con que se utilizan sus fondos, sino que también abrirá su mente y su corazón para orar más fervientemente por miles de siervos de Dios en todo el mundo.

•   En cuanto a la rendición de cuentas, el Fondo de la Gran Comisión le ofrece la oportunidad de ayudar a más predicadores con más resultados y de recibir dos o tres veces más informes de rendición de cuentas. Cada informe contiene fotos y explicaciones de cuestiones culturales, geográficas, legales y tradicionales que no conoces y con las que ellos tratan a diario. Algunos de estos informes te llegarán directamente por correo electrónico, mientras que en cada número de nuestro Informe de Progreso trimestral, colocaremos otros, con la esperanza de animar a más personas a unirse a nosotros apoyando el Fondo de la Gran Comisión.

•   Es asequible. A lo largo de los años, he conocido a cientos de personas que querían ayudar a un plantador de iglesias pero no podían permitirse el patrocinio de 50 dólares al mes. Ahora cualquiera puede unirse a nosotros y ayudar a cumplir la Gran Comisión en nuestra vida. ¿Te imaginas el impacto que haremos juntos? Para participar, por favor contáctenos en línea o envíe su donación a Final Frontiers, designada para el Fondo de la Gran Comisión.

Cómo afectará esto a todos nuestros plantadores de iglesias nacionales:

    •   Esto amplía el número de personas que podemos financiar. Mientras seguimos enviando a todos los hombres *patrocinados* su apoyo regular, el saldo de los fondos del FCM se enviará a los directores, permitiéndoles ayudar a sus predicadores según sea necesario. Muchos de los hombres solo necesitan 10 dólares, así que ¿por qué darles 50 dólares? Otros necesitan 75 dólares, así que ¿por qué restringirlos a solo 50 dólares?

    •   El FCM da flexibilidad a la cantidad que les damos. Un plantador de iglesias en una ciudad requiere más fondos que uno en el campo que puede cultivar parte de sus alimentos. Un hombre con cinco hijos necesita menos que un soltero, etc. Los fondos los distribuye el director nacional encargado sobre el terreno, que conoce las necesidades de cada hombre. En el pasado, nos dimos cuenta de que algunos jóvenes tenían dos o tres padrinos, mientras que otros hombres, más mayores y con más experiencia, tenían uno o ninguno. Esto no tenía sentido y podía generar rápidamente descontento en esa hermandad local. Con el FCM, esta disparidad ya no es un problema.

    •   También amplía otras formas de ayuda. Permite que los predicadores se dirijan a proyectos y necesidades que mejoren el crecimiento y la supervivencia de la iglesia. Algunos hombres solo necesitan apoyo para un proyecto o una necesidad particular. No necesitan apoyo personal. El FCM le permite satisfacer esa necesidad y ayudar a sus hombres sin esperar un patrocinio innecesario.

El pastor Solomon es uno de nuestros directores en la India. Al conocer el Fondo de la Gran Comisión, escribió,

> *Estoy de acuerdo con tu idea de empoderar al director nacional. Ahora puedo ejercer la discreción para canalizar los recursos a los predicadores y también para poder hacer frente a algunos gastos imprevistos en el área de expansión del ministerio. Esto será muy fructífero. Sí, hermano, a veces no podemos expandirnos y reunirnos con las nuevas iglesias que plantamos aunque necesiten visitas regulares. Esto es solo porque no tenemos fondos para la gasolina. A nuestros predicadores típicos les resulta difícil hacerlo porque el*

número de iglesias a su cargo se extiende a medida que predicamos en más pueblos. En estos casos, tenemos que desplegar nuevos trabajadores para sostener las iglesias nacientes. Ahora podremos cubrir este vacío. Una vez más, tu plan es muy beneficioso".

Solomon expresaba lo contento que está de poder apoyar a más de sus hombres que llevan años esperando el patrocinio, y de tener gasolina para visitar las iglesias, fondos para comprar Biblias para los conversos y ampliar sus ministerios.

Así pues, ya tienes la respuesta a este último enigma. Ahora, ¿estás dispuesto a unirte a nosotros para apoyar a más plantadores de iglesias nacionales y capacitarlos con fondos para mejorar y expandir sus obras? Espero que lo hagas, ya sea mediante el patrocinio o la asociación.

PALABRAS FINALES

CUANDO ESCRIBÍ *La Gran Omisión* en 2010, tenía 55 años. Realmente creía que podríamos cumplir la Gran Comisión durante mi vida. Me sorprendió durante la década siguiente escuchar a tantos misioneros, pastores y laicos expresar sus preocupaciones similares sobre el estado del movimiento misionero moderno y se alegraron de que yo hubiera podido dar volumen y exposición a sus voces y opiniones.

Se han vendido o donado miles de ejemplares a personas interesadas, a institutos bíblicos extranjeros y a colegios bíblicos de América. Desde entonces, muchos jóvenes misioneros se han puesto en contacto conmigo para decirme que la lectura del libro había cambiado sus vidas y su ministerio. Los misioneros más veteranos expresaron su gratitud por el hecho de que alguien haya revelado por fin las debilidades del movimiento misionero moderno. Varios presidentes de institutos bíblicos respondieron que les gustaría que sus estudiantes misioneros, y todos sus estudiantes, pasaran un mes o un semestre conmigo en un campo misionero, para conocer de primera mano nuestros métodos. Me parece bien. *La Gran Omisión* ya está en español, y actualmente se está traduciendo a al menos tres idiomas en la India. Cuantos más misioneros podamos entrenar globalmente para ser plantadores de iglesias, más pronto completaremos la tarea que se nos ha encomendado.

Mi deseo ardiente es guiar a los jóvenes de todo el mundo como lo hicieron los apóstoles Pablo y Bernabé, día a día, en el campo y fuera de las aulas.

Pero ahora estamos a finales de 2020 y tengo 65 años. A menudo me preguntan si escribiré una secuela de *La Gran Omisión*, pero ese no era el propósito del libro. En su lugar, quise abordar preguntas serias que se han planteado en los correos electrónicos, en las iglesias, durante los "grupos de reflexión sobre la misión", y de aquellos que viajan conmigo en nuestros Viajes Visionarios. Tomé estas preguntas difíciles y discutibles y traté de formular respuestas basadas en las Escrituras, la lógica y la experiencia. Espero haberlo conseguido.

Si el contenido de este libro te ha bendecido, te animo a seguir aprendiendo. Visita nuestra página web, www.FinalFrontiers.world, y regístrate para recibir nuestras alertas por correo electrónico y *The Progress Report*, nuestra revista trimestral gratuita. También te animo a que te unas a mí en un *Viaje Visionario* de una semana o más. Los organizo durante los veranos en Honduras, pero viajo continuamente a lo largo del año por todo el mundo, sin viajar nunca solo.

Actualmente, estoy trabajando en una clase de video de 50 semanas que estará disponible a través de nuestro sitio web. Cada sesión durará unos 15 minutos y terminará con un examen en línea que permitirá obtener un certificado. Todo lo que hacemos es parte de nuestro esfuerzo continuo por enseñar a esta generación y a los que siguen las enseñanzas bíblicas de lo que yo llamo un "misionero bíblico".

A los Pastores:

Gracias por todo lo que hacen para promover la causa de Cristo y apoyar las misiones. Ustedes son increíbles. Sé que he escrito muchas cosas que algunos de ustedes nunca han oído ni han considerado. Oro para que les ayuden como pastores y les den una mayor comprensión de lo que realmente son las misiones, no lo que les han dicho que son. Y que se animen a hacer cambios en sus políticas que puedan afectar al mundo.

Para ello, estoy escribiendo actualmente un manual para pastores sobre el desarrollo y mantenimiento de un programa de misiones. Quiero que tu iglesia sobresalga en las misiones más allá de tu imaginación. Estoy a tu servicio para hablar o enseñar si así lo deseas.

A los que son misioneros (extranjeros y nacionales) y a los que quieren serlo:

Soy uno de ustedes, aunque quizás un hermano mayor. Les ruego que aprendan de lo que he descubierto en la Palabra de Dios y de lo que he experimentado en casi cuatro décadas de servicio misionero. Su tarea es increíble.

Recuerda siempre que Dios te llamó y te eligió de entre todos sus siervos. No eres un misionero; eres un **MISIONERO**; y como Quick Draw McGraw era famoso por decir: "Y no lo olvides". (Ustedes jóvenes pueden buscarlo en Google.) Nunca pienses en lo bajo del llamado que Dios te ha dado. Es tu alto llamado en y para Cristo.

Si crees que puedo ayudarte, ponte en contacto conmigo. Mientras viva, viviré para servir a Cristo sirviéndote a ti.

- Jon Nelms, *Misionero*

jnelms@finalfrontiers.org

SOBRE EL AUTOR

DESPUÉS DE HABER sido llamado a las misiones a la edad de once años, Jon fue mentor de varios hombres durante los siguientes diecinueve años. Durante ese tiempo, aprendió a ganar almas, a predicar en la calle, a ministrar en los autobuses, a ministrar a los jóvenes, sirvió en varias capacidades pastorales y ayudó a plantar una iglesia en el área de Nueva York.

En 1986 Dios guió a Jon a conocer a varios predicadores nacionales en el norte de Tailandia, y descubrió que podía ayudar a apoyarlos como misioneros a su propia gente por una fracción del apoyo que necesitaba. De ese descubrimiento nació Final Frontiers.

Treinta y cinco años después, el ministerio cuenta con una red de más de 28.000 plantadores de iglesias en casi noventa países. Estos hombres han plantado colectivamente casi 400.000 iglesias en casa (a partir de 2020). Se han registrado más de catorce millones de conversiones, y la asistencia típica al culto dominical de estas iglesias supera los cuarenta millones.

Jon está casado con Nolin y tiene dos hijos, Daniel y Sara, casados con Nolvia y Michael. Tiene seis nietos, Valentina, Jennifer, Elizabeth, Colin, Sean y Emma.

AGRADECIMIENTOS

Quisiera empezar reconociendo a las decenas de misioneros, pastores y predicadores nacionales que han puesto a prueba mi mente al plantear las cuestiones que se tratan en este libro. Al igual que yo, tienen que vivir con estos enigmas, a menudo no confrontados, temiendo que su solución pueda causarles la pérdida de apoyo e incluso de relaciones. He acumulado la suficiente experiencia y años como para que esas preocupaciones ya no me obstaculicen. Aun así, no habría llegado a donde estoy sin su ministerio y su estimulación mental. Así pues, gracias a todos por bendecirme con sus preocupaciones, opiniones e instrucción.

Aprecio mucho el trabajo de la editora, Linda Stubblefield, que ha corregido pacientemente mis errores y ha hecho que mis palabras y pensamientos sean más agradables. Mientras revisaba sus "sugerencias" en mi borrador, no dejaba de sorprenderme cómo ella parecía captar mejor que yo lo que intentaba transmitir. La verdad es que yo puse algunas ideas en las páginas, pero ella escribió el libro. Podría haberlo hecho sin ella, pero no habría tenido ni idea de lo que intentaba decir.

A continuación, mi más sincera gratitud a Heather Black. No importa qué diseños tentativos pueda tener para una portada, su sugerencia siempre los supera. De alguna manera, toma el impulso y los pensamientos del contenido y hace una portada que, de un vistazo, lo dice todo. Heather es la artista de la proverbial imagen que vale más que mil palabras. Su habilidad y profesionalidad me sorprenden. (www.heatherblack.studio)

Por último, quiero agradecerte a ti, el lector, que tienes que trabajar a través del oscuro y retorcido laberinto de mis pensamientos. Espero proporcionarte la espada que necesitas para matar tus enigmas. Gracias por honrarme con tu lectura y por bendecir a otros con un ejemplar.

Para obtener más ejemplares de *Grandes Enigmas De La Comisión*, visita
www.TheGreatOmission.com

ACERCA DE
La Gran Omisión

N SU LIBRO, *La Gran Omisión*, el misionero Jon Nelms "dice las cosas como son" exponiendo los fracasos en las misiones y las razones detrás de ellos, mientras conduce al lector a soluciones lógicas, bíblicas y probadas, que, si se siguen, permitirán que esta sea la primera generación en cumplir la Gran Comisión del Señor desde que fue asignado hace unos 2.000 años. A partir de historias personales recogidas en sus 24 años de trabajo misionero por todo el mundo, Jon te removerá, te motivará y puede que incluso te moleste. Al hacerlo, desafiará tus concepciones y te llevará a considerar los planes y métodos de Dios que han sido dejados de lado para perpetuar los métodos infructuosos y antibíblicos que han perjudicado a los misioneros durante siglos. No es probable que puedas pasar del prefacio sin que tu concepto de las misiones sea desafiado y cambiado.

Para obtener tu copia
de *La Gran Omisión*, visita
www.TheGreatOmission.com

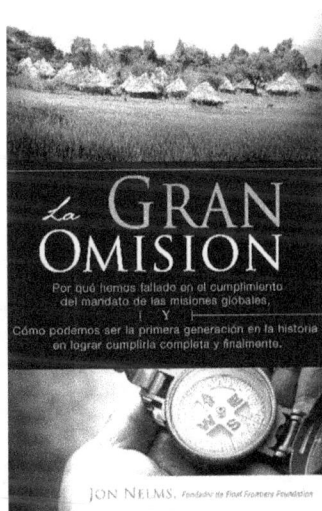

www.ingramcontent.com/pod-product-compliance
Lightning Source LLC
Chambersburg PA
CBHW060250100426
42742CB00011B/1700